Rüdiger Nehberg
Der selbstgemachte Häuptling

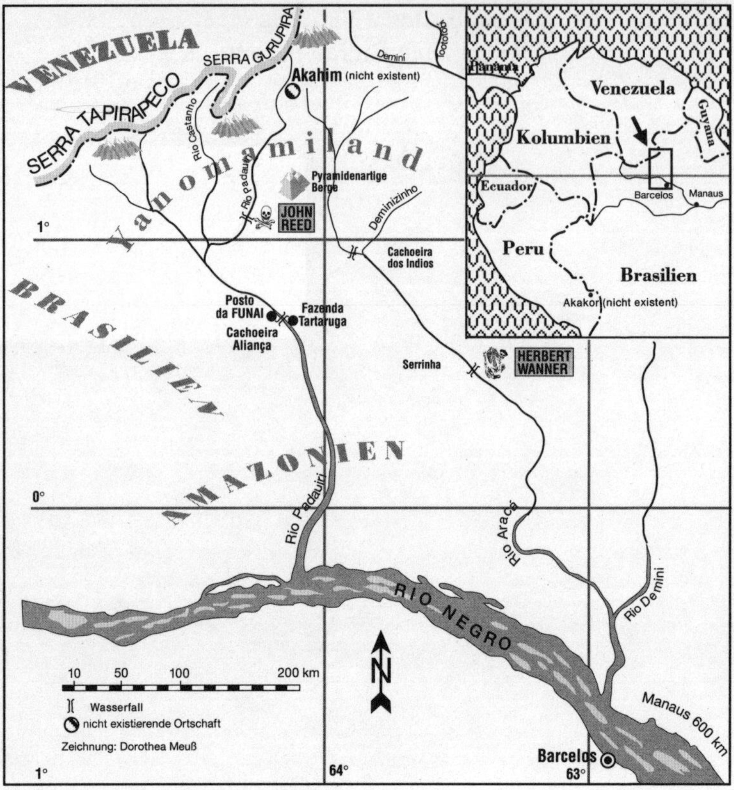

Tatunca Naras Arbeitsfeld

Rüdiger Nehberg

Der selbstgemachte Häuptling

Tatunca Nara alias Günther Hauck – oder wie man der Welt einen Bären aufbindet

Zum Teil miterlebt
und im übrigen recherchiert
vom BKA und von Mercedes López de Argumedo,
Maggy Nehberg, Sandy Reed, Wolfgang Brög,
Thomas Rehlinger und Rüdiger Nehberg

Kabel

Umschlag: Theodor Bayer-Eynck
Gesamtherstellung: Clausen & Bosse, Leck
ISBN 3-8225-0169-7

Inhalt

Vorwort

Nie hätte ich geahnt, daß aus der ersten Begegnung mit Tatunca Nara im Jahre 1982 eine solche ungewöhnliche Geschichte erwachsen würde. Damals hielt ich ihn, entgegen anderslautenden Buch- und Zeitungsberichten, die ihn als Indianer-Häuptling hochjubelten, für einen Phantasten und Betrüger. Doch als ich das in meinem Buch »Yanonámi, Überleben im Urwald« zum besten gab, reagierte Tatunca Nara mit unerwarteter Verbitterung. Er spielte den Gedemütigten, den geschundenen Indio, der sich nicht wehren könne.

Er hätte sich besser ruhig verhalten. Vielleicht wäre dann Gras über die Sache gewachsen. Aber er tat es nicht. Zu sicher fühlte er sich in seiner Rolle als »Häuptling«. Immerhin hatte er schon fünfzehn Jahre lang Politiker, Touristen, Nachbarn und Journalisten an der Nase herumgeführt und diese Rolle überzeugend durchgespielt. Selbst seine Ehefrau schien überzeugt. Oder spielte sie das Spiel nur mit? Jedenfalls legten sie alle die Hände für ihn ins Feuer. Ihre Überzeugung reichte von Verehrung bis zu Anbetung. Klar, daß er sich in dieser Position meine Anspielungen nicht gefallen lassen konnte. Doch bei seiner Kampagne gegen mich unterlief ihm ein entscheidender Fehler. Ein kleiner, winziger Patzer nur. Aber der war es, der die ersten Recherchen auslöste, die schließlich immer neue Überraschungen zutage förderten. Sie wurden zu einer wahren Lawine, weder das BKA noch ich haben das geahnt.

Wäre die Geschichte um Tatunca Nara ein Roman, würden die Leser mit Sicherheit sagen: »Dem Autor ist die Phantasie durchgegangen. So was gibt's nicht.« Aber das alles gibt es. Und es sind Tatsachen.

Kriminalhauptkommissar Kurt Hartert vom BKA hat in aufwendigen Recherchen zweifelsfrei die wahre Identität des Tatunca Nara festgestellt, ihn enttarnt und ihn von seinem Indianer-Mythos befreit und entkleidet.

Dafür bedanke ich mich, hoffentlich auch im Namen von allen unverbesserlichen Amazonas-Forschern, Pseudo-Wissenschaftlern, ungläubigen Touristen und unkritischen Journalisten.

Rüdiger Nehberg

Der Tote

Die schweizerische Reisegruppe blieb wie angewurzelt stehen. Die Skeletteile vor ihr auf dem Urwaldboden waren zweifelsfrei die eines Menschen. Die scharfen Augen des einheimischen Führers Adelson hatten sie entdeckt. Die Europäer wären wahrscheinlich daran vorbeigelaufen. Denn die Knochen lagen nicht unmittelbar neben dem deutlich erkennbaren Jagdpfad, sondern etwa zehn Meter davon entfernt, am Rande eines Wassers. Sie waren zudem durch das Dämmerlicht des Regenwaldes, verrottendes Laub, Baumschößlinge und leichte Unebenheiten des Terrains den direkten Blicken etwaiger Vorübergehender entzogen. An den Füßen ein Paar Turnschuhe und neben dem Kopf eine Mütze. Vor wenigen Wochen mußte der Tote noch ganz im Wasser der Lagune gelegen haben. Jetzt war der Wasserspiegel gesunken. Man schrieb den 4. Juli 1984. Trockenzeit am Rio Aracá, Bundesstaat Amazonas, Brasilien.

»Wer mag das sein?« fragte einer der Schweizer. »Ein Siedler, der ertrunken und hier angeschwemmt ist?«

»Das glaube ich nicht«, antwortete der Führer, »dies ist stehendes Wasser. Der Aracá fließt nur da vorne, wo wir unser Boot liegen haben, also ein paar hundert Meter von hier. Dieser Mann war auf jeden Fall ein Fremder, entweder ein Einzelgänger, vielleicht ein Goldsucher, der hier umgekommen ist, oder er ist umgebracht worden.«

»Woraus schließen Sie denn das?«

»Wenn es ein Coboclo hier vom Fluß wäre, hätte ich davon schon gehört. Aber es wird niemand vermißt. Und ein Yanomami-Indianer ist es auch nicht. Sie gehen nie allein auf Wanderschaft. Wenn einer von ihnen umkäme, würde der andere entweder den Leichnam mitnehmen oder ihn verbrennen und die Knochenasche nach Hause bringen. Jedenfalls ließe ihn sein Begleiter niemals liegen. Gegen einen Indianer spricht auch die eigenartige Mütze.«

Zwei aus der Schweizer Reisegruppe, das Ehepaar Kunz, hatten derweil die Mütze des Toten aufgehoben, um sie ins Licht zu halten und genauer betrachten zu können. Bei dieser Kopfbedeckung handelte es sich um ein dunkelblaues Barett. Es war stark verschmutzt. Bei näherer Untersuchung entdeckten sie unter der Schmutzschicht ein Etikett. Als man es gesäubert hatte, war da zu lesen: *Mb oM 73/74 56* und, mit dem Kugelschreiber geschrieben, die Initialen *H. W.* Und dann noch etwas ganz Entscheidendes, nämlich die Firmenbezeichnung »*S. A. Fabrica di Cappelli Bellinzona*«. Hätte dort »Made in Japan« gestanden oder wären die Reisenden keine Schweizer gewesen, wäre der Fall Tatunca Nara wohl nie ins Rollen gekommen. Aber dank der Umsicht des Barett-Trägers, seine Initialen dort zu verewigen, und weil es sich bei den Touristen zufällig um Schweizer handelte, nahm die Handlung ihren Lauf, entwickelte sich die nachfolgende Kriminalgeschichte.

Handelte es sich dabei um das Bellinzona in der südlichen Schweiz? War es eventuell das typische eidgenössische Soldatenbarett? Sollte der Tote gar ein Schweizer gewesen sein?

Das Zahnarzt-Ehepaar Kunz aus der Umgebung von Zürich war jetzt hellwach. Es trennte das Etikett heraus und steckte es sorgfältig in einen Brustbeutel.

Man fotografierte den Fundort und die Reste des Verstorbenen. Vielleicht wartete irgendein Angehöriger noch immer auf ein Lebenszeichen, und vielleicht konnte dieses kleine Stückchen Stoff dem Warten ein Ende bereiten und ihm Gewißheit geben.

Durch dieses bedeutende Indiz ermutigt, suchte man weiter. Zahnarzt Kunz nahm den Schädel näher in Augenschein. Es interessierte ihn vor allem das Gebiß. Vielleicht verriet es dem Fachmann etwas über die Herkunft des Toten. War er arm und nie bei einem Zahnarzt gewesen? Dann würde er womöglich keine Füllungen und dafür viele Zahnschäden haben. Oder war das Gebiß gut versorgt, und wies die »Handschrift« der dentistischen Arbeit auf einen Wohlstandsbürger hin, auf jemanden, der versichert war und der sich die Instandhaltung der Zähne erlauben konnte? War es eine eher europäische Arbeitsweise, oder war es eine südamerikanische? Laien vermag das alles verwirrend erscheinen, aber Fachleute lesen Gebisse wie Bücher. Auch die Eheleute Kunz. Und dieses »Buch« verriet eine deutsch-europäische Herkunft.

Aber noch bevor sie Details betrachten konnten, entdeckten sie am Hinterkopf ein Loch. Diese Entdeckung ließ das Gebiß zunächst wieder nebensächlich werden. Denn nun stand man vor dem Rätsel: Wie kriegt jemand, der allein im Wald stirbt, ein Loch in den Kopf? Kann das passieren, wenn man ausrutscht und hart aufschlägt? Oder war es nicht, viel wahrscheinlicher, ein Schlag oder ein Geschoß?

Für Hans-J. Kunz stand sehr bald fest, daß solch ein Loch nur durch jemand anderen verursacht worden sein konnte. Das konnte sich niemand selbst beigebracht haben. Auch nicht per Unfall, zumal das Gelände steinlos und dick mit Humus gepolstert war.

Um so mehr gewann nun wieder das Gebiß an Bedeutung. Der Unterkiefer lag ohnehin lose neben dem Schädel. Man steckte ihn ein. Und als Kunz den Schädel in die Hand nahm, um seiner Frau die Daten des Oberkiefers zu diktieren, machte es plötzlich plupp! Irgendwas war ins Laub gefallen. Die meisten hatten das gar nicht mitbekommen. Aber Kunz tastete systematisch den Boden ab und machte die nächste Entdeckung: Im Gewirr des Laubes lag – wie die Stecknadel im Heuhaufen – ein deformiertes Bleigeschoß.

»Das ist ein Flintenlaufgeschoß«, beurteilte der waffenkundige Schweizer sehr schnell. Der einheimische Begleiter warf nur einen kurzen Blick darauf. Dann sprudelte es aus ihm heraus: »Das ist ein Geschoß, wie es Tatunca Nara verwendet.«

Tatunca Nara?

Wie ein Piranhabiß fuhr ihnen dieser Name durch die Glieder. Tatunca Nara? Das durfte doch nicht wahr sein. Mit dem Image genau dieses Mannes waren sie zu dieser Reise verlockt worden. Tatunca Nara persönlich, so hatte es geheißen, der deutschsprechende Häuptling der Ugha-Mongulala-Indianer, werde sie führen und betreuen, jener Mann, der in Amazonien ein so fester Begriff war wie der Kautschuk, Manaus und der Rio Negro. Tatunca Nara, den vielleicht mehr Leute kannten als den jeweiligen Gouverneur des Bundesstaates.

Aber für den einheimischen Reiseführer war die Erkenntnis unumstößlich klar: Solche Geschosse verwendete nur Tatunca Nara. Unter den Flußanrainern verschoß man nämlich nur Schrot, und wenn jemand etwas anderes durch den Flintenlauf jagte oder einen anderen Waffentyp als die Flinte besaß, fiel das auf. Man prägte es sich unbewußt ein. Waffen sind in dieser Welt so sehr ein Erkennungszeichen einer Person wie bei uns der Daumenabdruck.

Aber zugleich mit dieser Erkenntnis machte sich Angst bei der Reisegruppe breit. Der Führer beschwor die Touristen:

»Tut mir den Gefallen und sprecht mit niemandem darüber. Tatunca ist unberechenbar.«

Wie er das meinte und was er unter unberechenbar verstand, definierte er nicht näher. Fragen wurden im Moment nicht gestellt. Längst war es unter den Schweizern still geworden. Unversehens waren sie zu einer kleinen privaten Eidgenossenschaft geworden. Es hätte der Bitte zu schweigen gar nicht bedurft.

Und sie erinnerten sich der Worte des Touristikunternehmers Bernhard Rutz in ihrer Heimat, der sie gerade mit der Person des Tatunca Nara für diese Reise motiviert hatte.

Prospekttext, Auszug:

»Nach einem anstrengenden Marsch werden wir ins Indio-Gebiet vorstoßen. Tatunga Nara führt uns zu seinen Leuten. Dieser Programmteil ist ein Pioniertrekking, das ich selbst noch nie gemacht habe. Ich war jedoch letztes Jahr zwei Wochen mit Tatunga unterwegs. Dabei habe ich Vertrauen zu ihm gewonnen. Fotos und Kartenausschnitt haben belegt, daß sein Volk noch in einem echten Indiodorf am Fuße der Berge von Venezuela lebt.«

Und ausgerechnet dieser Mann also sollte mit dem Toten in Zusammenhang stehen? Das konnte nur, das mußte ein Irrtum sein. Anders war das nicht zu erklären.

Nachdem der Prospekt den Mann so warm empfohlen hatte, hatten sich fast alle Teilnehmer mit seiner Person auseinandergesetzt. Einige von ihnen kannten das Buch von Karl Brugger, das sich sehr detailliert mit Tatuncas Vergangenheit befaßte, andere erinnerten sich an Bruggers Hörspiele oder wußten von solchen Personen, die Tatunca kannten, und gut die Hälfte der Informanten war von seiner Ehrbarkeit überzeugt. Der Rest mißtraute ihm. Ließ man die Zweifel außer acht, und faßte man all diese Schilderungen zusammen, ergab sich der nachfolgende Lebenslauf. Dabei muß man jedoch einem Umstand Rechnung tragen – doch auf diese Idee kam man erst unter der Einwirkung des Fundes –, der Urquell allen Wissens über Tatunca Nara war ein und derselbe. Es war Tatunca höchstpersönlich. Dazu kam dann noch ein munterer Nebenquell: die lebhafte Phantasie des Hobby-Forschers und ARD-Korrespondenten Karl Brugger.

Als die schweizerische Reisegruppe die sterblichen Überreste begraben hatte, ging man zurück an den Rio Aracá ins Camp. Der Ausflug hatte damit sein vorzeitiges Ende gefunden.

Wegführer Adelson entzündete das Lagerfeuer, und man hockte sich drum herum. Jeder erzählte das, was er so über Tatunca Nara wußte.

Auch ich erinnerte mich, als ich von den Erlebnissen der Schweizer erfuhr, wie es war, als mir 1981 Tatunca Nara die Geschichte seines Lebens erzählte.

Ein Häuptling wird geboren

Akakor. Die indianische Festung in Peru, am Ufer des Rio Purús, nahe der Grenze zu Brasilien. Es ist der 10. Juli 1939 europäischer Zeitrechnung. Der stammeseigene Kalender hingegen zeigt das Jahr 12321, den 8. Mondmonat, Beginn der Regenzeit. Deutschland steht kurz vor der Anzettelung des 2. Weltkrieges. Für das Volk der Ugha Mongulala ein Tag, der Geschichte machen soll.

Der Regen trommelt auf das dichte und lückenlose Blätterdach des Regenwaldes. Der große Hohlraum zwischen Laubdach und Erdboden wirkt wie ein Resonanzkörper. Er verstärkt die Regengeräusche, die einen glauben lassen, in der Nähe ginge eine ganze Steinlawine nieder.

So laut die Natur sich gebärdet, so leise ist es im Tierreich geworden. Alles, was Beine hat, hat sich rechtzeitig einen Schutz gesucht. Kein Vogel zwitschert mehr, kein Insekt nervt irgendwelchen potentiellen Blutspender. Eine Art Waffenstillstand auf Zeit im Urwald. Nur die Pecaris suhlen sich zufrieden im Schlamm und grunzen gelegentlich, wenn sie sich untereinander die besten Plätze streitig machen. Im Fluß taucht ein einsamer Tapir. Ihn stört es wenig, daß es nun auch von oben naß ist. Sein Fiepen und Prusten und Planschen gehen im Lärm des Regens und des Donners unter. Der Himmel hat die Schleusen geöffnet, und es schüttet, daß sich selbst Meteorologen fragen würden, woher die Wolken solche Wassermengen nehmen und wie sie sie transportieren. Millionen von Tonnen stürzen da hernieder, lassen selbst starke Äste in den oberen Baumetagen stöhnen und sich biegen unter der gewaltigen Last. Stockwerk um Stockwerk ergießen sie sich dann tiefer, erreichen das Erdreich, füllen alle Unebenheiten des Geländes aus und suchen einen Abfluß. Hier und da hört man altersschwache Stämme unter einem Getöse zusammenbrechen, daß die Erde zittert.

Der Rio Purús bemüht sich nach besten Kräften, das zuströmende Wasser aufzunehmen und abzuleiten, aber was zuviel ist, ist zuviel. Da hilft es auch nicht, daß er seine Geschwindigkeit verdreifacht hat, denn es regnet nicht nur hier. Es regnet im gesamten Gebiet, und auch der Amazonas, in den der Rio Purús letztlich mündet, ist mehr als gestrichen voll. Der Wasserspiegel steigt und steigt. Auch im Umland hat sich der Spiegel bereits um zwei Manneslängen erhöht, und er wird sich noch weiter erhöhen. Die Regenzeit hat eben erst begonnen. Für viele Bewohner des Waldes ist es die Zeit reduzierter Aktivität. Es ist für sie das, was wir Winterzeit nennen.

Zu den wenigen Lebewesen, die sich über den Jahreszeitenwechsel uneingeschränkt freuen, gehören die Fische. Endlich füllen sich die Flüsse, steigen über die Ufer, überschwemmen das gesamte Umland, der Lebensraum vervielfacht sich. Vorbei ist die spärliche Zeit in den flachen trägen Wassern, vorbei ist die Zeit des Hungers. Jetzt können sie sich mästen an dem Überangebot der massenhaft aufs Wasser fallenden Insekten und der unvorsichtigen Eidechsen und der Mäuse, die ungeduldig auf den Bäumen hocken und auf eine Regenpause warten, und dann doch einen unvorsichtigen Sprung von Ast zu Ast wagen und ins Wasser stürzen.

Plötzlich ist der Spuk vorbei. So, als hätte jemand einen Schalter betätigt, endet der Regen, erstirbt der Lärm und scheint die Sonne wieder. Vielleicht nur für Stunden – spätestens aber morgen zur selben Zeit geht der Zauber von neuem los.

Diese Ruhepause nutzt die Sonne nach besten Kräften. Wo ihre Strahlen nicht direkt hinreichen, wird doch zumindest ihr Einfluß spürbar. Der Urwald wird zur Waschküche, zur Sauna. Alles erwärmt sich, schillert und dampft.

Die Regenzeit verändert auch das Leben in Akakor. Die steigenden Wasser verschließen den wichtigsten Zugang zu dieser von Weißen noch unentdeckten Stadt. Ein Zugang, der auch ohne die Regenzeit wohl kaum auszumachen wäre, denn er liegt unter der Wasseroberfläche. Und nicht nur das. Er liegt auch noch hinter einem Wasserfall, in dessen toten Winkel sich wohl kaum jemand verirren würde. Aber nur durch dieses »Doppelschloß« der Eingangspforte ist es den Ugha Mongulala überhaupt gelungen, bis in die Gegenwart unentdeckt zu bleiben und ihr traditionelles Leben ungestört weiterzuführen. Jedem Stammesmitglied wird von frühester Jugend eingetrichtert, daß er nie und unter keinen Umständen diesen Eingang verraten darf, wenn ihm die Existenz seines Volkes lieb ist. Selbst unter Folter und im Angesicht des Todes würde kein Ugha Mongulala diesen Verrat begehen, denn jeder weiß, was die Entdeckung durch die Weißen zur Folge hätte: die Ausrottung des Stammes.

In der Trockenzeit ist der Eingang für jeden Bürger von Akakor leicht zu bewältigen. Man taucht eine Manneslänge tief, durchschwimmt das Eingangsloch und befindet sich dann in einem wassergefüllten Tunnel. Nach nur zwei Manneslängen kann man schon auftauchen und Luft schöpfen. Dann befindet man sich in einem freien Gewölbe.

In gerader Linie vom Eingang her muß man dann aber erneut tauchen und eine gleichlange weitere Strecke des Wassertunnels durchschwimmen. Im zweiten Gewölbe dann wird es komplizierter. Denn die dritte und letzte Teilstrecke verläuft S-förmig und ist doppelt so lang. Außerdem ist sie stellenweise weit und dann wieder eng. Vor allem aber ist es stockfinster, denn niemand darf wegen der Gefahr der Entdeckung tagsüber nach Akakor rein oder raus. Man muß den Weg genau kennen, und immer wieder wird den Kindern der Ugha Mongulala dieser schwierige Einschlupf mit Hilfe kleiner Modelle, Zeichnungen und praktischer Übungen vor Ort und unter Aufsicht eingeprägt.

Das wichtigste Hilfsmittel für den dritten Eingangsteil aber ist eine kräftige Leit-Liane, an der man sich entlangziehen kann. Sie weist einem den genauen Weg. Denn eines ist allen klar: Wer sich hier verirrt, wer mit seiner Garderobe, so minimal sie auch ist, an den Felszacken hängenbleibt, der gerät in echte Lebensgefahr. Dazu kommt die besondere Schwierigkeit, daß man ja meistens Pfeil und Bogen zu transportieren hat. Dadurch sind die Arme nur bedingt einsatzfähig.

Hat man ein Stück Wild zu transportieren, dann behilft man sich allerdings mit einer feinen, elastischen Liane, mit der man das Tier von Gewölbe zu Gewölbe hinter sich herzieht.

In der Regenzeit, wenn das Wasser um vieles höher steht, ist dieser Zugang unpassierbar.

Wer die drei Tunnelabschnitte hinter sich gebracht hat, ist in Akakor beziehungsweise auf dem Weg dorthin. Man folgt den geräumigen Tunneln mit ihren dauerhaft-leuchtenden Wänden und gelangt schließlich nach zwei bis drei Stunden Marsch zur unterirdischen Stadt, zu der es natürlich noch andere Zugänge gibt, die aber alle ähnlich unsichtbar sind wie dieser Wasserfall-Einschlupf. Sie besteht aus gigantischen Gewölben, Höhlen, Buchten, Straßen, Sackgassen und Wohnnischen. Teilweise hat die Natur dieses Hohlraumsystem geschaffen, teilweise ist es aber von Menschenhand erweitert worden. Originalzitat aus Bruggers Hörfunk-Reportage »Expedition nach Akakor«, Sender Freies Berlin, 2. 2. 1975, Tatunca Nara persönlich und wörtlich:

»Der Palast von Akakor, die Hauptstadt Akakor selbst, hat einen Durchmesser von fünf Kilometern, und es leben ungefähr darin 30 000 Menschen, in Akakor. Ferner hat Akakor vierzehn weitere Städte im Hochgebirge, alles unterirdisch verbunden. Früher waren Indianer für uns Entartete oder Sklaven, besser gesagt, deren Leben nichts wert war. Heute hat man eine Revolution quasi durchgeführt. Akakor hat sich mit Indianer vermischt. Die Aufnahme in Akakor selbst ist bedingt durch die Raumnot. Wir können nicht alle Indianer unterirdisch unterbringen oder ganz selbst unter die Erde verschwinden. Das ist unmöglich. Wir brauchen einen bestimmten Raum zum Anbau, oder oberirdisch, ober der Erde, der uns einen Lebensraum also garantiert.«

Brugger: »Und wer lebt dann in Unter-Akakor?«

Tatunca Nara: »Unter-Akakor ist das Volk der Mongulala.«

»Was heißt eigentlich Akakor?«

»Akakor heißt ›Befestigung Nummer zwei‹.«

»Gibt es eine Befestigung Nummer drei?«

»Gibt es, ja. Das ist Akahim, an der Grenze zu Venezuela in den Bergen, nahe des Pico da Neblina. Es ist die gleichangelegte Stadt wie Akakor selbst, unterirdisch.«

Viel, sehr viel mehr ließe sich über Akakor und seine Bewohner noch sagen. Aber das ist bereits in dem Buch des zitierten ARD-Korrespondenten Karl Brugger (»Die Chronik von Akakor«) geschehen, ein Werk, mit dem ich keinesfalls konkurrieren möchte. Vielmehr will ich mich auf das besondere Ereignis eines Tages beschränken, des 10. Juli 1939.

An diesem für die Indianer so bedeutsamen Tage nämlich erblickte in einer dieser Mauernischen ein Wunderknabe der Leuchtwände und Fackeln Licht.

Daß es mit dieser Geburt etwas Besonderes auf sich hatte, war jedem der anwesenden Indianer schon seit langem klar. Seit Stunden harrten sie geduldig des Ereignisses. Vorn, in den ersten Reihen, hockten die Priester und der Häuptling Sinkaia. Dahinter in gebührendem Abstand dann das Volk. Es war mucksmäuschenstill. Man blickte hinüber zum Bett der Wöchnerin, die sich in immer kürzeren Abständen unter den Schmerzen ihrer Wehen wand.

Zwei ältere Helferinnen saßen neben ihr und versuchten zu trösten und zu helfen.

»Du solltest dein Kind doch lieber im Hocken gebären«, rieten sie ihr zum wiederholten Male. »So wie wir es tun.«

Aber die Frau, der der Rat galt, beharrte darauf, ihr Kind im Liegen zu gebären.

»Bei meinem Volk zieht man diese Methode vor«, hatte sie schon vorher deutlich gemacht, und damit war für sie der Fall erledigt.

Zwar blieb den Indianern das Verhalten rätselhaft, aber sie nahmen es hin. Schließlich war die Frau, die das sagte, nicht irgendeine der Ihren. Sie war angeheiratet, und das auch nicht etwa von einem befreundeten Schwestervolk, wie dem von Akahim, sondern sie war eine Weiße, die ihr Häuptling vor mehreren Jahren, nämlich genau 1930 heutiger Zeitrechnung, von einem Ausflug in ferne Regionen mitgebracht hatte. Er hatte sie an einem Ort geraubt, den die Geraubte in ihrer Sprache »Mission« nannte.

Sinkaia beschrieb diese Mission als eines jener typischen Steinhäuser, wie viele der Weißen sie bewohnten. Insgesamt hatte er drei Nonnen mitgenommen und einen Bischof. Aber der Bischof und zwei Frauen waren schon während des Marsches umgekommen: Die eine wurde von einer Schlange gebissen, die andere stürzte sich von einem Felsen, um der Schmach einer Verehelichung zu entgehen, und der Bischof wurde getötet, als er nicht mehr marschieren wollte. Nur diese, die sich Ana nannte, blieb am Leben. Sie fügte sich in die neue Lage.

Sinkaia war von ihrer Schönheit zutiefst beeindruckt und nahm sie sich zur Frau. Im stillen erhoffte er sich für sein Volk aus dieser Verbindung einen Nachfolger. Aber nicht einen x-beliebigen, wie er ihn auch mit einer Landsmännin hätte zeugen können. Er wünschte sich, daß die Prognose der Priester sich erfüllen möge, die dem Volk der Ugha Mongulala einen Nachkommen prophezeit hatten, der die Geschichte der Ugha Mongulala zum allerbesten wenden würde. Er würde sie aus der zunehmenden Bedrohung durch die peruanische Armee befreien und seinem Volk wieder zu dem Ansehen, der Macht und der Würde verhelfen, die es verdient hatte.

Obwohl Anas Vorstellung von Gott eine ganz andere war als die der Ugha Mongulala, so war Ana doch vor dem Raub unter ihresgleichen, den Weißen, immerhin selbst eine Art Priesterin gewesen, wie Sinkaia zu berichten wußte. Sie selbst bezeichnete sich als »Nonne«, was auch immer das heißen mochte. Sinkaia hatte das Wort nie zuvor gehört, was jedoch nicht verwundern darf, denn er kannte nicht mehr als einhundert Wörter Spanisch.

Sinkaia schwitzte während dieser Geburt am meisten. Nicht, daß er mit Ana, seiner Frau, der Nonne, gelitten hätte. Ihm jagte immer wieder nur ein Gedanke durch den Kopf. Der Gedanke, ob Ana die Erwartungen des Volkes an einen Nachfolger erfüllen würde. Und diese Sorge und Hoffnung trieben ihm den kalten Schweiß auf die Stirn. Sohn oder

Tochter – davon hing die weitere Zukunft der Ugha Mongulala ab. Denn ein zukünftiger Indianer-Häuptling, der das Blut einer weißen Mutter in seinen Adern hatte, könnte die oft herbeigeflehte Wende bedeuten. Er würde das Wissen der Indianer und die Stärke und den Erfindungsgeist der Weißen in sich vereinigen.

Hätten sie, die Ugha Mongulala, nicht ihr ausgedehntes unterirdisches Refugium, dann wären sie gewiß schon längst ausgerottet.

So war jeder, der dieser Geburt beiwohnte, mit seinen Gedanken beschäftigt. Auch das Volk im Hintergrund, das still auf der Erde hockte, gab sich solchen Hoffnungen hin, denn Sinkaia hatte oft darüber zu ihnen gesprochen. Wenn jemandem Zweifel kamen, zerstreute er diese immer wieder mit derselben Antwort: »Viel schlechter kann es uns nicht gehen. Es kann allenfalls so bleiben oder aber besser gehen. Wir müssen es wagen.« Das hatten sie eingesehen, denn die Zeiten, wo sie noch die uneingeschränkten Herren der Wälder waren, waren endgültig vorbei. Da hatte niemand mehr Illusionen. Immer mehr Peruaner hatten sich am Rande ihres Gebietes angesiedelt. Immer häufiger mußten die Ugha Mongulala zu den Waffen greifen, und immer öfter wurden sie besiegt und verdrängt. Der Wildbestand war drastisch zurückgegangen, und man mußte sich mit Fisch statt Tapirfleisch begnügen.

Und dann war das Kind da! Als der Oberpriester seinen kleinen Finger hoch in den Raum reckte, als Zeichen dafür, daß es ein Junge war, donnerte ein mehrfacher Jubelschrei durch die Hallen, der vom Echo noch einige Male wiederholt wurde, ehe er schließlich erstarb.

Die helfenden Frauen nabelten das Baby ab und gaben dem jungen Häuptlingssohn einen mittelzaghaften Klaps auf den Po, auf daß er schreie und sein Kreislauf in Gang käme.

Doch statt des üblichen Schreis war von diesem nur ein Zischen zu vernehmen, ein »Pffft«, wie bei jemandem, dem die letzte Luft entweicht.

Die Frauen machten sich sofort Sorgen und wiederholten

aufgeregt den Klaps. Aber dann stellten sie zu ihrer Beruhigung fest, daß der Junge auch ohne richtigen Schrei sein junges Leben schon selbst in die Hand genommen hatte. Er atmete.

Sinkaia fing sich als erster. Er lachte aus vollem Halse. Die Angst der letzten Tage war ausgestanden und machte einer großen Erleichterung Platz. Er, Sinkaia, hatte einen Sohn, und der schien gesund zu sein. Was wollte er mehr? Er drückte Ana die Hand und sagte laut zu den Umstehenden: »Statt zu schreien wie ein Papagei, hat der gezischt wie die große Wasserschlange, wenn sie aufgeregt ist.« Und ganz leise flüsterte er Ana ins Ohr: »Ich nenne unseren Sohn deshalb ›Tatunca‹, ›Große Wasserschlange‹.«

Das Flüstern hatte einen bestimmten Grund. Kein Ugha Mongulala nannte je seinen oder den Namen anderer Freunde laut. Dann nämlich würden die allgegenwärtigen bösen Geister das hören und sich im Körper des Enttarnten einnisten und ihr böses, zerstörerisches Werk beginnen – bis zum Tode ihres Opfers.

Wenn man diese Folgen kannte, war es klar, daß die laute Nennung eines Namens bei den Ugha Mongulala einem Mord gleichkam und für den Genannten ein zwingender Grund war, den Rufer zu töten.

»Erst, wenn du in die Welt der Weißen eintrittst, darfst du sagen, wie du heißt«, hatte der Vater ihm später eingeschärft. »Die Weißen legen Wert auf ihre Namen, und außerhalb des Waldes verlieren die Geister ihre Kraft, denn sie leben auf Bäumen, und die hat der Weiße fast alle abgeschlagen. Bei ihnen gibt es keine Bäume.«

»Wie hält sich denn der Himmel der Weißen, wenn die Bäume ihn nicht mehr stützen?« wollte der kluge Junge wissen, aber darauf wußte auch der Vater keine Antwort.

»Das ist bei ihnen eben so. Sie schaffen es jedenfalls, und das und vieles mehr sollst du später zum Nutzen deines Volkes herausfinden.«

Viel wäre noch zu erzählen. So von den dreitägigen Feiern, die der Vater für seinen Sohn veranstaltete, und den anhaltenden Gebeten, mit denen man Gott immer wieder dankte und ihn bat, dem Jungen die erhofften und dringend notwendigen Kräfte zu verleihen, damit er das Volk der Ugha Mongulala rette.

Und Gott schien das Flehen seiner Geschöpfe erhört zu haben. Tatunca wuchs und gedieh prächtig. Nie hatte sich seine Mutter vorher träumen lassen, je ein Kind in die Welt zu setzen. Bis Sinkaia sie gewaltsam zur Frau nahm, war sie mit Jesus verlobt gewesen und nur diesem treu geblieben, und nie hätte sie sich die jetzige Situation ausmalen können. Inzwischen hatte sich das geändert. Zunächst der Gewalt nachgebend und dann aus Überzeugung, war sie Sinkaia eine gute Frau geworden. Die Zuneigung des Ehemannes und des Volkes einerseits, und der Prachtsohn und seine phänomenale Entwicklung andererseits, entschädigten sie voll für ihre monatelangen Ängste und Schuldgefühle gegenüber ihrem Gott, dem sie eines Tages Rechenschaft ablegen müßte. Sie stellte sich den unabwendbaren Tatsachen und schenkte Tatunca alle ihre Liebe. Sicher war es SEIN Wille, bestimmt hatte ER mit Tatunca Großes vor. Sie war Gottes Werkzeug, und sein Wille geschehe, wie im Himmel also auch auf Erden. Wenn sie den Worten der Priester der Ugha Mongulala glauben wollte, hatte sie einen Propheten geboren.

Dieser Messias wuchs heran und genoß die besondere Erziehung eines Häuptlingssohnes. Vater, Mutter und vor allem die Priester und Gelehrten des Volkes unterwiesen ihn in allem, was für einen Volksführer wichtig war. Er wurde nicht nur ein Experte für das tägliche Leben im Wald, sondern er wurde ebenfalls unterwiesen in der über 13 000jährigen (in Worten: dreizehntausend) Geschichte des Volkes, seiner Religion und der Kriegslisten.

Die Erfahrungen und das Wissen der Mutter spielten dabei eine erhebliche Rolle. Vieles von dem, was die Gelehrten der Ugha Mongulala ihrem jungen Häuptlingsanwärter vermittelten, konnte Ana ergänzen. Darüber hinaus konnte sie ihrem Sohn eine Bildung vermitteln, die ihm kein anderer zu bieten vermochte: Sie lehrte Tatunca die deutsche Sprache.

»Mein Junge«, hatte sie immer wieder betont, »das wird dir einmal sehr helfen. Die deutsche Sprache wird der Schlüssel werden zu deinen späteren Erfolgen. Damit erst kannst du dich in der Welt der Weißen bewegen, bist nicht auf Dolmetscher angewiesen und kannst die Hilfe, die wir brauchen, persönlich von den Verantwortlichen erbitten.«

Als Lehrbuch diente ihr die Heilige Schrift, das einzige Stück Zivilisation, das sie bei ihrer Entführung hatte retten können. War allein das Material »Papier« schon für den heranwachsenden Häuptling ein echtes Weltwunder, so waren es erst recht der völlig andere Klang der Sprache, die ihn faszinierten, und die Schriftzeichen, die so ganz anders waren als die Bilderschrift der Ugha Mongulala. Er lernte mit Besessenheit und kannte viele Passagen der Bibel auswendig. Wenn Tatunca mit seiner Mutter allein war, sprachen sie fast ausschließlich deutsch.

Als der Junge etwa vierzehn Jahre alt war, wurde er feierlich in den Kreis der Krieger aufgenommen. Es gab ein üppiges Fest, dessen Höhepunkt seine »Kennzeichnung« war. Das war der Moment, wo ihm das Zeichen seiner bevorstehenden Häuptlingswürde in die Haut geätzt wurde.

An diese Zeremonie erinnert er sich auch heute noch, denn es war schmerzhaft, und er durfte mit keiner Wimper zucken. Alle wichtigen Persönlichkeiten Akakors waren dabei zugegen und beobachteten ihn mit den Augen einer Harpye*. Immer wieder hatte sein Vater ihm eingeschärft, wie wichtig es sei, Schmerzen völlig regungslos zu ertragen und selbst unter Folter nie zu klagen.

»Indianerherz kennt keinen Schmerz«, erinnerte sich Mutter Ana einer nordamerikanischen Indianer-Maxime. Sie hatte sie in Karl-May-Büchern gelesen, die sie als junges Mädchen so verschlungen hatte. Diese Bücher und die daraus resultierende literarische Freundschaft zu den Indianern hatten sie bei ihrer Wahl beeinflußt, als sie sich für den Missionsdienst ihrer Kirche nach Südamerika meldete, weil es dort

* sehr scharfäugiger, schneller Greifvogel des tropischen Regenwaldes

noch Indianer gab, denen sie Christus näherbringen konnte. Winnetou war ihr großes Vorbild, und nun, so schien es, hatte sie selbst einen kleinen Winnetou geboren. Er kannte und liebte die Natur, er war mutig, stark, phantasievoll, klug, gerecht und – den Umständen entsprechend – gebildet. Tatunca war für sie der lebende Beweis, daß Rassenverbindungen durchaus etwas Positives haben können.

Die »Kennzeichnung« ihres Sohnes Tatunca war auch für Mutter Ana ein besonderes Ereignis. Damit wurde der Junge erwachsen, und er würde sich ihr um ein kleines Stück entfernen, hin in das Leben des unabhängigen Kriegers. Es zeigte ihr auch schmerzlich, wie schnell die Zeit verging und daß sie älter wurde. Hauptsächlich bewegte sie aber auch Mitleid mit den Schmerzen, die der arme Junge Tatunca nun während der Feier ertragen mußte.

Die Priester legten ihn auf die Erde auf den Rücken. Der beste Zeichner unter ihnen kniete sich neben ihn, reinigte Tatuncas Brust eine Handbreit über dem Herzen und begann mit der Arbeit. Es herrschte große Stille, denn der Zeichner mußte und sollte sich konzentrieren können. Das Zeichen mußte makellos werden. Es war nicht üblich, es irgendwie vorzuskizzieren oder mit Hilfsmitteln zu arbeiten. Das Werk hatte auf Anhieb zu gelingen. Die Vorlage hatte der Zeichner im Kopf, und von dort mußte er sie über den Arm und die Finger direkt auf Tatuncas Haut übertragen. Die fehlerlose Übertragung war entscheidend, sie wurde gleichzeitig als Gottesurteil gewertet. Gelang sie ihm, wäre das ein gutes Omen.

Noch einmal rückte er seinen sitzenden Körper zurecht, um ihm größtmögliche Stabilität zu verleihen und eine sichere Hand zu gewährleisten.

Er tauchte ein winziges Pinselchen aus Nasenbärhaaren in ein Gefäß aus hohlen Knochen, das mit dem Saft einer fleischfressenden Pflanze gefüllt war. Erst vor wenigen Augenblikken hatte er ihn frisch ausgepreßt, denn dann war seine ätzende Wirkung am größten.

Strich für Strich zog der Künstler seinen Pinsel über Tatuncas Haut. Nicht mit dem geringsten Muskel verriet der, wie brennend und stechend er den Schmerz empfand, wenn der Saft die Haut durchfraß und das rohe Fleisch erreichte, wo seine Wirkung dann nachließ. Es war wie eine Mischung aus Feuer, dem Biß der großen Ameise und dem Einstechen feiner Bambussplitter.

Es dauerte etwa eine halbe Stunde. Dann war das Bild fertig.

Es war eine Schildkröte, die da entstanden war. Etwa handtellergroß krabbelte sie munter in Richtung Hals, und um sie herum waren drei Zeichen angeordnet, von denen Tatunca wußte, was sie bedeuten sollten: Brot, Wasser, Geist. Die Schildkröte hingegen symbolisierte die Wehrhaftigkeit, das Heer. Früher, als es noch keine Gewehre gab, hatte man mit dem Schildkrötenpanzer die Pfeile und Speere der Angreifer abgewehrt.

Das Bild war gelungen. Auch Vater Sinkaia nickte anerkennend. Eine Weile mußte der Saft noch wirken, dann wurde er mit warmem Wasser abgespült. Und nun begann der zweite Teil der Prozedur, der aber längst nicht so schmerzhaft war.

Parallel zu den inzwischen blau angelaufenen Linien wurde mit einem anderen Saft ein feiner roter Schatten gezeichnet. Besonders dieser rote Schatten war es, der die Tätowierung unnachahmlich machte. Er war das Geheimnis der Leute von Akakor. Kein anderes Nachbarvolk hatte diese Technik je nachmachen können. Vater Sinkaia meinte stolz zu seinem Sohn: »Wann immer du dieses Zeichen einem anderen Indianer zeigst, wird er dir zu Füßen fallen und dir dienen. Es ist das Zeichen der Häuptlinge der Ugha Mongulala. Wer es je wagen sollte, es zu kopieren, den mußt du töten. Allerdings gibt es drei Ausnahmen. Dreimal in deinem Leben darfst du es ganz besonderen Freunden unseres Volkes gestatten, es sich ebenfalls machen zu lassen. Als Zeichen tiefer Freundschaft, als Beweis echter Blutsbruderschaft. Jedoch darf deren Schildkröte nur die blauen Linien vorweisen. Der rote Schatten ist ihnen verwehrt.«

Tatunca wurde älter und reifer. Nun, als junger Krieger,

wurde er nach und nach in die Geheimnisse der Ugha Mongulala eingewiesen, sogar in die, in die die jungen Leute und Frauen nicht eingeweiht werden durften. Zum Beispiel erblickte er zum ersten Male die Geheimkammern mit jenen Geräten von anderen Gestirnen. Dabei handelte es sich um Apparaturen, die noch voll funktionierten und einsatzfähig waren. Es waren Waffen, Fluggeräte und strahlenerzeugende Maschinen. Es gab aber auch einige Apparate, deren Verwendungszweck man nicht kannte.

Einige dieser Instrumente verfügten über Energiequellen, die der weißen Welt bis heute noch völlig unbekannt waren. Sie waren Überreste aus vergangenen Zeiten, als die Ugha Mongulala in ständigem Kontakt mit den Bewohnern anderer Gestirne standen. Heute war diese Verbindung unterbrochen. Einen Grund wußte man nicht. Seitens der Ugha Mongulala hatte es keinen Anlaß zum Abbruch des Kontaktes gegeben. Vielleicht würde die Verbindung plötzlich wieder aufleben.

Im Besitz der Ugha Mongulala stellten die Geräte einen ungeheuren Wert dar, denn alle Großmächte dieser Welt würden sich um sie, ihre Erforschung und den Nachbau reißen. Aber da man die Folgen solcher »Erforschungen« nicht berechnen konnte, ließ man das Gerät als »eiserne Reserve«, als »letztes Geheimnis« unter Verschluß. Ana hatte dazu immer wieder geraten. Auf jeden Fall war der Besuch in dieser Schatzkammer mit das Aufregendste und Verwirrendste, das Tatunca in seinem jungen Leben erfuhr.

Ein nicht minder großes Phänomen harrte seiner in einer der Nebenstädte Akakors. Es war der Bezirk dreizehn, der sich bergauf im Norden befand. Jeder Ugha Mongulala wußte, daß dort etwas ganz Besonderes verborgen war, aber kein junger Mensch ahnte, was das sein konnte. Es war das Geheimnis aller Erwachsenen, in diesem Falle waren auch die Frauen eingeweiht. Und da Neugier unter den Ugha Mongulala verpönt war und Verschwiegenheit ein unverbrüchliches Gesetz, blieb das Geheimnis auch auf diesen Personenkreis beschränkt.

Der Bezirk dreizehn nämlich war das »Gästehaus« der Ugha Mongulala. Es war der Aufenthaltsort von – man höre, staune und beherrsche sich! – 2000 (in Worten: zweitausend) Soldaten eines großen Brudervolkes der Ugha Mongulala, die sich in ständiger Einsatzbereitschaft hielten, um jedem südamerikanischen Staat in den Rücken zu fallen und ihn zu zermalmen, wenn ihr heimatlicher Führer eines der südamerikanischen Länder vom Bauch her, von vorn, anging.

Was sie allerdings nicht durften – und das war der große Wermutstropfen der gastfreundschaftlichen Beziehung – war, die Ugha Mongulala in ihren stammeseigenen, kriegerischen Auseinandersetzungen unterstützen. Es gehörte dies zur Strategie der großen verbrüderten Kampfmacht. Kein Staat sollte vorher auch nur im geringsten ahnen, daß es diese Kampftruppe gab. Sie sollte der tödliche Überraschungseffekt bleiben, den der große Führer sich ausgedacht hatte. Wohl aber – und das verdünnte den Wermutstropfen wieder – durften die fremden Soldaten beratend tätig werden.

Ihr Führer mußte eine absolute Koryphäe sein, denn was er sich mit diesem Sonderkommando ausgedacht hatte, sprengte das Vorstellungsvermögen aller Ugha Mongulala. Natürlich kannten sie die Taktik, sich ein paar Tage in den Hinterhalt zu legen und mit stoischer Geduld des richtigen Einsatzmomentes zu harren. Aber dieser Plan übertraf alles, wirklich alles, was die Indianer je gehört hatten. Nicht einmal die Götter – und davon verehrten sie mehrere – waren je auf solche Idee gekommen. Diese Soldaten harrten hier bereits in absolut vorbildlicher Weise seit dem Jahre 1939. Seit Tatuncas Geburtsjahr also. Sie waren mit Schiffen von weit, weit her gekommen, über das große Meer und dann über den Amazonas. Das allein war schon unvorstellbar. Aber daß sie das von jedermann unerkannt geschafft hatten, mit Schiffen, die *unter* Wasser fuhren, in denen die Leute dennoch atmen konnten – das war das wirklich Unbegreifliche. Dieses Land, das stand für Tatunca fest, mußte er kennenlernen. Dieses Land und seinen Führer. Koste es, was es wolle: Und jetzt, da man ihm diese Männer vorgestellt hatte, wußte er auch, in welche Richtung er sich zu wenden hatte. Nach Deutschland. Zu Herrn Adolf Hitler.

Aufgrund seiner überragenden Fähigkeiten wurde Tatunca sehr bald von allen geehrt und geliebt. Er hatte kaum Feinde. Die einzigen wirklichen Gegner waren die peruanischen Soldaten. Immer häufiger kam es oberirdisch zu kriegerischen Auseinandersetzungen mit großen Verlusten für die Ugha Mongulala. Aber Tatunca bewährte sich von Mal zu Mal mehr. Auch die Peruaner mußten große Verluste hinnehmen.

In einem dieser Kämpfe fiel schließlich auch der Vater, und die Häuptlingspflichten lasteten nun auf Tatuncas Schultern.

Als schließlich auch seine Mutter starb, war er völlig auf sich allein gestellt. Erst jetzt merkte er, wieviel Rat er sich immer bei den Eltern hatte holen können. Das war nun vorbei. Jetzt mußte er seine Entscheidungen selbst treffen. Das Volk durfte er nicht fragen. Das hätte man ihm als Schwäche ausgelegt. Und die Priester, die sein Vater immer zu Rate gezogen hatte, waren ihm zu konservativ. Er konsultierte sie zwar, aber das tat er nur anstandshalber, um sie nicht zu verärgern. Sein wacher Intellekt sagte ihm, daß er völlig neue Wege beschreiten mußte, wenn er seinem Volk helfen wollte. Und solcherart neue Impulse konnte er schlecht von den traditionsorientierten Priestern erwarten.

Tatunca beschloß, sein Volk vorübergehend zu verlassen. Er wollte Kontakt zu den Weißen aufnehmen, er wollte Hilfe für sein bedrohtes Volk erbitten, er wollte aber auch unbedingt das Land seiner Mutter besuchen. Tatunca wollte nach Deutschland.

Die Priester waren einverstanden. Wenn das jemand schaffte, dann war es ihr neuer Häuptling. Solange er fort wäre, würden sie die Regierungsgeschäfte betreiben. Sogar die in Aussicht genommene Hochzeit Tatuncas mit der Tochter des besten Freundes seines Vaters Sinkaia wurde erst einmal aufgeschoben. Die Sicherheit und das Überleben der Ugha Mongulala hatten Vorrang. Mindestens einmal pro Jahr müsse Tatunca sich jedoch zurückmelden, müsse Bericht erstatten und weitere Strategien absprechen.

Anfang 1970 tauchte der große Häuptling dann in unserer Zivilisation auf. Nur spärlich bekleidet mit einem Lendenschurz, einer Feder und Pfeil und Bogen, trat er im Bundesstaat Acre/Brasilien aus dem Wald und fragte die staunende Menschheit: »Onde mora o bispo?« »Wo wohnt der Bischof?«

»Die Bischöfe sind unsere Leute, das sind unsere Vertrauten«, hatte seine Mutter ihm immer wieder eingeschärft. »Wenn du wirklich eines Tages in die böse Welt der Weißen gehen willst, dann fang an beim Bispo. Merk dir dieses Wort und diesen Satz.«

Verkannt

Eins merkte Tatunca sofort: Auf die Weißen wirkte seine Schildkröte nicht. Niemand fiel vor ihm auf die Knie, niemand erwies ihm die gebührende Reverenz. Eher spürte er das Gegenteil: Man amüsierte sich über ihn und verhöhnte ihn. Zwar verstand er kein Portugiesisch, und sein Spanisch war so bescheiden wie das seines Vaters, aber Hohn spürt man auch ohne Worte.

Dennoch gelang es ihm, sich zum Bischof durchzufragen. Mühsam versuchte Tatunca, sich auszudrücken, sein Anliegen vorzutragen und Hilfe zu erlangen.

Auch der Bischof ließ statt Hilfsbereitschaft nur Spott erkennen.

»Ihre Mutter eine katholische Nonne? Aus welcher Mission denn?«

»Santa Maria«, sagte Tatunca.

»Nie gehört«, antwortete Bischof Dom Gioccondo Grotti und ließ Tatunca sehr bald die Tür weisen.

Das war also der sogenannte »Vertraute« seiner Mutter? Das konnte ja heiter werden! Wenn sie alle so waren, konnte er sich seine Rettungsaktion abschminken. Aber Tatunca wäre ein schlechter Häuptling gewesen, hätte er hier bereits resigniert. Wie sollte denn auch ein normal sterblicher Weißer, selbst wenn er Bischof ist und Gott näher steht als irgend jemand, diese unglaubliche Geschichte begreifen? Die Geschichte von Akakor und seinem Häuptling paßte einfach in kein Klischee der weißen Welt. Fände er doch nur jemanden, der ihn verstünde!

Der Gedanke an den verhaßten übermächtigen Feind, die peruanische Armee, und die Sorge um sein Volk gaben ihm die Kraft, trotz des Spotts und des Hohngelächters der Passanten weiterzugehen. Scheu und unsicher betrat er das Polizeirevier, zu dem man ihn dirigierte.

In einem Sprachragout aus einhundert Wörtern Spanisch

und fünfzig Vokabeln Portugiesisch, mit Händen, Füßen und Urlauten versuchte er, den Behörden sein Anliegen klarzumachen. Mit Hilfe von verschiedenen Dolmetschern entnahm man dem Kauderwelsch, daß er der legitime Nachfolger-Häuptling derer vom Stamme der Mongulala sei, und er brauche dringend Unterstützung.

»An was denkst du denn da konkret? Habt ihr Hunger? Braucht ihr was zu essen? Soll ich euch ein paar Kilo Bohnen geben lassen?« fragte ihn irgendein Staatsdiener beflissen.

»Nein, das ist es nicht. Ernähren können wir uns noch selbst. Wir benötigen mehr praktische Hilfe.«

»Ah, ich verstehe. Du brauchst Messer, Töpfe, Angelhaken?« dämmerte es dem Eifrigen.

Tatunca bewahrte Haltung. Sicher war das alles nur eine Folge der Sprachschwierigkeiten. Er hatte sich unzureichend ausgedrückt. Hätte doch seine selige Mutter, die Frau Nonne, ihn nur mehr Portugiesisch gelehrt!

Geduldig schüttelte er sein strapaziertes Haupt.

»Nein, wir schmieden uns die Messer selbst von alten Waffen, die unbrauchbar geworden sind. Und für die Fische genügen uns Pfeil und Gift. Wir brauchen Waffen. Das ist es, was wir dringend brauchen.«

Der wohlmeinende Bürokrat war nun etwas irritiert.

»Na klar. Kann ich verstehen. Du brauchst Waffen. Du meinst terçados, Haumesser, und facas, Messer, ja?«

Große Wasserschlange schüttelte weiter sein kluges Haupt. Wie ein Zweig im Wind machte sein Kopf nun schon seit zehn Minuten verneinende Bewegungen. Links-rechts, links-rechts, schüttel-schüttel, nein-nein. Haumesser. War dieser Brasileiro nun naiv oder nur dumm und frech? Wollte der denn nicht begreifen, oder konnte er nicht? Aber Tatunca blieb ruhig. Nichts anmerken lassen und nur nicht aufregen.

»Gut Ding braucht gut Weil«, hatte seine Mutter ihn gelehrt.

»Wir brauchen Gewehre, wenn du verstehst!«

Ja, das verstand der Mann, das war eine klare Aussage. Der Brasileiro schaute sich hilfesuchend nach seinem Vorgesetzten um. Nach einigem Zögern nahm er dann doch das Gespräch wieder auf.

»Ein Gewehr möchtest du?«

Tatunca strahlte. Endlich hatte man ihn verstanden!

»Ja. Aber nicht eins«, stellte er klar. »Wir brauchen eine ganze Schiffsladung voll.«

Und damit diese runde Kompaktforderung so richtig Zeit hatte zu reifen, sprudelte er nun in bestmöglicher Weise und schnell heraus, was da noch gesagt werden mußte, um diese Forderung ins rechte Licht zu setzen, sie zu relativieren, ihr das scheinbar Unverschämte zu nehmen: Vor zwanzig Jahren sei man schon einmal so freundlich gewesen, sein Volk mit Waffen zu versorgen, um gegen den gemeinsamen Gegner Peru bestehen zu können. Damals habe man sie seinem Vater ausgehändigt. Sein Volk habe das nie vergessen. Doch der Vater sei nun tot. Er, Tatunca, habe die Nachfolge angetreten. Die Waffen seien inzwischen verrottet. Deshalb die Bitte um neue.

Die Offiziellen waren verunsichert. Verständlich, denn in Brasilien war schließlich alles möglich. Und vor zwanzig Jahren? Weiß der Himmel, wer da regiert hatte. Das war lange her. Niemand erinnerte sich mehr recht daran, nirgends fand sich ein Beleg. Aber dieser Mann da vor ihnen trat so sicher und selbstbewußt auf, daß man ihn nicht gleich fortjagte, sondern erst einmal mit Nachforschungen begann.

»Haben Sie irgendwelche Quittungen?« wollte man wissen.

Tatunca staunte irritiert. »Was ist das?«

Mühsam versuchte man, es ihm klarzumachen. Und endlich hatte er es begriffen.

»Ach, ja, diese Papierschnitzel. So was kennen wir natürlich nicht. Selbst wenn – was hätte dieses Papier für einen Wert, wenn es nach kurzer Zeit verrottet?«

Aber dann bot er schließlich doch einen Beleg.

»Wenn das für Sie so wichtig ist: Ich habe solch eine Quittung oder wie Sie das nennen.«

Und vor versammelter Militärpolizei-Prominenz von Porto

Velho schlug er sich mit der rechten Hand hörbar auf die linke Brust, auf die tätowierte Schildkröte und verkündete: »Die Quittung des Indianers ist sein Wort. Er braucht kein Papier.«

Uff. Tatunca hatte gesprochen. Und dann erinnerte er sich doch noch an ein weiteres Detail. Man habe bewußt kein belastenden Schriftmaterial erstellt, weil das im Entdeckungsfall zwischen Brasilien und Peru unweigerlich zu diplomatischen Verwicklungen geführt hätte. So jedenfalls habe sein Vater ihm das immer erklärt. Daheim in der unterirdischen Stadt. In Akakor in Peru.

Die Verhöre dauerten an. War er wirklich ein Indianer? Oder war er ein Betrüger? Oder war er nur ganz einfach verrückt?

Tatunca wurde nach Manaus gebracht. In der Obhut des Militärs wurde er weiter verhört. Als Dolmetscher zog man Padre Casimiro hinzu. Er ist gebürtiger Litauer, Anthropologe und spricht zig Sprachen. Vor allem galt und gilt er als Fachmann indianischer Idiome, auch des Yanomami. Sogar Deutsch beherrschte der Geistliche, und das wie seine eigene Muttersprache.

Infolgedessen merkte Casimiro sofort, daß die deutsche Sprachart und -melodie bei Tatuncas Gestammel überwog. Egal, ob er sich spanisch, portugiesisch oder »mongulalasch« auszudrücken versuchte.

»Sprechen Sie zufällig auch deutsch?« fragte ihn der Missionar.

Da war Tatunca wie verwandelt. Er strahlte übers ganze Gesicht, eine Zentnerlast schien ihm vom Herzen zu fallen. Welch ein Geschenk seiner Götter! Hier in Manaus jemanden zu treffen, der seine Muttersprache beherrschte! Endlich eine Person, die ihn verstand! Endlich konnte er sich offenbaren und die Angst um sein Volk hinausschreien.

»Ja«, sprudelte er nun wie ein Quell, »ich ein wenick sprechen deutsch. Meine Mutter war Nonne deutsche katholische.«

Padre Casimiro war perplex. Ein Indianer, der angab, der

Sohn einer keuschen Nonne und eines Indianerhäuptlings zu sein, ein Häuptling, der vorher noch nie Weiße gesehen hatte und dennoch deutsch sprach – klar, daß Casimiro nun ebenfalls hellwach war. Und so erfuhr er, wie diese ungewöhnliche Konstellation zustande gekommen war.

»Es war so etwa, wie es die Weißen nennen, um das Jahr 1930. Da überfiel mein indianisches Volk die Mission Santa Maria.«

Casimiro später zu uns:

»Daß es nicht anders hieß, Santa Barbara zum Beispiel, hatte sicher einen guten Grund. Etwas, das Santa Maria heißt, gab und gibt es bei Katholiken allemal und allerorten. Mit solchen Namen landet man meist einen Treffer. Wie mit der Wettervorhersage »schön«. Die Chance liegt immer besser als fifty-fifty für solches Wetter. Genauso bei Santa Maria, wenn man in katholischen Landen weilt.«

Tatsächlich hat es aber eine Mission Santa Maria im angegebenen Gebiet nie gegeben – Pech für Tatunca –, und es war seitens der katholischen Kirche auch nie und nirgends woanders ein solcher Überfall registriert worden.

»Dann war es eben weiter von unserem Wohnort entfernt. Ich war ja damals noch nicht auf der Welt, und in unserer Sprache heißen eure Länder völlig anders«, entgegnete Tatunca solchen Einwänden. »Jedenfalls wurden alle Geistlichen getötet. Nur drei Nonnen und ein Bischof wurden mitgeschleppt. Eine starb am Schlangenbiß, die zweite stürzte von einem Felsen und die dritte wurde meine Mutter. Der Bischof wurde getötet, als er nicht mehr marschieren wollte.«

»Tatunca war kaum noch zu bremsen«, erinnert sich der Padre. »Vor allem, als ich meine ersten Zweifel an der Wahrheit seiner Schilderungen äußerte. Da rasselte er aus dem Stegreif das Glaubensbekenntnis herunter. Ohne Pause und ohne Fehler. Es sollte der Beweis sein, daß er katholisch erzogen worden war.«

Padre Casimiro ließ ihn ausreden. Dann trat Ruhe ein. Die Militärs hingen an Casimiros Lippen. Hatte das deutsche Gebet neue Erkenntnisse gebracht? Ja. Es hatte.

»Wissen Sie, was Sie da runtergebetet haben?« fragte Casimiro. »Das war die lutherische Version.«

Casimiro zu uns:

»Tatunca war für Bruchteile von Sekunden perplex. Die lutherische Version? Verdammt noch mal. Man mußte doch höllisch aufpassen. So was durfte nicht noch einmal passieren. Und nach zwei Speichelschlucken hatte er sich wieder gefangen und sagte: ›Ach ja. Natürlich war es die Luther-Version! Das hatte ich im Laufe der Jahre ganz vergessen. Das kam nämlich so: Als meine Mutter, die Nonne, geraubt wurde, hat sie im Handgemenge das Erstbeste an sich gerissen, um es mitzunehmen. Und das war die evangelische Heilige Schrift. Man hatte sie deshalb im Kloster, weil man sie mitunter zum Vergleich heranzog. Ja, genau. Jetzt, wo Sie mich darauf gebracht haben, fällt's mir wieder ein.‹«

Padre Casimiro hörte ruhig zu und registrierte nebenbei zweierlei: Tatunca reagierte schnell, und er sprach fehlerfrei deutsch, wenn er sich in die Enge getrieben fühlte und sich verteidigen mußte.

Aber die Sache mit Luther sei nur einer von vielen Beweisen gewesen, weswegen der Padre den Tatunca schließlich und definitiv für einen Betrüger hielt.

»Jede weitere Sitzung bewies mir mehr, daß an diesem Mann alles faul war. Ob es sich um seinen absolut unindianischen Körper- und Schädelbau handelte, ob um seine Science-fiction-Gags oder seine Schildkrötentätowierung – alles entbehrte jeglicher Realität.«

»Was war mit der Tätowierung? Kennen Indianer diese Sitte denn nicht?« wollten wir wissen.

»Ja, das schon. Aber sie schmücken sich nur mit kleinen abstrakten Zeichen wie Punkten, Strichen, Kreisen. Es gibt hier in Nordbrasilien keine bildlichen Darstellungen.«

Und nach kurzem Nachdenken: »Oder nehmen Sie seine Behauptung, er sei ein Ugha Mongulala aus Akakor. In keinem Dialekt amazonischer Indianersprachen gibt es ein L oder ein K. Ergo kann es kein Volk geben, das da Mongulala heißt und in Akakor wohnt.«

Tatunca konnten solche Einwände nicht schocken.

»Wenn alle nur das glauben, was sie gesehen und gelernt haben, gäbe es weder neue Entdeckungen noch Erfindungen. Mein Volk hat sich immer abgesondert, lebt unterirdisch und hat sich infolgedessen unabhängig und anders entwickelt als die Oberflächen-Indianer. So ist auch die Sprache eine völlig eigenständige geworden. Ob Sie es nun glauben wollen oder anzweifeln. Mir ist das egal. Wären wir wie andere, wären wir auch längst ausgerottet. Und wenn Sie das noch so anzweifeln.«

Er kämpfte schließlich sogar mit den Tränen: »Ich weiß genau, worauf Sie hinauswollen. Sie wollen mich provozieren, damit ich mein Volk preisgebe und es vorzeige. Aber das werde ich niemals und unter keinen Umständen tun. Auch nicht unter Folter. Es sei denn, meine Götter geben mir den Befehl. Und nur dann kriegen Sie mehr aus mir raus.«

Oh – klang das heroisch! Aber dennoch: Die Militärs wollten Beweise. Wenn er schon sein Volk nicht zeigen mochte, um dessen Sicherheit nicht zu gefährden, sollte er einen anderen Beweis erbringen. Nur Tatuncas Wort und ein Männer-Faustschlag auf die Schildkröte waren ihnen zu dürftig.

»Ja, das kann ich«, sagte Tatunca endlich, »mein Fluggürtel ist solch ein Beweis.«

»Ein Fluggürtel?« ließen die Militärs über den Padre fragen und waren plötzlich wieder hellwach.

»Ja. Genau. Ein Fluggürtel. Wir haben noch ganz andere Sachen in unseren unterirdischen Gewölben. Geräte von anderen Gestirnen, die völlig intakt sind. So auch den Fluggürtel. Eine denkbar einfache Konstruktion. Er hat vorn auf dem Schloß vier Knöpfe. Je einen für rauf, runter, links und rechts.«

Ungläubiges Staunen, Ruhe und Ratlosigkeit. Verlegene, verstohlene Blicke der rangniedrigeren Militärs zum ranghöchsten. War Lachen angesagt oder eher Zurückhaltung geboten? Stand man vor einer sensationellen Offenbarung und Neuentdeckung, die eine neue Phase der Militärgeschichte einleitete? Oder wurde man hier nach Fisch und Haken verschaukelt?

Der Militärchef blieb sachlich.

»Sie meinen, wenn ich das richtig verstehe, einen Gürtel, mit dem man fliegen kann?«

»Ja, genau das meine ich.«

»Und wo ist der Gürtel? Wo haben Sie diesen ›Beweis‹?« ließ er Casimiro fragen. »Können wir ihn sehen?«

»Leider nein. So wie Sie mir das nicht glauben, zweifelte vor Wochen auch der Bischof Dom Gioccondo Grotti zu Porto Velho an meinen Worten. Er war der erste Geistliche, dem ich mich in der weißen Welt anvertraute. Auf seine Zweifel hin habe ich ihm meinen Gürtel geliehen. Er sollte ihn ausprobieren.«

Casimiro dachte, nun habe er Tatunca in der Falle.

»Wie können Sie ihm einen Gürtel gegeben haben? Bischof Grotti lebt nicht mehr.« Casimiro lehnte sich genüßlich zurück und genoß dies wohlverdiente Päuschen. »Na? Sie sind so still. Bringe ich Sie jetzt in Verlegenheit?«

Tatunca lächelte nur gelangweilt und mitleidig und gönnte sich seinerseits eine Pause. Genau diese Frage hatte er erwartet. »Ja, Padre. Er ist tot. Das weiß ich. Aber Sie wissen wohl nicht, auf welche Weise er zu Tode gekommen ist?«

»Natürlich weiß ich das. Es stand ja in allen Zeitungen. Er ist vor kurzem mit dem Flugzeug abgestürzt.«

Tatunca schaute Casimiro betont lange in die Augen und lächelte weise. Keine Antwort. Der Padre hakte nach. »Nun wissen Sie nicht mehr weiter oder?«

Der Kronprinz verzog seine Lippen noch immer. Bis an die Schmerzgrenze der Provokation. Dann endlich rückte er mit der Antwort raus.

»Merken Sie nicht, daß Sie die Antwort schon selbst gegeben haben?«

»Nein. Vielleicht bin ich zu dumm.«

»Nein, Padre, Sie sind nicht zu dumm. Das geht allen Studierten so, die nur in wissenschaftlichen Kategorien denken. Das ging auch dem Bischof so. Deshalb lieh ich ihm ja den

Gürtel. Er legte ihn gleich in seinem Büro an. Ich konnte gerade noch hinzuspringen, als er ihn in Betrieb nehmen wollte. Ich sagte ›Bischof, um Himmels willen. Unterschätzen Sie die Kräfte nicht, die darin stecken. Ein Fehldruck – und Sie zerschellen im eigenen Zimmer. Lassen Sie sich Zeit. Ich brauche ihn heute nicht mehr. Probieren Sie ihn nachher in aller Ruhe im Garten aus. Aber bedenken Sie stets zwei wichtige Hinweise: Keine Zeugen und ganz, ganz vorsichtig die Knöpfe bedienen.‹«

Tatunca holte tief und erregt Luft und fuhr fort: »Entgegen meinem Rat hat er ihn ganz offenbar auch im Flugzeug getragen und daran rumgespielt. Und dabei muß es dann passiert sein. Statt auf die Taste ›rauf‹ hat er ›runter‹ gedrückt. Schließlich waren sie nicht beschriftet. Und da ist das Flugzeug abgestürzt.«

»Und wie wollen Sie wissen, daß er ihn wirklich getragen hat?«

»Weil ich hinterher, als ich von dem Unfall erfuhr, sofort über die Mauer seiner Residenz geklettert bin und heimlich seine Wohnung durchsucht habe. Hätte er ihn nicht bei sich gehabt, hätte ich ihn dort finden müssen. Denn ich hatte ihn ausdrücklich gebeten, den Gürtel niemand anderem zu geben. Der Gürtel hätte da entweder gelegen oder er hat ihn umgehabt. Eine andere Möglichkeit gibt es nicht. Wo käme der Katholizismus denn hin, wenn man nicht einmal einem Bischof vertrauen dürfte? Das war reine Vertrauenssache – wie ein Beichtgeheimnis. Er hatte ihn umgeschnallt. Ich bin ganz sicher. Ich mache mir sogar Vorwürfe, daß ich auf diese Gefahren nicht noch viel, viel deutlicher hingewiesen habe.«

»Ja, aber wo ist nun der Beweis?« wollten die Soldaten wissen.

Tatunca schaute fassungslos in die Runde. Ja, waren die denn alle schwachsinnig?

»Ist denn der Tod des Bischofs nicht Beweis genug?« fragte er.

Oder hatte ihn der Padre etwa gar nicht verstanden und alles falsch übersetzt?

Nach ungezählten solcher Flips und Flops stand Casimiros Urteil fest: »Der Mann ist ein Betrüger.«

Und mit diesem »Urteilsspruch« war Tatunca für die Militärs abgehakt. Die Story schlief ein.

Bis Karl Brugger auftauchte.

Journalist Karl Brugger

Was das Militär 1970 nicht glaubte, nahm Karl Brugger am 14.4.1972 für bare Münze. Zwei Jahre später also, während derer Tatunca reichlich Zeit hatte, seine Rolle als Indio zu vervollkommnen. Sie begegneten sich in der Deutschen Botschaft, die damals noch in Rio de Janeiro war. Brugger war fasziniert von diesem Mann, der ihm dort vorgestellt wurde. Ein Indianerhäuptling, der nach dem Fehlschlag beim brasilianischen Militär nun die Bundesrepublik Deutschland dringend um Hilfe ersuchte. Aber nicht nur für sein bedrohtes Volk – denn Tatunca ist kein Egoist –, sondern auch für die zweitausend Hitler-Soldaten, die, wie schon gesagt, seit dem letzten Krieg bei den Ugha Mongulala lebten und noch immer ihres Einsatzes harrten.

Das war doch eine Geschichte nach dem Herzen der deutschen Rundfunk-Hörerschaft. Denn Brugger war Korrespondent der ARD und ständig auf der Suche nach südamerikanischen Themen und Besonderheiten.

Der Konsul hatte Tatunca gleich richtig eingeordnet. Er sagte Brugger: »Die Geschichte dieses Mannes ist vollkommen verrückt. Er behauptet nicht nur, der Kriegshäuptling eines geheimnisvollen, zehntausend Jahre alten Volkes zu sein. Er berichtet auch von dreitausend Soldaten (die Zahlenangaben Tatuncas schwanken ständig, damit nimmt er es nicht sehr genau), die angeblich bis heute im Urwald leben sollen. Der Mann ist ein phantastischer Märchenerzähler.«

Doch Brugger ließ sich dadurch nicht warnen. Er witterte die Geschichte seines Lebens.

»Wie sollte denn Tatunca, so er ein Lügner wäre, die Namen deutscher Soldaten kennen, die nachweislich seit 1945 vermißt sind?« fragte er in seinem Hör-Feature. Das allein war doch schon ein schlagender Beweis. Dazu kam Tatuncas nachdrückliches Angebot, ihn in die Hauptstadt seines Volkes zu führen.

Zitate wörtlich, buchstabengetreu:

Brugger: »Wären Sie denn bereit, mit mir nach Akakor zu gehen?«

»Selbstverständlich.«

»Was würde da mit mir geschehen?«

»Sie wären willkommen in meinem Haus und Ihre Abreise jederzeit in Ihr eigenes Ermessen gestellt.«

Nach »dreimonatiger, mühseliger Recherche« war Brugger von Tatuncas Glaubwürdigkeit überzeugt. Er, Tatunca und der brasilianische Fotograf Giorgio Bodan traten die Reise nach Akakor an, »einer Stadt, wie sie eure Zivilisation selbst heut nicht hervorbringen könnte«.

Die Reise im Kanu war beschwerlich. Aber es blieb genügend Zeit, weiter in Tatunca einzudringen. Wie es sich mit Regierung, Recht und Ordnung verhalte, wollte Brugger wissen: »Sie haben also davon gesprochen, daß in Akakor zwei Millionen Menschen (!) leben. Zwei Millionen Menschen brauchen ja eine Regierung. Wie werden die zwei Millionen denn regiert?«

»Vom Hohen Rat. Wir haben... Es ist kein Machtmißbrauch in Akakor möglich. Der Hohe Rat entscheidet über das Volk, die Priester selbst regieren das Volk, können aber nicht eine Regierungsbildung ohne die Hilfe des Fürsten ausüben. Somit ist eine Dreierlei-Erlaubnis notwendig für eine Gesetzesänderung.«

»Wie ist denn das Verhältnis zwischen den Mongulala und den Indianern?«

»Zur Zeit gut. Früher war es sehr schlecht, es gab sehr viele Kriege. Seitdem meine Mutter Fürstin von Akakor geworden ist, hat sich das sehr viel verbessert. Seitdem die Deutschen ebenfalls bei uns sind, viele Deutsche haben auch Indianer geheiratet und sind nach Akakor gezogen, hat sich das ziemlich kunterbunt vermischt, wie auch die Sprachen, es gibt Indianersprachen, Ketschua, Deutsch, das ist alles kunterbunt durcheinander.«

»Haben Sie in Akakor Gesetze, gibt es geschriebene Gesetze?«

»Es gibt geschriebene Gesetze und ungeschriebene Gesetze.«

»Was ist zum Beispiel ein geschriebenes Gesetz?«

Tatunca weiter wörtlich:

»Ein geschriebenes Gesetz ist die Pflicht, ein Stück Land anzubauen. Wie auch dem anderen, sobald er krank ist, zu helfen, und so weiter, dies Gesetz der Gemeinschaft, wenn man es so nennen will.«

»Und ein ungeschriebenes Gesetz?«

»Wenn ein Mann verheiratet ist und mit einer noch Unverheirateten schlafen würde, ist ein ungeschriebenes Gesetz, folgt automatisch die Todesstrafe.«

»Sie haben also Gerichte, die darüber entscheiden?«

»Ja.«

»Und wer ist in diesem Gericht, wer entscheidet darüber?«

»Das sind die Priester, den Vorsitz des Gerichtes stellen die Priester. Die Beisitzer sind hohe Angesehene aus dem Volk.«

»Angenommen, ein Mongulala möchte essen. Woher bekommt er sein Essen?«

»Es gibt Verteilerstellen, die ihm Lebensmittel nach der Größe der Familie zubilligen.«

»Treiben Sie auch Handel mit den Indianern?«

»Nicht direkt, es existiert ein Tauschgeschäft.«

»Sie haben vorher davon gesprochen, daß es sehr viele Sprachen bei Ihnen gibt. Welche Sprache ist denn die Hauptsprache Ihres Volkes?«

»Im Moment ist in Akakor selbst Deutsch die Hauptsprache.«

»Was für eine Schrift haben Sie denn?«

»Wir (haben) eine Hieroglyphenschrift, schreiben auch im Alphabet der Zivilisation, aber meistenteils schreiben wir in Hieroglyphen, das wir umgeändert haben in Alphabet.«

»Und woher kommt diese Schrift der Hieroglyphen?«

»Die Hieroglyphenschrift ist zwölftausend Jahre alt.«

»Können Sie einmal den Tagesablauf beschreiben, eines Mannes, eines Mongulala?«

»Der Tagesablauf ist schwer zu beschreiben. Ich müßte den

Jahresablauf beschreiben. Warum, ein Mann ist nur verpflichtet, höchstenfalls drei Monate im Jahr zu arbeiten. Und diese drei Monate sind auf das Jahr verteilt.«

»Was ißt denn ein Mongulala? Welches Essen haben Sie?«

»Wir haben hauptsächlich Kartoffel, Mais, Fleisch, wie auch Früchte.«

»Wie ist denn ein Mann gekleidet?«

»Wir haben meistens Kleider wie Frauen an, wie Mäntel, Kapuzen im Hochgebirge mehr.«

»Und wie ist eine Frau gekleidet?«

»Eine Frau hat nur einen Schurz, wie auch einen Überhang über der Brust.«

»Haben Sie so etwas wie einen Kalender?«

»Ja, unser Kalender ist genauer wie der der Zivilisation. Wir haben dreizehn Monde im Jahr.«

»Sie haben also dreizehn Monate?«

»Ja.«

»Und wie heißen diese Monate?«

»Huascha, Dias, Tutogo, Menia, Meni, Nogo, Kemi, Sedas, Lob, Pakido, Andersche, Nuhoda, Imuhana.«

»Gibt es bei Ihnen auch die Sieben-Tage-Woche?«

»Nein.«

»Sondern?«

»Wir haben nur alle sechsundfünfzig Tage, also das ist jedesmal bei Vollmond, drei Tage Fest.«

Bald kommt Brugger nicht mehr zum Fragen. Laut Hörspiel wird die Reise täglich riskanter. Die letzte Siedlung, Sena Madurera, wird erreicht.

Ein Goldsucher »warnt« Brugger und Konsorten.

»Diese Indianerstämme sind bis heute dem Kannibalismus verfallen. Oft genug sah ich im Kochtopf die Fleischstücke weißer Gefangener. Im allgemeinen ziehen sie jedoch das Fleisch ihrer roten Brüder vor.«

»Haben Sie auch schon von diesem Fleisch gekostet?« will Brugger wissen.

Der Goldsucher: »Sie dürfen nicht vergessen, daß ich gefangen war. Wenn ich mich geweigert hätte, könnte ich Ihnen diese Geschichte jetzt nicht erzählen.« Und nach einer kleinen Wirkungspause ergänzte er: »Außerdem schmeckt es gar nicht so schlecht. Es erinnert ein wenig an Affenfleisch.«

Brugger ist mutig. Er will dennoch weiter. Tatunca erteilt Unterricht im Umgang mit Waffen und in Religion. Zitat weiter wörtlich:

»Meine Religion lehrt eigentlich nur, aus was man nicht bestehen kann. Denn auf was ich sehe, aus was ich nicht bestehen kann, das kann ja nicht ich sein. Somit ist der höchste Grundsatz meines Volkes: Was ich entstehen und vergehen sehe und infolge dieser seiner Vergänglichkeit mir Leiden bringen, das kann nicht mein Ich sein. Ich sehe in vollem Umfange meinen Körper entstehen und vergehen, durch Nahrungseinnahme wird mein Körper ständig ein anderer. Somit kann mein Körper nicht mein Ich sein. Nachdem einer gestorben ist, dann wird der Kopf abgeschnitten. Der Kopf wird aufbewahrt in Fächern unterhalb des Tempels. Der Körper wird den Flammen übergeben. Die Aufbewahrung des Kopfes entspricht aus der Antike, aus der Vorzeit, indem man gegenüber Gott oder dem Allmächtigen beweist, daß dieser Mann oder diese Frau rechtschaffen gelebt hat. Als Wohnstätte der Seele den Kopf bezeichnet, soll der Kopf eben da sein, bis er von selbst zerfällt. Also, es ist ein Demonstration gegenüber den Göttern, daß dieser Mann seine Pflicht gegenüber der Gemeinschaft erfüllt hat.«

Langsam, aber sicher schürt Tatunca die Angst Bruggers. Er will ihn zur Umkehr bringen. Plötzlich sogar in gutem Deutsch. »Die wichtigsten zwei Vokabeln für euch in unserer Sprache sind alta, das bedeutet Freundschaft, und marne, das heißt Hilfe. Das wird von allen Indianern in der Umgebung respektiert.« Doch dann schränkt er ein:

»Ich bin mir nicht sicher, ob die Indianer auch euch Weißen helfen würden. Im Busch werden die Weißen gehaßt. Schließlich sind sie verantwortlich für den Untergang der Indianer. Und vielleicht auch für den Untergang unseres Volkes.« Er fährt fort: »Ich selbst habe miterlebt, wie Weiße die Sintas

Largas mit Zyankali vergifteten. Ich war Zeuge, wie peruanische Kampfhubschrauber die Dörfer der Mongulala bombardierten. Ich habe gegen die venezulanische Nationalgarde gekämpft, die den mit uns verbündeten Caribe-Indianern nachstellt. Und ich habe mit eigenen Augen gesehen, wie Indianer gegen die Starkstromleitungen der Trans Amazonica gelaufen sind. Die Liste ist endlos.«

Brugger: »Tatuncas Angaben klingen glaubwürdig, weil sie aus anderen Quellen bestätigt werden. Außerdem haben uns gegenüber weiße Siedler mehrmals mit den gleichen Heldentaten geprahlt: ›Wir haben die Kinder in die Luft geworfen und sie mit der Messerspitze wieder aufgefangen. Wir haben den gefangenen Indianer an den Baum gebunden und als Zielscheibe benutzt.‹«

Es wird Brugger klar: »Wenn sich die Mongulala nach dem Beispiel der Weißen richten, kommen wir sicher nicht lebend in die Zivilisation zurück.«

Um den Wahrheitsgehalt dieser Äußerungen zu bekräftigen und um Spannung aufzubauen, kramt Brugger für sein Opus die peruanische Tageszeitung ›El Comércio‹ vom 8. Juli 1969 hervor: »30 Soldaten fanden den Tod oder wurden verletzt, als sie von einem regelrechten Indianerheer angegriffen wurden, das von Weißen angeführt wurde.«

Und die Situation für den Entdecker Brugger wird, laut Feature, immer bedrohlicher. Er und seine beiden Begleiter stoßen erneut auf Goldsucher. Einer berichtet: »Ich bin erst vor wenigen Tagen zum Fischen flußaufwärts gefahren. Da wurde ich plötzlich von einer Gruppe rothaariger Indianer angegriffen. Es waren große, blaurot bemalte Indianer. Sie standen am Ufer und schossen mit Pfeilen. Ohne meine Winchester wäre ich verloren gewesen.«

Der Bericht dieses garimpeiros trifft Brugger »wie ein Schlag«. Gott sei Dank hat er ebenfalls eine Winchester. Aber ihm wird klar, »wie tollkühn unser Unternehmen eigentlich war«.

In einem weiteren Gespräch mit Tatunca will er sich ablenken.

»Tatunca Nara, welches war denn der erste Kontakt Ihres Volkes mit Menschen aus Europa?«

»Das war vor tausendfünfhundert Jahren, da kam eine Flotte den Amazonas hoch, diese Menschen nannten sich Goten.«

»Sie sprechen von einer Flotte. Mit welcher Art von Schiffen kamen diese Leute denn?«

»Es waren Drachenschiffe.«

»Wie groß waren diese Schiffe?«

»Zwischen dreißig und sechzig Meter lang.«

»Wie kommen Sie auf diese Zahl? Gibt es diese Schiffe noch?«

»Bruchteile davon.«

»Die Goten waren also Ihr erster Kontakt mit einem fremden Kontinent. Wann kam es denn zum zweiten Kontakt?«

»Um fünfzehnhundert, als die ersten spanischen Segler an der Küste anlangten.«

»Und der dritte Kontakt?«

»Der dritte Kontakt war 1930 mit meiner Mutter, später 1938 mit hohen deutschen Offizieren, die uns besuchten und '39 mit mehr als dreitausend deutschen Soldaten.«

»Wie kam es eigentlich, daß dreitausend deutsche Soldaten nach Akakor kamen?«

»Wie es kam? Sie kamen an, sie bauten erst mal Stützpunkte auf und dergleichen mehr.«

»Ich meine, hatten Sie sie eingeladen? Wie hatten Sie den Kontakt hergestellt mit der Bundesrepublik?«

»Nicht mit der Bundesrepublik, sondern mit dem deutschen Volk, damaliger Zeit war Hitler an der Macht. Und das kam durch meine Mutter zustande. Meine Mutter war mehrmals in Deutschland. Sie erhielt aus Deutschland Waffen, Medikamente, also wenn ich Waffen sage, Jagdgewehre, am Anfang Kochtöpfe, Wolldecken, Messer, alle die üblichen Gebrauchsgegenstände, die bei uns sehr kostbar waren.«

»Und wieviele Soldaten, sagen Sie, kamen dann?«

»Es waren mehr als dreitausend.«

»Was für Pläne hatten die Deutschen eigentlich in Akakor?«

»Nun, sobald Deutschland den Krieg in Europa gewinnt und an der Küste landen sollte, würde ohne weiteres die Zivilisation Südamerikas in die Urwälder zurückgehen und dadurch einen Dschungelkrieg heraufbeschwören, also einen Guerilla-Krieg. Dieser Guerilla-Krieg kann von uns unterbunden werden, denn wir sind die eigentlichen Beherrscher der Urwälder, die noch nicht zivilisierten Indianer, noch mit keiner Zivilisation bekannt gewordenen Indianer unter unseren Befehl stehen. Das beweist, ich hab letztes Jahr den Befehl gegeben, sämtliche Indianer in Rondônia, die uns angehörig sind, zurückzuziehen.«

»Nach dem Kriege sind diese Deutschen zurückgegangen oder sind sie dort geblieben?«

»Sie sind alle bei uns geblieben, es ist kein einziger zurück, im Gegenteil, es sind noch mehr Familien nach dem Krieg zu uns gekommen.«

»Haben die Deutschen die Kleidung von Akakor übernommen, oder haben die Mongulala sich an die Kleidung der Deutschen gewöhnt?«

»Die Deutschen haben die Kleidung von Akakor übernommen. Wir sind aber bei einer gewissen Schutzkleidung geblieben und wir haben Schmelzöfen gebaut, zum Gewinnen vom Erzen und dergleichen. Und da ist eine andere Kleidung erforderlich.«

»Warum kommt es eigentlich, daß keiner dieser Deutschen zurückgegangen ist?«

»Wissen Sie, wir leben in einem Paradies, in einer Insel, die vollkommen unberührt ist von der Schlechtigkeit der Zivilisation. Wir sind ein eigenes Volk im Volksgebilde, eigentlich auch in der Regierung, und hätten wir nicht das Problem mit der fortschreitenden, zunehmenden Zivilisation, ich würde bestimmt nicht den Kontakt mit der Zivilisation herstellen.«

»Ja, Sie sprechen davon, daß die Zivilisation immer weiter vorrückt, aber wie kommt es denn, daß trotz der Flugzeuge und der Vermessungen des Amazonasgebietes Akakor bis heute unentdeckt geblieben ist?«

»Nun, man muß das Land kennen, die ungeheuren weiten

Entfernungen, tausend Kilometer sind nichts. Und nun, wenn ein Flugzeug übern Busch dahinfliegt, dann, entweder fliegt es in großer Höhe und kann unten nichts sehen oder aber es fliegt tief, und so ist die Aussicht wiederum gering. Weiter ist der Spritmangel, wie auch im Hochgebirge die Aufwinde, in den Felsen und dergleichen, gefürchtet von jedem Piloten.«

»Sind eigentlich, sind schon Weiße nach Akakor gekommen?«

»Ja, mehrere.«

»Was waren das für Leute?«

»Abenteurer, Vagabunden, Wissenschaftler, internationale Expeditionen, wir haben alles gefangen genommen.«

»Und was ist mit denen passiert?«

»Die sind Sklaven. Die haben gegen unser Gesetz verstoßen.«

Die Tollkühnen des Brugger-Kommandos biegen in den Emirar-Fluß ein, der laut Brugger »die giftigsten Kobras der Welt beherbergt und Frösche, die größer als kleine Kinder sind«.

Am Emirar-Fluß arbeitet Tatunca weiter am Scheitern der Expedition. Er wird wortkarg, bemalt sich schwarz, schmückt sich mit einem Stirnband und tauscht seine Shorts gegen einen Lendenschurz. Dann endlich stellt er fest: »Die Zeichen stehen nicht günstig. Wir erreichen Akakor vor Vollmond nicht mehr. Das ist schlimm, weil wir ein wichtiges Gesetz unseres Volkes verletzen.« Aber immerhin läßt er Brugger einen Rest Hoffnung. »Ich hoffe, die Götter sind uns gnädig gestimmt.«

Natürlich sind sie es nicht. Dafür wird Tatunca schon sorgen. Er gibt sich unnahbar und schläft abseits vom Camp: »Ich muß mich ungestört mit meinen Priestern unterhalten.«

Am nächsten Morgen, dem 13. Oktober 1974, erfährt Brugger das Resultat der Unterredung.

»Die Priester sind ungehalten. Wir kommen zu spät. Die Regenfälle versperren die Eingänge nach Akakor.«

Als Brugger dennoch weitermachen will, läßt Tatunca bei günstiger Gelegenheit kurzerhand das Boot kentern.

Die Ausrüstung ist futsch. Brugger und Giorgio kehren um. Aber: »Tatunca geht auf dem Landweg allein zu seinem Volk.« Offensichtlich gibt es für ihn keine festen Öffnungszeiten. Brugger: »Wir überlassen ihm einen Teil des Proviants, die Winchester, dazu den letzten und noch verbliebenen Fotoapparat (War also doch nichts verloren?). Er will die Regenzeit bei seinem Volk verbringen und dann mit Beweismaterial in die Zivilisation zurückkehren: Fotos, Unterschriften der deutschen Soldaten und mit Dokumenten aus der Chronik von Akakor.«

Als Brugger nach Rio de Janeiro zurückkehrt, liest er am 12. November 1974 im ›Journal do Brasil‹ von blutigen Kämpfen im Gebiet der peruanischen Hafenstadt Bulcalpa. »Nach Augenzeugenberichten sollen unbekannte Indianer mehrere Vorposten der Zivilisation überfallen haben. Die Herkunft der geheimnisvollen Angreifer sei zur Stunde noch nicht bekannt.« So die Zeitung. Aber Brugger weiß mehr: »Für mich ist die Herkunft dieser geheimnisvollen Indianer längst kein Geheimnis mehr.«

Als Brugger dann in den siebziger Jahren seine »Chronik von Akakor« herausgab, empörte sich vor allem Tatunca. Bei meiner Begegnung mit ihm meinte er: »Der Mann hat mich nicht mal gefragt, ob er das schreiben darf. Ich habe auch gar nicht gewußt, daß er Journalist ist. Vor allem ist das alles gelogen. Neunzig Prozent seines Buches sind unwahr.« Und er fährt fort: »Als mein Freund Ferdinand Sch., Ex-Swissair-Pilot, gar noch entdeckte, daß und wo Brugger sich bedient hatte, so zum Beispiel beim Südseehäuptling Tuiavii (der Papalagi), gab Brugger klein bei. Er zahlte mir eintausend Mark und damit war die Sache aus der Welt. Er hat mir versprochen, das Buch nicht wieder aufzulegen, weil es ohnehin eine Pleite war.«

Den Vorwurf der Textübernahme erhebt nicht nur Ferdinand Sch. Auch ein gewisser Ralf Sonnenberg empfahl, die Chronik mit Vorbehalt zu lesen:

»Ich will hier nur eins von mehreren Beispielen geben:

Brugger-Chronik: ›Verzweifelt rannten sie hierhin und

dorthin. Sie trachteten auf die Bäume zu steigen, und die Bäume schleuderten sie weit weg. Sie trachteten in die Höhlen zu gelangen, und die Höhlen stürzten über ihnen ein.‹«

In einer »Nacherzählung des altindischen Nationalepos Mahabharata und einer Übersetzung der originalen Ausgabe des Popol Vuh der Quiché-Maya« machte Sonnenberg diese Entdeckung:

»Verzweifelt rannten jene hierhin, dorthin. Sie trachteten auf die Häuser zu steigen, und die Häuser stürzten ein... Sie trachteten auf die Bäume zu steigen, und die Bäume schleuderten sie weit davon. Sie trachteten in die Höhlen zu gelangen, und die Höhlen schlossen sich vor ihnen.«

1982 hatte ich die Gelegenheit, Brugger selbst zu sprechen und zu seinem Buch zu befragen. Seine Antwort: »Nach anfänglicher Skepsis gewann ich von Gespräch zu Gespräch mehr und mehr die Überzeugung, daß Tatunca Nara die Wahrheit sagte.«

Wissenschaftler vieler Sparten waren da anderer Meinung. Sie zerpflückten das Werk und ließen keinen Buchstaben mehr am anderen.

Brugger zu mir (1982): »Das Buch hätte mich beinahe meinen Job bei der ARD gekostet. Gott sei Dank haben sich die Wogen geglättet.«

»Was von alledem, das du über ihn geschrieben hast, kannst du denn echt beweisen?« fragte ich ihn.

Ehrlich und ohne Umschweife räumte er ein: »Gar nichts. Aber ich habe es geglaubt und glaube es noch. Es scheint mir nach wie vor gesichert. Außerdem habe ich sinngemäß geschrieben: ›... wie es mir Tatunca erzählt hat‹.«

Sollte er es doch geglaubt haben, also auf Tatunca reingefallen sein, wie es andere Zeugen wissen wollen, so könnte man als Trost hinzufügen: Er ist auf Tatunca reingefallen, weil der ein brillanter Erzähler ist. Und er ist nicht der einzige, dem es so erging. Brasilianische Behörden schenkten Tatunca inzwischen Glauben und einen Paß, und der Wissenschaftler Jacques Cousteau verewigte ihn in seinem Buch über Amazonien. Mochte man Jacques Cousteau noch zugute halten, daß er alt ist und begrenzt aufnahmefähig, so traf das auf zwei andere Männer nicht zu: Sie gingen dem großen Häuptling auf den Leim. Gemeint sind die ZDF-Redakteure Franz Tartarotti und Dieter Kronzucker, wie wir noch lesen werden.

Das Buch von Karl Brugger ist inzwischen wieder aufgelegt. Neuer Titel: »Die Chronik von Akakor«. Covertext (Auszug): »Der Fernsehjournalist und Südamerika-Experte Karl Brugger hat in diesem Buch einen ihm mündlich übermittelten Bericht aufgezeichnet, der ihm nach anfänglicher Skepsis absolut authentisch erschien... Die Authentizität und der Wahrheitsgehalt dieser außergewöhnlichen Chronik können aufgrund neuerer Entdeckungen in Amazonien nicht mehr in Zweifel gezogen werden...« Welche neueren Entdeckungen das sein sollen, erfuhr der neugierige Leser nicht. Das Buch schweigt darüber.

Entschuldigend für den Verlag mag man gelten lassen, daß er das Opus trotz dessen »Authentizität« vorsichtshalber und richtig unter »Esoterik« eingestuft hat. Aber es war dieses Brugger-Buch, das Tatuncas Image als Indianer aufbaute und festigte und das letztlich böse Folgen auslöste.

»Vorsicht, Kannibalen!«

»Nach meinen Erfahrungen hast du wenig Chancen, lebend zurückzukommen.«

Wer mich da warnte, war kein geringerer als eben dieser Tatunca Nara, der große Häuptling a. D. derer von Ugha Mongulala. Das sollte mich einschüchtern. Denn ich wollte zu den Yanomami. Es war mein erster Besuch bei ihnen im Jahre 1982. Ich saß auf der Terrasse des Hotel Oasis in Barcelos am Rio Negro. Vor mir ein frisch gepreßter Orangensaft. Über mir die Wipfel großer Uferbäume, die mich mit ihrem Schatten kühlten. Steil neben mir der Abhang mit den hölzernen Treppenstufen hinunter zum großen Schwarzen Strom, dem Rio Negro, und zur anderen Seite, unmittelbar neben mir, mein kleines Zimmer. Einer von insgesamt zwei Räumen, die das Hotel Oasis damals zu bieten hatte. Tja – und mir vis-à-vis, gleich hinter dem Orangensaft am Tisch: Senhor Nara. Tatunca Nara, wie er mittlerweile mit erweitertem Namen hieß. Meine erste Begegnung mit ihm.

Nicht nur das genannte Buch, auch viele Gerüchte waren mir zu Ohren gekommen und hatten mich einerseits neugierig und andererseits äußerst skeptisch gemacht. Die einen vergötterten ihn immer noch als den großen Häuptling, der hier auf verlorenem Posten für sein Volk im Dschungel kämpfte, das aber immer noch niemand gesehen hatte. Andere bezeugten ihm ängstlich Respekt, weil er die Fähigkeit besaß, Ereignisse vorherzusagen. Weitere nannten ihn kurz einen Spinner und Hochstapler.

»Mein damaliger Geschäftsführer hat ihm 10 000 DM gegeben und diverses Gerät. Dafür wollte Tatunca Waldarbeiter bezahlen und Edelhölzer liefern. Aus seinem sogenannten Stammesgebiet.« Oesterle ist Holzhändler, wenn er nicht gerade Konsul ist. »Dreimal hat er Geld nachgefordert. Um seine Glaubwürdigkeit nicht vollends einzubüßen, hat er sogar einmal ein paar Stämme runtergeflößt. Aber das auch nur, um neues Geld zu ergaunern. Als ich damals dahinter kam, habe ich den Spuk sofort beendet und mich gewaltig mit Tatunca angelegt.«

Oesterle erteilte ihm sogar Hausverbot für das Firmenbüro. Aber den Indianer schockte das nicht. Er tauchte in Oesterles Privathaus auf, spielte den Gekränkten, den seinerseits Betrogenen, tobte und versetzte Frau Oesterle in Angst und Schrecken.

Wegen des nichtgelieferten Holzes prozessierte Oesterle erfolgreich gegen Familie Nara.*

»Gott sei Dank hatte sich mein Geschäftsführer Wechsel von Anita, Tatuncas Frau, unterschreiben lassen. Aber gezahlt haben sie letztlich nie. Wo nichts zu holen ist, hat der Kaiser sein Recht verloren.«

Dieses Beispiel war mir bereits bekannt, als ich in Barcelos eintraf.

Während Tatunca Nara weiter auf der Hotelterrasse auf mich einsprach und seine Sprechorgane mit Bier geschmeidig hielt, hatte ich Gelegenheit, ihn zu mustern. Er war asketisch gebaut, hatte das lange schwarze Haar der Indianer und ausgeprägte Wangenknochen, wie wir sie von den slawischen Völkern kennen und wie sie auch für Indianer typisch sind.

Tatunca, der selbsternannte Volksführer, Kriegsherr, Prophet und Wahrsager, gab sich inzwischen zivilisiert. Zwölf Jahre war es her, seit er »aus den Wäldern an der Grenze zu Peru« gekommen und mit seinem Lendenschurz auch in Manaus aufgetaucht war. Er trug jetzt weiße Shorts und ein gleichfarbiges kurzärmeliges Hemd, das er bis zum Nabel geöffnet hatte. So fiel mir auch gleich sein weiteres Merkmal deutlich auf: die tätowierte Schildkröte.

Er hatte meinen Blick wohl gesehen, denn unaufgefordert präsentierte er die Erklärung.

»Das ist das Zeichen meines Stammes.«

* Inzwischen hat Oesterle nach eigenen Angaben sein Holzgeschäft in Manaus fast aufgegeben. Natürlich nicht wegen Tatunca, sondern »weil heute der Handel mit Edelholz nicht mehr verantwortbar ist«.

Dabei beobachtete er mich scheinbar gleichgültig. Um abzutasten, wie weit ich für solche Geschichten empfänglich wäre. War ich ein neuer potentieller Kunde?

»Kennen Indianer denn Tätowierungen? Ich dachte immer, das sei ein Produkt *unserer* Welt.«

»Das denken viele. Aber so wie die Kartoffel, der Kakao, das Curare und der Tabak aus dem indianischen Kulturkreis kommen, stammt auch das Tätowieren daher.«

Ich sagte nichts. Ich konnte es nicht überprüfen. Es mochte wahr sein oder nicht. Im Hinterstübchen meines Hirns speicherte ich die Aussage, um sie zu überprüfen.

Nochmals kam ich auf seine eingangs ausgesprochene Warnung zurück.

»Wie kommst du darauf, daß ich kaum Chancen habe, durchzukommen?«

»Das ist leicht erklärt«, erwiderte er. »Weil die Yanomami auf dem Kriegspfad sind.«

Und dann erfuhr ich erstmals die Geschichte von John Reed, einem dreiundzwanzigjährigen US-Amerikaner.

»Er wollte genau wie du zu den Yanomami. Er hat Barcelos in Richtung Norden verlassen. Sein Plan war, ihr Land zu durchqueren und in Venezuela wieder rauszukommen. Aber da ist er bis heute nicht aufgetaucht.«

Tatunca machte eine Pause und ließ die Mitteilung wirken. Und während sie das bei mir tat, leerte er sein kühles Bier.

Solche Geschichten hörte man im Urwald allerorten, wie bei uns Verkehrsunfall-Ereignisse. Immer wieder verschwand jemand auf geheimnisvolle Weise, und wenn man nie mehr von ihm hörte, dann war es eben eine Schlange, die Malaria, oder der Betreffende war inzwischen womöglich Häuptling bei einem Indianervolk.

»Vielleicht ist er Häuptling geworden«, testete ich nun ihn.

Doch »Wasserschlange« schüttelte sogleich sein weises Haupt.

»Das mit dem Häuptlingwerden ist bei vielen Indianern durchaus möglich. Nur von den Yanomami habe ich das noch nie gehört.« Er gab sich als sachlicher, objektiver Fachmann. »Es ist eigentlich nicht ihr Stil. Sie haben ganz andere Bräuche.«

»Und welche zum Beispiel?« Ich merkte, daß er noch etwas in petto hatte. Tatunca war ein Mann, der überlief von Mitteilungsdrang. Man brauchte nur bestätigend zu nicken oder fragend den Kopf zu heben – und gleich sprudelte er los. Wie die durchtrennte Arterie eines Selbstmörders.

»Sie könnten ihn auch aufgegessen haben. Das ist da so üblich.«

Ich war einen Augenblick perplex. Denn das war schon starker Tobak. Die Yanomami sind keine Kannibalen, die irgend jemanden töten, um eine tolle Grillfete zu feiern und sich ordentlich satt zu essen nach dem Motto: »Paulo medium« und »Marion well done« mit Pommes frites.

Aber was sie tatsächlich essen, ist die Knochenasche ihrer eigenen Toten. Wohlgemerkt: nur die von ihresgleichen. Nicht aber die von Fremden oder gar die der Feinde.

Sie verbrennen ihre Toten und zermörsern die Knochen. Sie verzehren die Asche auch nicht aus Hunger oder Mineralienmangel, sondern aus völlig anderen, aus religiösen Gründen. Glaubwürdig für unsere Hirne klingt die Erklärung, daß die Yanomami annehmen, in den Knochen und somit in der Asche befände sich die Seele der Menschen. Und damit diese liebe Seele nicht umherirren muß und dem Zugriff allgegenwärtiger böser Geister ausgesetzt ist, ißt man sie auf. Somit ist sie wieder wohlverpackt in einem lebenden Körper, der sich normalerweise gegen Gefahren verteidigt und der der Seele Sicherheit gewährt. Die Asche wird aber nicht sogleich verzehrt. Sie wird in kleine Flaschenkürbisse verpackt und gut bewacht. Kein Feind und kein böser Geist sollen sich ihrer bemächtigen können. Sie bleibt so lange in Verwahrung, bis das Totenfest gefeiert wird. Das ist alljährlich einmal der Fall. Es ist das größte Ritual, das sie kennen, und bei einer späteren Reise habe ich mit zwei Freunden selbst daran teilgenommen.

»Die Yanomami Kannibalen, hast du gesagt?«

Er merkte mir die Skepsis an.

Während ich noch überlegte, ob mich Tatunca Nara mit

seiner Kannibalen-Bemerkung nur verschaukeln oder testen wollte, reagierte er blitzschnell, lenkte schon wieder ein und sagte: »Es gibt hier so viele Dinge, die den Weißen verschlossen bleiben und die sie nicht glauben. Fest steht jedenfalls, daß John Reed nie wieder aufgetaucht ist.« Und um seinen Kannibalen-Flop weiter abzuschwächen, ergänzte er: »Du weißt ja sicher, daß sie auf dem Kriegspfad sind. Die Goldsucher machen ihnen das Leben zur Hölle. Vielleicht haben die Yanomami John Reed einfach für einen Goldsucher gehalten.«

Okay. Das hielt ich dann schon eher für möglich.

Letztlich entschied ich: Der große Häuptling wollte mich nur schocken. Ich sollte Angst kriegen und aus Sicherheitsgründen ihn als Führer nehmen. Gegen viel Cash, versteht sich. »Was nichts kostet, ist nichts wert.« So lehrte es mich Tatunca bei anderer Gelegenheit. »Und man muß immer etwas exclusiv sein«, eine andere seiner Weisheiten. Und tatsächlich ließ er die Katze sehr bald aus dem Sack oder die Bananen aus der Schale. Er blickte mich durchdringend an, mimte den Menschenkenner, den Röntgenologen und weissagte gekonnt: »Ich spüre, du willst dennoch gehen.«

An sich war das klar. Schließlich hatte ich einen weiten Weg von Europa hinter mich gebracht. Da wollte ich mich nicht gleich vom ersten Warner zur Umkehr drängen lassen.

»Was hältst du davon, wenn ich dich begleite?«

Aha – hatte ich doch richtig geraten! Ich atmete spürbar auf. Also stimmte auch die Kriegsbeil-Warnung nicht. Denn warum sollten die Yanomami ihn verschonen und mich töten? Was einzig und allein Zweck seiner Warnung war: Tatunca witterte ein Geschäft. Und das wollte er sich nicht entwischen lassen.

Nun muß man wissen, daß ich damals vorgab, als »Journalist« einer größeren Illustrierten zu reisen. Ich hatte sogar entsprechende Visitenkarten dabei, die ich auf Verlangen freizügig verteilte. Auch ohne Verlangen war ich damit großherzig. Das sollte Eindruck schinden, und ich ließ durchblikken, daß Geld keine Rolle spiele. In Wirklichkeit war mein Budget recht begrenzt. Andererseits brauchte ich tatsächlich jemanden, der mich irgendwo im Yanomami-Grenzgebiet absetzte. Und als Waldläufer hatte Tatunca durchaus seine Qualitäten. Das war unbestreitbar, auch wenn seine Tochter Angelique ihn dreimal in die Tasche steckte. Immerhin hatte er jahrelang am Rio Padauirí eine Pflanzung betrieben, und solche Siedler kennen den Wald fast so gut wie die Indianer. Sie gehen damit nur nicht so gut um wie diese.

Daß es durch einen Zufall schließlich doch nicht zur Begleitung durch Tatunca Nara kam, dürfte mein Glück gewesen sein. Aber das ahnte ich damals in keiner Weise. Das erfuhr ich erst später, als John Reed wieder auftauchte. Allerdings tot.

Ich ahnte also nichts. Tatunca wußte sehr wohl, sich sympathisch und vertrauenerweckend darzustellen. So willigte ich grundsätzlich ein. War Tatuncas Lohn auch ungleich höher als der eines normalen Kleinbootbesitzers, so hatte der »Weiße Häuptling« für mich zwei wesentliche Vorteile: Er sprach fließend deutsch und war ein begnadeter Erzähler. Das gab womöglich zusätzlichen Buchstoff. Hatte Karl Brugger in seinem Opus die »Geschichte« des Volkes der Ugha Mongulala erzählt, so blieb mir noch immer die viel spannendere Fortsetzung, nämlich *der* Teil des Häuptlingslebens vom Tage seines Auftauchens an. Allein das war so bizarr und verrückt, daß es mir berichtenswert erschien. Zumindest als Märchenbuch.

Inzwischen hatte Tatunca Nara ein weiteres Glas Bier geleert.

»Du wirst es nicht bereuen, mich als Führer zu nehmen. Denn *mir* tun die Yanomami nichts. Mich respektieren sie als Häuptling ihres jetzigen Nachbarvolkes, und damit bist du auch sicher. Es sei denn, daß sie aus irgendwelchen Gründen keinen Besuch wünschen. Aber dann setzen sie vorher ein unübersehbares Zeichen, oder sie schalten den Magnetkreis ein. Dann müssen wir eben umkehren. Doch so was liegt jenseits meiner Beeinflussung.«

»Wieso Nachbarvolk?« fragte ich. »Ich denke, deine Leute wohnen in ›Akakor‹ an der peruanischen Grenze?«

Die »Große Wasserschlange« lächelte nachsichtig.

»Du bist nicht auf dem neuesten Stand, mein Lieber. Seit mein Volk von der peruanischen Armee immer mehr bedrängt wurde und nur noch in unterirdischen Höhlen leben konnte, habe ich es umgesiedelt. Die Habgier der Weißen kannte keine Grenzen. Sie engten unsere Jagdgebiete immer mehr ein und zerstörten unseren Lebensraum. Jetzt leben wir unweit der Yanomami. Der neue Ort heißt Akahim. Er liegt im Teufelsgebirge an der Grenze zu Venezuela.«

»Und die Yanomami lassen euch da wohnen?«

»Ja, wir waren schon immer Verbündete.«

»Wie groß ist denn dein Volk?«

»Noch zweitausend Seelen.«

»Und die leben alle da oben? Das verkraftet der Wald doch gar nicht.«

»Wer hat denn gesagt, daß Akahim im Wald liegt? Meine Leute wohnen unterirdisch. Wie vorher in Akakor.«

»Sie müssen doch Nahrung anbauen oder sie sammeln. Sie brauchen Licht, und sie müssen jagen. Zweitausend Leute – da hätte man doch längst Spuren gefunden.«

»Ein guter Indianer hinterläßt keine Spur.«

»Aber zweitausend Leute müssen doch irgendwann einmal eine Spur verursachen«, zweifelte ich hartnäckig.

»Du denkst zu deutsch. Denk doch mal indianisch! Das ist im Grunde ganz simpel. Du weißt doch, daß wir Indianer perfekt sind im Spurenlesen. Oder?«

Demonstrativ hatte er ein Stück Papier zerknüllt und es auf den Boden geworfen.

»Siehst du das? Jetzt wüßte man, daß hier jemand gewesen ist.«

Ich nickte. »Ja, das ist mir klar.«

»Gut. Und wenn jemand fähig ist, selbst die geringste Spur zu entdecken, dann wird er bestimmt auch dazu in der Lage sein, sie zu verwischen, bis selbst er sie nicht mehr sieht. Und das ist des Rätsels Lösung: Mein Volk ist perfekt im Spurenverwischen. Du kannst auch sagen: Wir haben eine Art Scheibenwischer an den Hacken.«

Und bei diesen Worten hob er das Papier wieder auf. »So einfach ist das.«

»Das leuchtet mir ein«, gab ich klein bei, »aber zweitausend Leute brauchen so viel Nahrung, daß sie weite Streifzüge unternehmen müßten.«

»Das stimmt. Zweitausend Leute können ganz schön was wegessen. Was die Nahrung betrifft: Wir haben reichlich Fische in unterirdischen Seen, wir züchten Tiere, und wir haben selbstverständlich auch Plantagen.«

Taktvollerweise lächelte ich nur, statt zu lachen oder ihn einfach sitzen zu lassen.

»Du sagtest Plantagen? Die hätte man doch längst vom Flugzeug aus gesehen und von Satelliten aus gefilmt. Brasilien hat erstklassige Infrarot-Aufnahmen seines Landes.«

Jetzt war er es, der lächelte. Wir wechselten uns damit brav ab, wie zwei Schachspieler, die jeder nach einem neuen Zug meinen, den anderen ins Matt manövriert zu haben.

»Das ist typisch ›Weißer Mann‹. Wenn das so einfach wäre, wären wir längst entdeckt und vollends ausgerottet worden. Infrarot-Strahlen. Das ist immer eure ganze Weisheit. Hast du schon mal was von Gamma-Strahlen gehört?«

»Ich kenne ›Strahlen‹ und den griechischen Buchstaben ›Gamma‹, aber von Gamma-Strahlen habe ich noch nie etwas gehört.«

»Wenn du Bruggers Buch gelesen hast, wirst du wissen, daß wir diverses Gerät von anderen Sternen haben. Mit einer dieser Apparaturen erzeugen wir die Gamma-Strahlen. Das ist unser ganzer Trick. Damit decken wir das Tal ab. Da nutzt den Satelliten auch die beste Infrarot-Fotografie nichts.«

Ich war enttäuscht. Das Bier hatte wohl seine Wirkung getan. Schon mancher Tatunca-Zweifler hatte mich auf diese Stories vorbereitet: »Wenn Senhor Nara sein Bierchen intus hat, übertrumpft er sogar die Däniken-Geschichten.«

»Ob du es nun glauben willst oder nicht«, fuhr er fort, »mir ist es egal. Ich bin kein Missionar, der irgend jemanden sein Wissen aufzwingen möchte. Ich weiß, was ich weiß und kann, ehrlich gesagt, immer nur mitleidig lächeln, wenn da so gebildete Besserwisser-Typen aus Europa kommen. Solche Neunmalklugen mit ihren anstudierten Meinungen, neben denen solche Dinge keinen Platz haben.«

»Dazu kannst du mich getrost auch rechnen. Das sind für mich Phantastereien. Es sei denn, du würdest die Behauptungen beweisen.«

Er ließ mich sehr fein seine Verachtung spüren.

»Warum soll denn immer ich alles beweisen? Beweist doch ihr Besserwisser, daß das *nicht* möglich ist.« Und wie um seine Schilderungen zu untermauern und Zweifel im Keim zu ersticken, fügte er hinzu: »Wir haben nicht nur simple Plantagen. Wir haben sogar Zuchtpflanzen, von denen die zivilisierte Welt kaum zu träumen wagt.«

Er hielt inne, ich gab mich gelangweilt und desinteressiert. Die Schwäche, neugierig auf seinen Köder anzubeißen, erlaubte ich mir nicht. Dennoch wartete ich fieberhaft auf die Fortsetzung. Denn wie verrückt seine Geschichten auch waren – zumindest waren die gut und eines Staunens oder eines Lachens wert.

Tatunca ließ mich nicht hängen. Zu gern erzählte er, zu gern tastete und testete er seine Gesprächspartner und Opfer ab, um festzustellen, ob er noch einen weiteren Trumpf ausspielen oder dem Ganzen noch einen draufsetzen könnte.

Bei mir konnte er. Denn ich hielt abwartend still.

»Wir haben zum Beispiel eine Sonnenblume gezüchtet, die sich selbst erntet.«

Wieder unterbrach er sich. Verrücktheit, häppchenweise, in Fortsetzung. Wäre doch gelacht, wenn Rüdiger nicht vor Neugier platzen würde! Und Tatunca schaffte es. Er stand einfach auf und ging, und ich fiel darauf herein und rief ihm nach: »Wieso selbsterntend? Nun spuck den Schmarren schon aus!«

Er lächelte, kehrte zurück und nahm siegessicher und wohlgefällig Platz, und dann gab er mir den Rest.

»Du weißt, die Sonne ist unser Nationalitätszeichen. Deswegen haben sich unsere Pflanzenkundler immer ganz besonders mit den Sonnenblumen beschäftigt. Und schließlich haben wir eine Sorte gezüchtet, die sich selbst erntet. Sie wird an Ost-West-Hängen angebaut. Morgens, wenn die Sonne aufgeht, richten sich alle Blüten nach Osten aus. Dann wandern sie mit der Sonne über Süden nach Westen. Ist das klar? Da wir unsere Felder in einem Gebirgskessel haben, bleibt es noch lange hell, wenn die Sonne schon längst hinter den Bergen verschwunden ist. Die Blumen glauben, sie müßten sich weiterdrehen, und wenn ihre Köpfe etwa gen Norden ausgerichtet sind, wird es dunkel, wird es Nacht. Dort verharrt die Blüte. Und dann geht die Sonne erneut im Osten auf. Die Blüte dreht sich nicht zurück, sondern schwenkt die kurze Neunzig-Grad-Strecke herum und vollzieht den gleichen Zyklus noch einmal.

Nach einigen Tagen dreht sie sich dabei selbst den Hals ab. Aber es sind genau die Anzahl von Tagen, die sie für die Reife benötigt. Sie fällt ab und rollt zu Tal, wo wir sie nur noch einzusammeln brauchen.«

Er lehnte sich zurück und genoß mein Staunen. Es bestätigte ihm, daß jeder, aber auch wirklich jeder einzufangen wäre – man mußte nur den richtigen Köder im richtigen Moment auswerfen. Bei mir waren es, so glaubte er, eben die Sonnenblumen.

»Wieso rollen die zu Tal? Flache Scheiben kippen doch um, wenn sie irgendwo gegen stoßen oder gar nicht erst richtig auf die Erde treffen?«

»Das ist schnell erklärt: erstens, weil sie an einem steilen Hang stehen, und zweitens, weil es sich bei unserer Zucht um eine kugelige Blüte handelt.«

Ich war »zutiefst« beeindruckt und beschloß sofort, irgendwann in meinem Leben etwas Ähnliches zu erreichen. Bis zur Fertigstellung des Buches war das Produkt zwar noch nicht ausgereift, aber meine Forschungen und Experimente laufen auf vollen Touren, und es ist nur noch eine Frage weniger Wochen. Dann werde ich sie öffentlich präsentieren können: meine selbststrickende Baumwolle.

Das verriet ich natürlich Tatunca nicht. Womöglich käme

er mir dann zuvor. Ich setzte einfach mein Lächeln Nr. 17 auf. Das ist jene spezielle Mimik, die ich in solchen Fällen anwende: eine Doppelprise Überheblichkeit und eine Andeutung von Naserümpfen. Pah, der konnte mich mal! Aber all meine schauspielerischen Glanzleistungen prallten bei ihm ab. Das wurmte mich.

»Ich habe es gar nicht nötig, dich zu überzeugen«, sagte er breit lächelnd. »Die Zeit ist noch nicht reif.«

Ich war so arrogant, die Antwort ebenfalls lächelnd zu ertragen. Ich legte das Thema zu den Akten.

»Wann willst du denn los?« ruckte er dezent und erneut an seiner Angel.

»Am liebsten heute. Ich kann es kaum erwarten.«

Bei dem Gedanken, daß es wirklich klappen könnte, überrieselte mich eine angenehme Gänsehaut. Endlich los in den Wald. Zum erstenmal allein.

Tatunca wiegte sein weises Haupt.

»Da muß ich passen. Denn ich kann erst in vierzehn Tagen. Morgen kommt Karl Brugger, wir wollen zur Pyramide und diesen Arschlöchern von internationalen Archäologen beweisen, daß sie uns zu Unrecht verhöhnt und beschimpft haben.«

Die Pyramide im Regenwald

Zunächst dachte ich, ich hätte mich verhört. Aber es stimmte: Am nächsten Tag kam Karl Brugger und wollte mit ›Große Wasserschlange‹ den Beweis erbringen, daß es ›die Pyramide‹ doch gäbe.

Ja, die Pyramide. Irgendwann hatte der bleiche Häuptling sie nach eigenen Angaben entdeckt. Er war auf der Pirsch nach Pekaris gewesen.

»Da erhob sie sich plötzlich wie aus dem Nichts neben mir in die Höhe. Nicht wie jene in Kairo: sondern grün, überwuchert, das Mauerwerk nur zu erahnen, aber doch unverkennbar eine Pyramide. Als hätte sie nur darauf gewartet, entdeckt zu werden.«

Und voller Entdeckerstolz und -glück tat Tatunca ihr diesen Gefallen. Er posaunte es in alle Welt hinaus.

»Die Meldung schlug ein wie eine Bombe. Aber gleichzeitig hieß es von sogenannten Experten, das könne gar nicht sein, die gäbe es am Nil und in den Anden oder in Zentralamerika – niemals jedoch hier. Und da habe ich mich geweigert, sie ihnen zu zeigen. Solche Klugscheißer müssen bestraft werden.«

Zeitungen, Archäologen und staatliche Expeditionen hätten ihn seitdem bedrängt.

»Sie sind mir heimlich gefolgt und haben mich sogar bedroht.«

Er ließ mir Zeit, ihn zu bedauern.

Um eventuelle Zweifel meinerseits zu zerstreuen, hatte Tatunca Nara plötzlich große Generalstabskarten ausgebreitet und deutete vage auf den vermeintlichen Fundort.

»Hier irgendwo muß es gewesen sein.«

Er fuhr mit dem Finger den Rio Padauirí hoch, glitt in den Rio Castanho und kreiste dann ziellos vor dem Grenzgebirge zu Venezuela. Deutlich hatte er dort bereits einige Kreuzchen eingezeichnet und ein paar Fragezeichen.

»Eins verstehe ich nicht, Tatunca.«

»Was denn? Du kannst es gern sagen, ich habe nichts zu verbergen.«

»Du hast mir des langen und des breiten von den Indianern und deinen Spurenlese-Fähigkeiten erzählt. Du hast mir gesagt, daß du an der Fährte des Jaguars erkennst, was er gefressen hat. Du hast mir erzählt, daß du nach zehn Jahren ein Dorf wiederfindest, das dreitausend Kilometer von Akakor entfernt irgendwo im Regenwald liegt. Wie erklärst du dir dann und vor allem mir, daß du die Riesenpyramide nicht mehr wiederfindest?«

Ich dachte, ich hätte ihn verunsichern können. Aber da hatte ich mich getäuscht. Vielleicht jeden anderen, aber nicht den großen Mongulala.

»Ich finde alles wieder, was für mich wichtig ist. Das könnte ein winziger Angelhaken sein, den ich irgendwo nachts verliere. Aber die Pyramide hatte für mich nicht annähernd solchen Wert. Und da ich damals auf der Jagd war, habe ich nur das Pekari im Kopf gehabt und die Pyramide mehr nebenbei registriert.«

Er wandte sich wieder der Karte zu.

»Sie ist ja nicht verschwunden. An so was glaube ich nicht. Ich habe damals nur nicht die Nebenflüsse gezählt. Sie muß etwa hier liegen. Zwischen diesem und diesem.«

Er zeigte zwei Flüsse, zwischen denen noch einige andere in den Castanho mündeten.

»Hier habe ich schon gesucht. Mit Brugger will ich nun die nächsten abklappern.«

Ich erfuhr, daß das gar nicht so einfach wäre, weil alles dicht zugewuchert sei.

»Dazu kommt, daß die Flüsse häufig ihr Bett wechseln und plötzlich woanders fließen. Wie bei uns in Akakor vor vielen tausend Jahren, als es ein Erdbeben gab und alle Flüsse plötzlich rückwärts flossen. So was gibt es. Darüber sind Laien sich oft nicht recht im klaren.«

Er verstand es sehr geschickt, Mißtrauen zu zerstreuen, war er doch schon mit viel offensichtlicheren Lügen und Verdachten fertiggeworden. Um mein Nachdenken und damit unangenehme Fragen zu blockieren, hatte er schließlich die ganz große Idee.

»Weißt du was? Ich werde mit Brugger reden. Er wird sicher nichts dagegen haben, wenn du mitkommst. Natürlich nicht bis zur Pyramide. Aber weit vorher gibt es einen Pfad, der direkt zu den Yanomami führt. Dort setzen wir dich ab.«

Und während ich die freudige Wende gerade verdaute, schob er noch einen Bonbon hinterher.

»Und außerdem ist das viel billiger. Wenn du mir 500 Mark gibst, bin ich einverstanden. Den Preis kann ich machen, weil Brugger die Reise ja sowieso bezahlt. So habe ich einen Vorteil und du auch, weil 500 Mark sehr günstig sind.«

Klar, daß ich begeistert zustimmte.

Heute stellt Tatunca den Vorgang anders dar: »Dann bot Rüdiger mir 500 Mark. Lächerlich, diese Summe. Wenn dem Mann da oben, wenn er allein weitergeht, etwas passiert, dann bin ich dran. Ich bin für die Sicherheit meiner Leute verantwortlich.« Und nach einer kurzen Unterbrechung: »Für eintausend Mark hätte ich mir die Sache überlegt.«

Anderntags kam Brugger. Schlank, groß, hektisch, getönte Intellektuellen-Brille.

»Mensch, ich brauche erst mal ein kaltes Bier!«

Erschöpft und gestreßt ließ er sich fallen. Zu mir nickte er nur andeutungsweise herüber. Damals kannten wir uns noch nicht. Ich war für ihn ein zufällig anwesender Gast.

»Wahnsinnshitze heute«, stöhnte er und zog sein Hemd aus.

Ich war überrascht. Zur Schildkröte auf Tatuncas Brust hatte sich ein Weibchen auf der von Karl Brugger gesellt. Völlig identisch nach der Devise ›Gleich und gleich gesellt sich gern‹. Im selben Moment wurden mir damit ein paar Fragen klar beantwortet. Fragen, die sich beim Lesen des Brugger-Buches automatisch ergeben hatten. Sicher würde ich sie bei Gelegenheit dennoch stellen können. Im Moment waren die beiden nicht zu sprechen. Die beiden Oberschildkröten tuschelten zusammen. Sie hockten unter einer Decke. Oder besser: unter einem Panzer, an einem Tisch.

Ich ließ sie ungestört. Sie hatten sich bestimmt erst einmal viel Neues zu erzählen.

Es war mir aber deshalb keineswegs langweilig. Denn ich konnte ihrer Unterhaltung gut folgen.

»Ist alles klar?« wollte Brugger wissen.

»Natürlich. Ich habe die ganzen Sachen schon im Schiff.«

»Auch genug Konserven?«

»Ja, reichlich. Eben das, was es hier so gibt.«

»Und Waffen? Hast du die Waffen?«

»Na klar. Auch genug Munition.«

»Und Filme?«

»Wieso Filme? Davon weiß ich nichts, und hier in Barcelos gibt es keine.«

»Mach keinen Blödsinn! Hat meine Sekretärin dich deswegen nicht angerufen?«

Sie hatte nicht. Und Brugger tobte, daß das Bier ihm nur so aus den Poren schoß.

»Was soll ich ohne Film? Stell dir vor, wir finden die Pyramide. Wie wollen wir das beweisen?«

Plötzlich wurden sie leiser. Tatunca erzählte von mir. Ich schaute gelangweilt auf den Rio Negro hinab und zu Tatuncas Schwiegermutter Friedel Katz. Sie betrieb dieses Hotel mit ihrem Mann. Und es war eine Freude, ihr bei der Arbeit zuzuschauen. So sicher, elegant und gekonnt ging ihr alles von der Hand. Wenn man vom Hotel Rückschlüsse auf die beiden Schwiegerleute zog, waren sie solide und glaubwürdig.

Schließlich räusperten sich die Herren. Brugger erhob sich, kam zu meinem Tisch und stellte sich vor.

»Tatunca hat mir eben von deinem Vorhaben erzählt. Finde ich ganz interessant. Aber ich habe zunächst ein großes Problem. Kannst du mir einen Film verkaufen?«

Ich konnte. Denn das verpflichtete ihn ein wenig und schaffte das nötige Gesprächsklima.

»Was kriegst du dafür?« fragte Brugger.

»Nichts. Ich habe sie ja auch nicht bezahlt. Du weißt ja, ich fahre für die Illustrierte. Und da gibt's Filme satt.«

Ich spielte den großen Crack und half dem ›Kollegen‹ aus der Patsche. Brugger packte den Film in seine Kamera. Dann kam er zur Sache.

»Ich hörte, du möchtest mit uns fahren?«

Ich nickte und harrte gespannt seiner Entscheidung.

»Nun, damit bringst du mich in eine blöde Lage.« Er druckste herum. »Grundsätzlich bin ich der letzte, der nicht einem Kollegen gefällig wäre. Aber in diesem Falle muß ich echt passen.«

Ich war ehrlich enttäuscht. Obwohl ich an seiner Stelle genauso entschieden hätte. Denn immerhin arbeitete ich für die Konkurrenz.

»Du kennst ja sicher mein Buch«, erläuterte er. »Und du glaubst gar nicht, wieviel Ärger mir das eingebracht hat. Ich sollte sogar meinen Job bei der ARD verlieren, weil die sogenannten Experten Sturm dagegen liefen. Und nun stehe ich kurz vor der Chance, es ihnen heimzuzahlen. Wenn du jetzt mitkommst, passiert auf jeden Fall eine von zwei Möglichkeiten: Entweder wir finden die Pyramide auch diesmal nicht. Dann könntest du mich blamieren. Oder aber wir finden sie, und du könntest mir die Schau stehlen.«

Ich merkte – er malte sich den Erfolg schon in herrlich grünen Urwald-Wucherfarben aus.

»Denn das weißt du genauso wie ich: *Wenn* wir sie finden, ist das die Welt-Sensation. Allererste Sahne.«

Das war mir inzwischen auch klar. Denn eine unentdeckte Pyramide an einer Stelle, wo anstandshalber überhaupt keine hingehörte – das wäre wirklich ein Hammer amazoniensis. Das wäre so, als würden Frauen die Einhundertmeterstrecke schneller laufen als Männer oder als ließe sich das Meer plötzlich pflügen. Und wo kämen wir denn dann hin? Meinen Einwand, ich würde ja bereits weit vorher aussteigen und dann einen anderen Weg nehmen, ließ er nicht gelten.

»Mal ehrlich, Rüdiger. Es wäre doch für dich mit deinem Survivaltraining kein Problem, uns am Ufer zu folgen.«

Das war zwar ein tolles Kompliment, aber auch gleichzeitig eine arge Überschätzung meiner Qualifikationen – doch ich widersprach nicht. Aus Selbstgefälligkeit, und um ihn nicht seiner Illusionen von mir zu berauben. Image Polish oder Rache des Unterlegenen. Wie man's nimmt.

Tatunca bedauerte mit Achselzucken. Wohl wegen der entgangenen 500 Mark.

»Aber das muß dir einleuchten, Rüdiger. Tut mir leid.«

Jetzt, wo alles klar war, lockerte sich auch Karl Brugger. Als wir uns genügend beschnuppert hatten, fragte ich ihn: »Glaubst du eigentlich tatsächlich an die Pyramide?«

»Ja, ich bin ganz sicher.«

Ich nutzte die Gelegenheit zu weiteren Fragen.

»Du schreibst auch, Tatunca spreche nur sehr schlecht deutsch. Ich finde, er spricht es mit allen Nuancen.«

»Ja, Moment mal. Ich schrieb, wie es *damals* war, als ich ihm 1972 begegnete. In der Zeit war sein Deutsch miserabel.«

»Aber wieso spricht er denn inzwischen so perfekt? Er konnte es doch nirgends verbessern.«

»Du bist wohl nicht ganz informiert. Inzwischen hat er Anita geheiratet, die Tochter der Eheleute Katz, die dieses Hotel betreiben. Die sind deutschstämmig und sprechen nur deutsch, wenn sie unter sich sind.«

Okay – das war eine plausible Erklärung. Ich nahm sie hin.

Schließlich hielt es die beiden Pyramideiros nicht mehr im Hotel. Nach einer letzten Erfrischung – Eistorte von Mutter Katz – schnappten sie ihr restliches Gepäck und gingen an Bord.

Das Boot ›Anita‹ lag am Fuß der Treppe. Es war ein etwa fünf Meter langes ›Ruderboot‹, auf das der Eigner nach Landesart in der Mitte einen Holzverschlag, eine Kajüte gesetzt hatte. Das Heck war nur überdacht. Es hatte keine Seitenwände. So konnte man dort an der freien Luft träumen, die Landschaft genießen oder kochen, ohne vom Regen naß zu werden. Das Fahrzeug war kein Prachtstück. Eher schäbig. Das Holz war stellenweise verrottet, die weiße Farbe blätterte ab, und Tatunca träumte, wie alle Bootseigner der Welt, egal wie groß ihr Schiff ist und egal, ob sie ein altes oder ein neues Fahrzeug besitzen, von einem größeren.

Dann warf der ›Chef-Entdecker‹ den Diesel an. Es knatterte, pufftc, ruckte und stank, aber mehr war es nicht, was der Motor von sich gab. Erst nach weiteren Versuchen und gutem Zureden tuckerte er schließlich dienstbeflissen und regelmäßig. Doch er wirkte schwach auf der Brust, ohne Power. Der Enthusiasmus der beiden Skipper hatte sich auf ihn nicht übertragen.

Mutter Katz und ich standen am Ufer und winkten. Ganz langsam entfernte sich das Boot. Selbst nach zwei Stunden konnte ich es immer noch hören und sehen.

»Ist das alles, was der Motor leistet?« fragte ich die Schwiegermutter.

»Ja. Wieso, ist das zu langsam?«

»Wie wollen sie denn in vierzehn Tagen bis zu der Pyramide und zurück gelangen? Da sind ja selbst vier Wochen zu wenig.«

Als das Boot aus dem Gesichtsfeld verschwunden war, befragte ich die Eheleute Katz zu ihrem Schwiegersohn.

»Eines habe ich an Bruggers Buch nicht verstanden. Das hat mich skeptisch werden lassen. Und zwar die Geschichte, wie Tatunca angeboten hatte, ihm die Stätte seiner Herkunft zu zeigen, ihn mitzunehmen nach Akakor – wie auf einmal das Boot in eine Schnelle gerät und umschlägt. Sie verloren ihre gesamte Ausrüstung und retteten nur das Boot und ihr Leben.«

Ich beobachtete sie scharf.

»Frau Katz, wie konnte das geschehen? Nie würde einem wahren Indianerhäuptling ein vollbepacktes Boot umkippen! Und selbst wenn es passiert wäre – warum hat Brugger dann nicht gleich die Ausrüstung erneuert und einen zweiten Anlauf genommen? Geld hätte doch für ihn überhaupt keine Rolle gespielt.«

Frau Katz winkte müde ab: »Herr Nehberg, ich bitte Sie.

Die sind doch nie losgewesen. Die Geschichte, die Brugger da erzählt, ist mal gegenüber auf dem Rio Deminí passiert. Da waren sie zum Fischen, haben im Boot rumgealbert und sind umgeschlagen. Das war alles.«

Und Vater Katz ergänzte: »Und dann saß Brugger hier abends beim Abendbrot und rief laut über die Terrasse: ›Diese Episode wird mein Einstieg ins Buch! Nur daß ich sie geographisch verlegen werde.‹« Man merkte Vater Katz an, was er von der Sache hielt, und er sagte es noch deutlicher: »Ich glaube überhaupt gar nichts von all diesem Gerede. Das sind reine Spinnereien.«

»Sehen Sie das auch so, Frau Katz?«

Sie wurde verlegen.

»Darüber möchte ich nichts sagen. Der Junge ist unser Schwiegersohn. Wir stellen uns diese Fragen natürlich auch immer wieder, wenn die Leute uns diesbezüglich ansprechen oder wenn in Manaus gehässige Artikel über ihn veröffentlicht werden.«

Und sie erzählte, daß es ihrer Tochter Anita einmal sehr schlecht gegangen wäre.

»Sie war hochschwanger, und Tatunca waren die Götter erschienen. Sie warnten ihn. Sie sagten, Anita werde eine lebensgefährliche Geburt haben. Der Junge schaltete sofort, denn die beiden lieben sich zutiefst. Er packte Hals über Kopf ein paar Sachen zusammen, und dann fuhren sie nach Manaus zum Hospital.«

»Quatsch, Götter«, brummte Vatern dazwischen, »der wollte nach Manaus. Der wollte Stadtluft atmen. Das war alles.«

Friedel unterbrach ihn schnell.

»Auf dem Weg dorthin passierte es dann tatsächlich. Anita glitt auf dem Schiff aus und rutschte die Treppe hinab. Sie hatte eine Fehlgeburt und lag auf Leben und Tod.«

»Wäre er nicht gefahren, wären sie hiergeblieben, wäre auch nichts passiert«, murrte Herr Katz erneut.

»Aber Tatunca war der Unfall nicht unangenehm. Er untermauerte seinen Ruf als Wahrsager. Darum und wegen der vereinzelten Treffer haben die Leute hier ziemlichen Respekt vor ihm. Oder Angst. Wie man's nimmt.«

»Ja. Das stimmt. Und in diesem schlimmen Zustand hat Anita den Tatunca angefleht, ihr die Wahrheit über sein Leben zu sagen. Das hat er getan...«

»Was bei ihm so Wahrheit ist.« Vater war nicht stummzukriegen. Man merkte ihm deutlich den Verdruß an, den ihm solche Unterhaltung bereitete. Aber Katzen-Muttern fuhr fort: »Und von diesem Geständnis hat sie mir einen Teil weitererzählt. Aber ich mußte ihr zusichern, mit niemandem darüber zu sprechen. Aber im Prinzip stimmt die Geschichte, die der Junge erzählt.«

Auch wenn sie das Gespräch damit beendete – mir sagte es genug. Nichts kann durchaus viel sein. Mein Bild von Tatunca rundete sich.

Während Tatunca und Brugger unterwegs zur Pyramide waren, begab ich mich zu den Yanomami. Knapp drei Monate später kehrte ich zurück. Ich war ziemlich ausgemergelt und freute mich gewaltig auf ein Sonderessen von Friedel Katz im Hotel Oasis. Und ich war gespannt auf Tatunca. Ich war begierig, zu erfahren, ob die beiden ›Schildkröten‹ ihre Pyramide gefunden hatten oder nicht. Ob mir da eine historische Sensation entgangen war oder nicht!

Es war 22 Uhr und dunkel, aber sternenklar. Ein Siedler hatte mich am Rio Aracá aufgegriffen und setzte mich nun am Ufer des Rio Negro unterhalb des Hotel Oasis ab. Ein kleines Schild, das von einer 15-Watt-Birne und vielen Insekten umschwärmt wurde, hatte uns die Stelle mühelos finden lassen. Es war damals der letzte Lichtpunkt von Barcelos flußabwärts. Ich wankte geschwächt, aber glücklich, die Holzstufen hinauf.

Die letzten Gäste des Restaurants waren gegangen. Frau Katz räumte ab. Nur Tatunca war noch da. Er wollte gerade gehen, als ich kam. Wie der Zufall so spielt.

Das übliche Hallo. Ich genoß den bequemen Stuhl und die Behaglichkeit und das Gefühl, meine Reise damit erfolgreich beendet zu haben.

Trotz der vorgerückten Stunde hockten wir noch lange beieinander. Auch Vater Katz gesellte sich dazu. Ich erzählte von den Yanomami. Sogar Tatunca, der den Wald besser kannte als wir anderen, war begierig, Details meiner Reise zu erfahren. Irgendwann hatte ich alles Wesentliche erschöpfend berichtet und nebenbei verschiedene Anläufe unternommen, Tatunca nach dem Verlauf *seiner* Reise zu befragen. Er schien die Fragen zu überhören, oder aber er war wirklich an meinen Erlebnissen interessiert. Womöglich dachte er daran, so etwas auch seinen Touristen anzubieten. Denn Touristen-Touren waren inzwischen seine Haupteinnahmequelle, nachdem er als Siedler und Holzfäller gescheitert und auch kein Häuptling vom Dienst mehr war. Er gab sich ganz als Trendsetter, das Ohr total am Markt. ›Man muß immer etwas exklusiv sein‹ ist ja sein Lieblingsmotto. Nun – exklusiv – das war er auf jeden Fall, wenn man ihn mit der Konkurrenz verglich. In Barcelos war er sowieso der einzige Anbieter, und durch das kleine Spitzenhotel seiner Schwiegereltern hoben sich auch *sein* Ansehen und seine Stellung.

»Viel ist das nicht, was ich mit dem Tourismus verdiene«, klagte er.

Deshalb fragte ich ihn: »Warum gehst du denn nicht als Häuptling zurück zu deinem Volk? Da hättest du doch sicher ein viel zufriedenstellenderes Leben als hier im Dorf.«

Tatunca blickte traurig zu Boden.

»Die Zeit ist noch nicht reif«, jammerte er. »Die anderen Häuptlinge zürnen mir, weil ich ohne ihre Zustimmung eine weiße Frau geheiratet habe. Deshalb dürfen weder Anita noch die Kinder mein Volk besuchen.«

Barcelos ist nicht groß. Eine Gemeinde von etwa 5000 Seelen, 2000 Kokospalmen, ein paar Läden, eine Anlegestelle für die Schiffe und eine alles überragende Salesianer-Mission. Barcelos ist ein schöner Ort und für Rio Negro-Verhältnisse gar eine Stadt. Die erste, die man nach zwei Tagen und Nächten Fahrt mit dem Schiff von Manaus aus erreicht. Da gibt es einen kleinen Markt, da findet man

Bootsbauer, da werden Gummiballen und Paranüsse angelandet, und man sieht und riecht den Urwald. Er kriecht förmlich in den Ort hinein und wird täglich von vielen fleißigen Leuten mit Haumessern in Schach gehalten.

Das Oasis-Hotel liegt ziemlich am Ortseingang. Und da saßen wir nun immer noch. Ich hatte alles erzählt. Mitternacht war längst vorüber, und ich ließ mir die Rindsrouladen, die Sachertorte, den Mokka und das Zitronen-Parfait schmecken wie ein Bär nach dem Winterschlaf. Nach dem Aufenthalt im Wald erschien mir Barcelos wie das Paradies.

Aber irgendwann war ich tatsächlich am Ende mit meiner Geschichte. Die Eltern räumten ab. Sie verschlossen das Tor zur Straße und bereiteten das Frühstück vor. Da schließlich konnte ich Tatunca gezielt fragen.

»Und nun erzähl mir doch endlich, wie es bei euch gelaufen ist.«

»Normal. Wieso?«

Er schien meine Frage nicht ganz verstanden zu haben.

»Was heißt normal? Habt ihr also die Pyramiden gefunden?«

Erstaunt, aber wortlos öffnete er den Mund.

»Pyramiden? Ach so. Die Pyramiden. Nein. Aber darum ging es doch gar nicht. Wir waren jagen und fischen. Du hast es doch selbst erlebt, wie gestreßt Brugger war. Dem ging es vor allem darum, sich mal zu entspannen.«

Mir blieb fast die Spucke weg. Das sind Momente in meinem Leben, wo ich einfach nicht mehr weiß, was ich sagen soll! War ich nun verrückt oder normal? Da hatten sie sich um den Diafilm gestritten und waren froh, daß ich ihnen einen überlassen konnte. Da hatten sie mich ausgeschlossen, weil ich ihnen die Schau stehlen könnte, da hatte er mir die Landkarten mit den möglichen Fundorten gezeigt – und nun war das alles nicht wahr? Hatte ich einen Dachschaden? Urwald-Halluzinationen? Ich hielt mich jedoch überheblicherweise, der Leser möge es mir nachsehen, für halbwegs normal, und entsprechend äußerte ich mich. Tatuncas Antwort: »Na gut. Wenn wir sie zufällig wiedergefunden hätten, klar, dann wäre das toll gewesen. Aber hauptsächlich wollten wir jagen und fischen.«

Nun, immerhin konnte ich ja noch Brugger dazu befragen.

»Ruf mal an, wenn du zurück bist«, hatte er gesagt. Seine Nummer hatte ich notiert: Rio de Janeiro 2876767. Als ich eine Woche später nach Manaus zurückgekehrt war und bei ›Teleamazon‹ ein funktionierendes Telefon fand, war dieser Anruf meine erste Zivilisationstat.

Die Sekretärin verband mich sofort.

»Hallo, hier ist Rüdiger. Bom día, Carlo. Ich bin von den Yanomami zurück und wollte nur mal hören, wie es bei euch gelaufen ist. Habt ihr die Pyramiden gefunden?«

Am anderen Ende ein paar Sekunden Sendepause. »Hallo, Karl, bist du noch da?«

»Ja, ja. Ich hatte deine Frage nicht ganz verstanden. Wieso Pyramiden? Wir sind doch nicht wegen der Pyramiden losgefahren. Ich mußte hier mal aus dem Idiotenstreß raus. Wir haben geangelt und waren jagen. Für die Pyramiden hatten wir doch gar keine Zeit. Da müßte man ja mindestens zwei Monate ansetzen.«

Nun war mir klar, daß die beiden Pseudo-Archäologen einander in nichts nachstanden. Ein eingespieltes Team, denn Einigkeit macht stark und ›immer etwas exklusiv‹.

Aber dann hätten auch die Pyramiden beinahe ein Todesopfer gefordert!

»Eines Tages kam dieser Roldão«, erzählte Tatunca 1988 bei anderer Gelegenheit. »Ein angesehener Archäologe aus Rio de Janeiro. Auch er wollte, daß ich ihn zu der Pyramide führe. Aber ich hatte keinen Bock, denn er höhnte unentwegt, ich sei ja doch nur ein Betrüger, und er erpreßte mich: ›Wenn du mir die Pyramide nicht zeigst, werde ich im ganzen Lande verkünden, daß du gelogen hast.‹ Und nur, weil er gut zahlte, nicht wegen der Erpressung, habe ich mich dann breitschlagen lassen.

Sein Spott hielt während der ganzen Reise an. Er sagte, daß es diese Pyramide gar nicht geben könne und daß er gespannt auf meine Ausrede sei. Du kannst dir meine Wut vorstellen. Als hätte ich das nötig, Gerüchte in die Welt zu setzen!«

Noch jetzt merkte man ihm den Zorn des Gerechten an.

»Wir waren schon kurz vorm Ziel, als ich plötzlich Spuren von Indianern entdeckte. Ich wußte nicht: Waren es nun Yanomami oder Leute vom Fluß Juruparú (auch am Juruparú leben Yanomami), waren sie freundlich oder feindlich? Ich wußte lediglich, daß es nicht meine eigenen Leute waren. Deshalb gab ich Befehl: Ab sofort geht keiner mehr ohne Waffen.«

Tatuncas Worten zufolge hat sich jeder an den Befehl gehalten. Nur Roldão nicht. Er habe weiter den großen Besserwisser gespielt.

»Erstens trage ich nie Waffen, und zweitens bin ich unverwundbar«, soll er gesagt haben, »meinen Körper umgibt eine undurchdringliche Hülle, denn ich habe vorher Macumba * gemacht.«

»Da bin ich unheimlich sauer geworden«, gestand Tatunca. »Ich habe ihn angebrüllt und gesagt: ›Der Befehl gilt für alle. Auch für Sie. Ob Macumba oder nicht. Denn wenn Ihnen jetzt ein Jaguar ins Genick springt, wollen Sie ja sicher, daß ich Ihnen das Leben rette. Und genauso erwarte ich Hilfe von Ihnen.‹« Und zu meiner Information und im Vertrauen: »Die Jaguare hatten sich nämlich vermehrt wie die Karnikkel.«

Er reichte Roldão ein Gewehr. Doch dieser war nicht umzustimmen.

»Ich habe gesagt, daß ich kein Gewehr trage und damit basta.«

»›Wer hier was tut, befehle ich. Denn ich bin der Kapitän, und ich trage die Verantwortung. Nimm gefälligst das Gewehr.‹ Doch er nahm es einfach und warf es auf den Strand.

* Relativ stark vertretene brasilianische Religion mit afrikanischen Elementen, ekstatischen Tänzen, getöteten Hähnen als Blutopfer und medialen Geister-Verbindungen.

Und in dem Moment passierte es! Ein Schuß löste sich und streifte Roldão an der Hand. Ein kleiner Ratscher nur. Ich wollte noch höhnen, wo denn seine Unverletzbarkeit bleibe, aber da fing der Mann dermaßen an zu schreien, daß alle Expeditionsmitglieder zusammenströmten, weil sie wunders dachten, was hier los sei.«

Roldão wälzte sich am Boden und krümmte sich vor Schmerzen. Er befahl, sofort umzukehren. Er schrie und stöhnte unaufhörlich, von Tag zu Tag mehr.

»Ich dachte im stillen: ›Diese Memme! Erst die ganz große Riesenklappe, und nun hat er einen kleinen Streifschuß und schreit wie ein Wahnsinniger. Dieser miese kleine Feigling.‹«

Nach vier Tagen erreichten sie Barcelos. Roldão nahm die erste beste Maschine und flog nach Manaus. Dort im Krankenhaus stellte man fest, daß es sich nicht um einen Streif-, sondern um einen Steckschuß handelte. Die Kugel war durch die Handfläche in den Arm gefahren. Sie hatte ihn auf voller Länge durchschlagen und war in der Schulter steckengeblieben.

»Als ich das hörte«, gestand Tatunca, »habe ich mein Urteil über Roldão revidiert. Was muß dieser Mann ausgehalten haben! Die Verletzung war so schwer, daß der Arm zunächst amputiert werden sollte. Man konnte ihn aber retten. Allerdings ist er steif geblieben. Im stillen habe ich vor ihm meinen Hut gezogen und Abbitte für meine beleidigenden Gedanken getan. Heute sage ich, dieser Mann war ein Held. Ein richtiger Held. Ich weiß nicht, wenn ich ganz ehrlich bin, ob ich genauso tapfer gewesen wäre. Ich glaube nicht. Und ihr wißt ja: Ein Indianer kann wirklich Schmerzen aushalten. Wie sagt man doch auf deutsch: Indianerherz kennt kein'n Schmerz.«

Das schaffte Eindruck unter den Hörern. Mochte Tatunca auch manchen Fehler haben – zumindest konnte er Irrtümer zugeben und sich dafür entschuldigen. Im stillen notierten sie einen Pluspunkt für den großen Waldläufer.

Doch inzwischen muß man diesen Pluspunkt wohl wieder ausradieren und durch ein Minus ersetzen. Das Urteil wäre nämlich verfrüht. Was er da verkündet hatte, war seine, die Tatunca-Version gewesen. Wieder einmal war auch ich ihm voll auf den Leim gegangen. Daß es offenbar anders abgelaufen war, erfuhr ich von João Mineiro, dem Chef der FUNAI in Barcelos.

Doch davon später.

Der für alle Tatunca-Unternehmungen charakteristische Mißerfolg von Entdeckungsversuchen schreckte Roldão nicht ab.

Ein Jahr später unternahm er einen neuen Versuch. Aber diesmal ohne Tatunca und mit zuverlässigen Partnern und nicht vom Land her, sondern aus der Luft. Und da gelang ihm, zu beweisen, was jeder immer wieder als reine Phantasie des Häuptlings abgetan hatte: Er überflog und fotografierte drei Hügel, die erstaunlich regelmäßige Seitenflächen aufwiesen. Der Pilot schätzte die pyramidenförmigen Gebilde auf zweihundert Meter Höhe. Damit überträfen sie sogar die Cheops-Pyramide um runde fünfzig Meter. Am 1. August 1979 erschien ein großer Farbbericht über Roldãos Entdekkung in der angesehenen Zeitschrift VEJA.

Es wurden Fachleute zu Rate gezogen, wie der brasilianische Geograph Aziz Nagib As-Saber, der das Erscheinungsbild als rein geologische Formation einstufte. Aber auch Däniken und Tatunca wurden zitiert, die angebliche Historie der Mongulala wurde erwähnt, und wieder wurde Tatunca ein wenig ›amtlicher‹ und – diesmal hatte er nicht einmal so ganz unrecht.

Das Kopfgeld

»Hamburger Abendblatt. Ich verbinde mit Herrn Schüler.«

Ich war längst zurück in Hamburg. Frühjahr 1983. Das Buch über die Yanomami-Reise war erschienen und hatte ausschließlich gute Kritiken errungen. Johanna Gerdts von der Gesellschaft für bedrohte Völker hatte es auf ethnologische Fehler abgeflöht. Rein fachlich-sachlich war nichts dagegen einzuwenden.

Es klickte, und Horst Schüler war dran. Seit jeher gehört er zu meinen besten Beratern.

»Hör mal, Rüdiger, wir erhielten heute einen Beschwerdebrief. Der dürfte dich interessieren.«

»Eine Beschwerde über mich?«

»Ja, aus Brasilien. Rate mal, von wem?«

Ohne zu zögern, riet ich: »Kurt Glück?« Denn auch er zählte zu den Touristenneppern, die ich im Buch erwähnt hatte.

»Nein.«

»Brugger?«

»Nein. Er ist von einem Indianerhäuptling namens Tatunca Nara. Du hast gelogen und seine Würde verletzt.«

Ich war überrascht.

»Und der hat sich beschwert?«

Ich verstand die Welt nicht mehr. Denn verglichen mit dem, was ich über ihn wußte, hatte ich nur sehr wenig wiedergegeben. Mein Verlag hatte mir empfohlen, das diesbezügliche Kapitel drastisch zu kürzen.

»Da er ja in deiner Erzählung nur eine Nebenrolle gespielt hat, solltest du solchen Phantasten nicht aufwerten mit einem unnötig langen Kapitel. Denn es ist doch klar, daß er ein Spinner ist. Das Kapitel hätte um einiges länger sein können, wenn er dein Führer geworden wäre.«

So wurde der Tatunca-Teil gestrafft. Übrig blieb, daß ich seine Qualifikation als Waldläufer nicht in Frage stellte. Übrig blieb aber auch, daß ich ihn für einen Spinner hielt. Ich hatte sowohl den Schwiegereltern Katz als auch ihm persönlich ein Exemplar des Buches mit Widmung geschickt und dachte, daß jemand wie Tatunca, der die Leute reihenweise aufs Kreuz legte, um es milde auszudrücken, diesen Bericht als sachlich und korrekt empfinden würde, zumal er mir weit stärkeren Tobak geboten hatte als darin berichtet. Entweder hatte ich das taktvoll verschwiegen, oder es war der Straffung geopfert worden: sein Vorschlag, mit mir zusammen im Yanomami-Land heimlich ein Mohnfeld anzulegen.

»Das sehe ich ganz nüchtern. Rauschgift ist das Geschäft der Zukunft. Es ist krisensicher. Wenn wir den Deal nicht machen, tun es andere. Ob wir den Acker nun haben oder nicht, deswegen wird nicht weniger oder mehr geraucht und verdient.«

Genau erinnerte ich mich, wie er dann eifrig weiter auf mich eingeredet hatte.

»Das ist doch für dich als Bäcker ein Klacks. Du packst zwei Kilo Mohnsamen als Saat in einen Strumpf und bringst ihn mit. Wenn dich jemand fragt, kannst du immer glaubhaft machen, das sei für meine Schwiegermutter für einen Mohnkuchen. Und dann gibst du mir noch zehntausend Mark. Damit würde ich die Arbeiter bezahlen, die den Wald roden.«

Ich lehnte ab.

»Das sind Geschäfte, die mich in keiner Weise reizen.«

Für mich stand eigentlich fest, daß er es einzig und allein auf das Geld abgesehen hatte. Er wollte mich linken, wie früher schon den Konsul Oesterle. Der Verdacht lag nahe, denn wenn jemand mit zwanzig Arbeitern in den Wald ziehen wollte, um eine Pflanzung anzulegen, konnte man nicht mehr von ›heimlich‹ reden.

Ich sagte ihm das auch.

»Dann weiß es ja Gott und die Welt, und der blühende Mohn leuchtet wie eine Monster-Ampel zum Himmel.«

»Da sehe ich keine Gefahr, Rüdiger. Du weißt doch, daß das Überfliegen des Yanomami-Landes verboten ist. Nein, nein, glaub mir – das ist bombensicher.«

Heute bestreitet Tatunca, mir dieses Angebot unterbreitet zu haben. Aber nachdenklich stimmte es mich, als ich vom BKA erfuhr, daß er 1989 sogar kurz verhaftet wurde, weil er Rauschgiftpflanzen in seinem Garten angebaut hatte. Nach einigen Tagen war er jedoch wieder auf freiem Fuß. Und dennoch jetzt der Brief ans Hamburger Abendblatt? Horst Schüler las ihn mir vor und gab mir später eine Kopie, damit ich dazu Stellung nähme.

Mein Chef-Indio behauptete, daß das ganze Kapitel über ihn von mir erlogen und die Aufnahmen Fotomontagen seien, und ich wäre ein Schmutzfink, weil ich in Manaus, laut Buch, statt in einem ordentlichen Hotel in einem Stundenhotel gewohnt hätte. Bei der folgenden Leseprobe bedenke man, daß Tatunca perfekt deutsch spricht:

(Auszug aus dem Brief von Tatunca Nara an die Redaktion des Hamburger Abendblattes)

...über mir Tatunca Nara wurde von einem deuschen ein Buch geschrieben das 80% gelogen ist, auf der deutschen Botschaft erklarte man mir das ich als Brasilianer kein Recht in Deutschland habe das Buch sowieso ein Maerchenbuch sei usw. Das mein Name beschmutzt und missbraucht wurde, keine Rede davon! Ein kleine Indio in Urwald um einen Rechtsanwalt zu zahlen daran ist nicht zu denken und so verging die Zeit

Letztes Jahr kam Ruediger zu uns nach Barcelos hat mir 500 deutsche Mark, US, Dolar 200,00 und wunste ins in das Intio Gebiet bebracht zu werden. Das Ersuchen lehnte ich ab, Verrueckt! Wenn der Mann da Umkommt gehe ich wegen Totschlag ins gefaengnis wer immer einen Menschen im Urwald aussetzt, zeichnet dafuer verandwordlich......koennen an Hand von Zeugenaussagen Dukumentieren, was ihr Helt aus Hambur fuer ein Till Eulenspiegel ist!
Tatunca Nara

Soweit der Brief des ›armen Indios‹, der keinerlei Rechte hat.

Ich antwortete wie folgt:
(Auszug)
9. 8. 83
Hallo, Tatunca,
über Deinen unsachlichen Brief haben wir herzlich gelacht...

...Hättest Du etwas genauer gelesen, hättest Du festgestellt, daß ich Deine Fähigkeiten als Waldläufer gar nicht in Frage gestellt habe. Worüber ich nur mitleidig schmunzeln kann, und was ich angezweifelt habe, das sind Deine Science-fiction-Stories. Aber das hätte Dir nicht neu sein dürfen, denn das hatte ich Dir auch schon in Barcelos gesagt.

Ausgerechnet jemand wie Du, der die größten Betrügereien begeht, regt sich auf, wenn ich ein paar Anekdoten zum besten gebe? Der redet plötzlich von ›verlorener Ehre‹? Der redet davon, daß ›80% gelogen ist‹... obwohl er selbst nie einen einzigen Beweis für seine Schwindeleien erbracht hat, und der weiter mit einem Mann wie Brugger zusammenarbeitet, den er mir selbst als Lügner hinstellte? Warum wolltet Ihr denn die Pyramiden suchen? Warum hat denn Brugger sich auch solch eine Schildkröte à la ›Der letzte Mohikaner‹ auf die Brust tätowieren lassen? Weil Ihr zusammenarbeitet.

Und ausgerechnet der Tatunca redet groß von Ehre, der mir angeboten hat, mit ihm eine Rauschgift-Plantage im Urwald zu starten? Sei froh, daß ich das diskret verschwiegen habe...

...Du hast mit Deinem Brief genau das Gegenteil von dem erreicht, was Du wolltest: Nun wissen noch mehr Leute, welch armselige Kreatur Du bist.
Rüdiger

Als ich den Brief in den Kasten geworfen hatte, war mir klar, daß ich ab jetzt am Rio Negro einen Freund weniger besaß.

Ich hatte nicht nur einen Freund weniger. Ich hatte außerdem einen Feind mehr. Das wurde deutlich, als Sigbert F. aus Kiel mich anrief. Er und sein Freund Horst K. waren mit Tatunca auf Abenteuerreise gewesen. Zwar nicht zum geheimnisumwitterten Akahim, sondern zu einem Yanomami-Dorf unweit des Rio Aracá.

Mehrere Wochen, so berichtete F., seien sie zusammen gewesen, und zwangsläufig sei die Rede auf mich gekommen.

»Er war unglaublich sauer auf dich und hat allen Leuten flußauf, flußab ein Gewehr versprochen, wenn sie dich ihm melden.«

Nach F.s Warnung erhielt ich noch vier weitere. Unabhängig voneinander. Tenor: Tatunca wolle mir die ›Kehle durchschneiden‹, mich ›abknallen‹, mir den ›Schädel einschlagen‹. Ich dürfte sein Hoheitsgebiet nicht mehr betreten.

Nun sei ich ein ›Anunciado‹, ein ›Angekündigter‹, wie das in Brasilien heißt. Dort hat sich der schöne Brauch eingebürgert, das Opfer vorher von der beabsichtigten Tötung in Kenntnis zu setzen. Ob man dessen Todesangst zur eigenen Freude damit verlängern will oder ob man erreichen möchte, daß der Bedrohte noch alles Nötige zu Lebzeiten regelt, weiß ich nicht. Mich amüsierte die Drohung.

Diese Warnungen in Ohr und Hirn, mied ich 1985 aber das Betreten des Ortes Barcelos, als ich fürs ZDF erneut in das Waldgebiet der Yanomami wollte. Ich blieb an Bord unseres Schiffes, das im Hafen festgemacht hatte. Nur Daniel und Ulli, meine beiden Begleiter, trieb die Neugier ins Hotel Oasis. Den Mitreisenden gegenüber spielte ich den Kranken und hatte mich mit Brille und Perücke getarnt.

Das Geringste, das mir hier widerfahren konnte, war, daß Tatunca mir mit Hilfe der Polizei Schwierigkeiten bereiten würde. Allein der Verdacht, daß ich ins ›Sperrgebiet‹ zu den Yanomami wollte, könnte die Polizei veranlassen, mich zurückzuschicken. Und dieses Risiko wollte ich vermeiden.

Auch als Daniel und Ulli vermeldeten, Frau Katz habe gesagt: »Tatunca ist nicht zu Hause, er ist bei seinem Volk« (Hatte er sie inzwischen auch umgepolt?), harrte ich an Deck aus. Denn trotz Verkleidung blieb die Gefahr, durch andere Dorfbewohner wiedererkannt zu werden und Tratsch in Gang zu setzen oder Leute zu aktivieren, die sich partout die Kopfprämie verdienen wollten.

Klar, daß ich es mir auch in einem zweiten Buch (›Im Tretboot über den Atlantik‹) nicht verkneifen konnte, zu berichten, was wir über Tatunca Neues in Erfahrung gebracht hatten. Auch hier hielt ich mich zurück und verriet nicht annähernd, was ich wirklich alles wußte, um die Ermittlungen nicht zu stören, die inzwischen seitens des Bundeskriminalamtes (BKA) in Gang geraten waren.

Dennoch erwähnte ich die Notwendigkeit, verkleidet Barcelos zu umgehen, und ich erzählte von der Begegnung mit Charly, einem ehemaligen Komplizen des Herrn Nara. Inzwischen hatten die beiden sich zerstritten, und Charly war so frei, einen der üblichen Tricks preiszugeben, mit dem er und der Pseudo-Indio die Klienten neppten:

»Er verspricht ihnen, sie zu ›wilden Indianern‹ zu führen. Das kann er meist nicht einhalten, weil er sich bei einigen unbeliebt gemacht hat und nicht mehr blicken lassen darf. Das kann er natürlich nicht zugeben, denn dann verlöre er seinen Anspruch auf Honorar. Um sich den Lohn für seine Führung dennoch zu sichern, inszeniert er – nach wie vor – den beliebten Trick mit den gekreuzten Pfeilen oder dem Affentotenschädel, oder Fußspuren, die er selbst trampelt.«

Sogar die Expedition des Franzosen Jacques Cousteau beendete er auf diese Weise. Dies ist mir deshalb so genau in Erinnerung, weil eben diese Bis-hierhin-und-nicht-weiter-Episode in einem der (für mein Empfinden katastrophal niveaulosen) Cousteau-Filme über die Amazonas-Expedition gezeigt wurde. Die Serie lief weltweit. Unter anderem auch in der BRD, der DDR, Österreich und Brasilien, von wo mir Leser meiner Bücher überraschend Videokopien des Filmteils mit Tatunca zuschickten.

Darin kam Tatunca aufgeregt ins Lager gestürmt, berichtete von den Warnzeichen feindlicher Indianer, und der große Forscher Cousteau befahl (sinngemäß) ›mit Rücksicht auf die Sicherheit meiner Leute‹ den Rückzug.

Normalerweise läuft solcher Betrug dann noch so ab, daß der begnadete Waldläufer den Kunden anheimstellt, sie dennoch weiterzuführen.

»Ab hier geschieht das aber auf Ihre eigene Verantwortung«, warnt er jedoch eindringlich. Und das klingt so tödlich.

Wer dann noch nicht mit einer Gänsehaut umkippt, kriegt einen ›Nachschuß‹.

»Sie müssen das richtig verstehen. *Mir* tun die Indianer nichts. Mich sehen sie als einen von sich, zumal ich hier schon oft war. Die Zeichen gelten Ihnen.«

Sollte selbst das nicht den gewünschten Erfolg bringen, bittet er die Leute, ihm die Entbindung von der Verantwortung schriftlich zu geben. Nach diesem psychologischen Schachzug hat noch nie jemand darauf bestanden, weiterzugehen. Es wirkte zu endgültig, zu testamentmäßig.

Bestimmt hätten sie's aber doch getan – hätten sie nur geahnt, daß ihr ›zuverlässiger‹ Führer die Pfeile oder Affenschädel bündelweise besaß und sie nachts höchstpersönlich kunst- und wirkungsvoll arrangierte.

So waren es schließlich stets die Touristen, die ›freiwillig‹ aufgaben, und er, der Meister, der Herr der Tricks, bewahrte sich den Anspruch auf sein Honorar.

»Hatte die Gruppe gut gespurt«, so Charly, »das heißt, wenn ihre Angst und Gänsehaut echt waren, so daß hinterher keine Komplikationen zu erwarten waren, hatte Tatunca noch ein Extra in der Hinterhand: ›Macht meinetwegen noch schnell ein Foto und dann nichts wie weg hier.‹«

Ein Gebiß spricht

Das schweizerische Zahnarzt-Ehepaar Kunz war in die Heimat zurückgekehrt und hatte das Gebiß sofort der Polizei überreicht. Die leitete es weiter an das Gerichtsmedizinische Institut der Universität Zürich.

In seiner März-Ausgabe im Jahre 1985 veröffentlichte das ›Bulletin für Standesfragen‹ der Schweizerischen Zahnärzte-Gesellschaft das Resultat dieser Untersuchung. Obwohl die Oberkieferzähne sämtlich fehlten, wurde dennoch festgestellt, daß der Eckzahn No. 5 oben rechts bereits vor dem Tode gefehlt hat. Verriet der Oberkiefer demnach nicht viel, so plauderte das Gegengebiß um so mehr: Mäßige Parodontose und vor allem die sieben Amalgam-Füllungen ließen sich auch postmortal nicht an ihrer Aussage hindern. Jedenfalls waren dem Institut und der Kantonspolizei Zürich klar, daß es sich bei dem gefundenen Toten um jemanden aus dem deutschsprachigen Europa handeln mußte.

Doch das Resultat nutzte zunächst gar nichts. Weder in der Schweiz noch in der BRD oder Österreich wurde jemand vermißt, auf den das Resultat gepaßt hätte.

Reiseveranstalter Bernhard Rutz (Slogan: bernhard trekking, wo wenige viel erleben) fürchtete um seinen Ruf. Er appellierte an die ehemaligen Reiseteilnehmer, die Angelegenheit nun auf sich beruhen zu lassen. Er fürchtete geschäftlichen Schaden.

Am 17. 8. 84 schrieb er dem Ehepaar Kunz und den übrigen ›lieben ehemaligen Brasilien-Trekker/innen‹, »zum Schutze der Gastgeber auf keinen Fall irgendwelche Namen herauszugeben, weil man ja nun selber wisse, welche Gefahren damit verbunden sein könnten«.

Kunz beeindruckte das nicht. Er blieb auch dann fest, als Rutz, der Trekker, ihm *offiziell* den Mund verbieten lassen wollte. Ein extra dafür eingesetzter Ombudsmann (Schiedsrichter) mußte unverrichteter Dinge wieder abziehen.

Doch dann erhielt die schweizerische Polizei unerwartet eine Anzeige. Das Ehepaar Wanner aus Zofingen meldete seinen Sohn Herbert als vermißt. Und mit einem Schlag paßten alle Mosaiksteinchen zusammen: das Barett, die Initialen H. W., die Turnschuhe, Ort und Zeit und vor allem das Gebiß.

Die Polizei wurde aktiv. Wer war dieser Tatunca Nara? Man recherchierte und stieß auf zwei Hinweise: das Brugger- und das Nehberg-Buch. Während das erste ihn hochlobte, sprachen aus dem anderen Zweifel und Spott. Da er nach meiner Einschätzung kein Indianer war und nur deutsch perfekt sprach, lag der Verdacht nahe, daß er deutscher Staatsbürger war. Deshalb bat die Schweizer Staatsanwaltschaft das BKA um Hilfe, und das wandte sich an mich.

So lernte ich Kriminalhauptkommissar Kurt Hartert und Kriminalkommissar Dirk Locher kennen.

»Kennen Sie einen Tatunca Nara?« fragten sie.

»Aber gewiß doch. Einer meiner ganz speziellen Freunde«, grinste ich mitteilbereit.

»Ja, das wissen wir natürlich. Wir haben Ihr Buch gelesen. Aber Papier ist geduldig. Sie kennen ihn also tatsächlich persönlich. Können wir Ihnen eine Frage stellen und Sie bitten, die ohne großes Nachdenken ganz schnell und spontan zu beantworten?«

»Aber klar doch. So was liebe ich ganz besonders.«

Ich war höllisch neugierig. Irgendwie mußte es spannende Neuigkeiten geben, wenn die beiden extra aus Wiesbaden angereist kamen.

Sie blickten sich kurz an, so, als stimmten sie schnell ab, wer die Frage nun stellen sollte. Dann schoß Locher sie hervor: »Trauen Sie Tatunca Nara einen Mord zu?«

Meine spontane, überzeugte Antwort: »Nein!«

Und nach sekundenkurzer Pause bekräftigte ich die Antwort noch mit einer Ergänzung:

»Niemals. Er ist ein Gauner, ein Spinner und Betrüger – aber ein Mörder, da würde ich rundweg nein sagen.«

Meine Überzeugung geriet ins Wanken, als Hartert und

Locher mir ihre neueren Erkenntnisse offenbarten. Sie berichteten kurz über den toten Herbert Wanner.

Er war 22 Jahre jung und Förster aus Zofingen in der Schweiz. Er hatte Tatunca Nara in den Jahren zuvor über Bruggers Buch kennengelernt und war ihm und seiner Erzählkunst verfallen. Es erfüllte ihn mit Stolz, daß ein solch großer Häuptling ihn zum Freund auserkoren hatte. Seine stille Hoffnung war, von Tatunca Nara eines Tages dessen geheimnisvollem Volk vorgestellt zu werden. So investierte Wanner viel Geld in Tatunca Nara. Man reparierte dessen brüchiges Schifflein, und Wanner brachte Waffen und Uhren als Geschenke mit nach Barcelos. Und die Eltern wußten: »Beim zweiten Besuch hat er 15 000 Schweizer Franken bei sich gehabt.«

Am 13. November 1983 verließ Herbert Wanner sein Elternhaus zum dritten Mal, um sich mit Tatunca zu treffen. Er traf am 15. November 1983 in Barcelos ein. Wieder hatte er Geld und Traveller-Schecks bei sich. Und diesmal schien es sich für ihn zu lohnen. Denn Anfang Dezember 1983 schrieb er nach Hause, daß er nun wirklich das Glück habe, vom großen Häuptling nach Akahim, dem geheimnisumwitterten neuen unterirdischen Wohnort derer von und zu Mongulala, geführt zu werden.

Das war gleichzeitig das letzte Lebenszeichen, das die Eltern Wanner von ihrem Sohn erhielten. Zunächst waren sie nicht beunruhigt – konnten sie sich doch denken, daß Expeditionen nicht in wenigen Tagen abzuwickeln sind und nicht immer termingerecht enden können.

Als dann Mitte Mai 1984 (nach 5 Monaten) immer noch kein Brief eingetroffen war, schrieben sie an Tatunca Nara. Sie wollten wissen, ob die Reise inzwischen beendet und wo Herbert geblieben sei.

Am 6. Juni 1984 antwortete Tatunca Nara in einem halbseitigen, maschinengeschriebenen Brief, daß sie bereits im Februar '84 zurückgekehrt seien und Herbert dann plötzlich Barcelos verlassen habe: ›*... mit kurzen worden mich hat er Ueberrascht, als ich nach Hause kam er war weg, läst schön grüssen ...*‹

Es befänden sich noch ein Seesack mit Wäsche und Bücher bei ihm. Wohin Wanner gegangen sei, wisse er nicht genau. Mal habe er zurück in die Schweiz gewollt, mal wieder zu den Indianern, mal nach Venezuela.

Am 23.9.1985 kam ein zweiter Brief. Diesmal doppelt so lang. Eine ganze Seite. Er habe ›*Bilder von Herbert allen Flug-Taxi-Piloten von Manaus welche auch die endferndesden Goldgräber Cambs anfliegen in Staade Roraima Fazendas besuchen und kennen ich habe Bilder gegeben um Herbert der mein Freund ist zu finden!*‹

Im Widerspruch zum ersten Brief wußte er nun auch, daß Herbert über Manaus nach Boa Vista gefahren sei, um von dort einen Tag nach Surinam zu gehen. Nach einem Tag im Ausland und bei erneuter Einreise erhält man wieder ein zweites Visum mit dreimonatiger Gültigkeit.

Diese Mitteilung stand auch im Gegensatz zu einer anderen Behauptung im ersten Brief. War da doch zu lesen, daß ›*... Brasilien hat seine Grenzen zugemacht*‹.

Grund genug für die Eltern, mißtrauisch zu werden. Aber sie wurden ein wenig getröstet von Tatuncas Ehefrau Anita.

Am 30.10.1985 schrieb sie von Hand auf fünf Seiten, daß die Dimensionen im Urwald ›kontinental‹ seien, Zeit und Distanz hier andere Werte besäßen und sie, weil sie das Land kenne, nicht so beunruhigt sei wie die Eltern.

Fest stand – nach den Ermittlungen –, daß Herbert Wanner zwischen Mitte und Ende Januar 1984 umgekommen sein muß.

Schon im Februar desselben Jahres wurden Herberts Reiseschecks in Zahlung gegeben. Der erste, der sie entgegennahm, war Aloisio Dias, ein stadtbekannter Geldwechsler in Manaus. Von ihm liefen die American-Expreß-Schecks über Korrespondenz-Banken zur Kennedy-Bank in den USA.

Und Aloisio Dias erinnerte sich nicht mehr an diese Geldpapiere. Er nimmt täglich viele davon entgegen und gibt sie wieder weiter. Wohl wußte er, daß Tatunca ihm des öfteren Schecks angeboten hatte. Aber ob es diese und zu jener fraglichen Zeit waren, erinnerte er nicht.

So wurde ein bedeutsames Beweismittel wertlos.

Tatsache bleibt jedoch, so die Kripo in der Schweiz und Deutschland, daß diverse Schecks im Februar eingelöst wurden, zu einer Zeit, als Herbert Wanner vermutlich bereits tot war.

Gemeinsam mit dem BKA überlegten wir, ob mir wichtige Details entgangen waren, ob ich vielleicht unbewußt selbst von ihm bedroht gewesen war, ob ich mich an seine Waffen erinnerte oder Fotos hätte. Ich bemühte mein Hirn und mein Fotoarchiv. Und ich filzte erneut mein Tagebuch. Und darin fand sich eine weitere sehr entscheidende Notiz. Sie deckte sich mit einer gleichlautenden Aussage des ›Stern‹-Reporters Volker von Conte. Auch ihm hatte Tatunca die interessante und tragische Geschichte des kleinen Indianers erzählt, der Fernweh nach Deutschland, dem Land seiner verstorbenen Mutter, hatte.

In dieser zu Herzen gehenden Geschichte beging er einen weiteren gravierenden Fehler. Vielleicht den entscheidenden schlechthin.

Der Paß

»Ich weiß nicht, ob du das verstehen kannst, Rüdiger«, so Tatunca Nara zu mir bei der ersten Begegnung im Jahre 1982, »meine Mutter und die Hitler-Soldaten hatten mir so viel über Deutschland erzählt, daß ich nur noch von einem Wunsch beseelt war: Ich mußte dieses Land kennenlernen.«

Doch wie sollte ein einfacher und staatenloser Indio das zuwege bringen?

Pfiffig, wie Tatunca es aber immer schon war, horchte er sich um.

»Sehr bald hatte ich herausgefunden, daß die Weißen einen sogenannten Schwarzmarkt hatten. Dort konnte man alles erstehen. Auch einen Paß. Es war nur eine Frage des Preises. Und da stand ich vor dem Problem: Woher sollte ich als unbedeutender Indio Geld nehmen? Es über saubere Arbeit zu verdienen, war hoffnungslos. Wer bezahlt einem Indio schon einen korrekten Lohn?«

Doch bei dieser Gelegenheit erfuhr der pfiffige Urwaldjunge sehr bald, daß die Weißen von einer unglaublichen Gier nach Gold und Smaragden beherrscht werden.

»Das Zeug lag bei uns haufenweise rum. Für uns hatte das gar keinen Wert. Ich brauchte nur hin und es aufzusammeln.«

Das tat er, und so erwarb Tatunca Nara seinen ersten Reisepaß. Er lautete auf den Namen Günther Hauck. Stolz schiffte er sich nach Deutschland ein. Zielhafen: Hamburg.

Doch wieder einmal wurde unser Mischblut von seinem Instinkt im Stich gelassen, wieder einmal wurde er von den Weißen aufs Kreuz gelegt. Tatunca hatte den Paß für sauber gehalten. Doch er sollte eine böse Enttäuschung erfahren.

Heute hört sich die Paßgeschichte so an:

»Ende 1959 fuhr ich zum ersten Mal mit einem deutschen Schiff nach Hamburg. Ich hatte die Besatzung in Manaus kennengelernt. Die Matrosen sagten: ›Du bist ein Indianer und sprichst deutsch? Komm doch einfach mit nach Deutschland‹, und so fuhr ich mit. Es war mein erster Besuch in Europa. Die Indianerbehörde SPI (heute FUNAI) hatte mir einen Ausweisersatz gegeben. Darauf stand Tatunca Nara, Nation: Indio.

Als ich in Hamburg ankam, sagte die Seepolizei: ›Nationalität Indio gibt es nicht.‹ Ich kriegte einen Staatenlosen-Ausweis.

Mit diesem Papier in der Tasche bummelte ich eines Tages durch Nürnberg. Da begegnet mir ein junger Mann und ruft:

›Hey, Günther, wie geht's?‹

Ich sage: ›Günther? Ich heiße Tatunca.‹

›Erzähl keinen Blödsinn. Du wirst doch wohl deinen alten Schulkameraden wiedererkennen.‹

Ich sag: ›Bitte schön, Schule? Ich bin im Regenwald nie in eine Schule gegangen. Meine Schule war der Dschungel. Mein Abitur waren die Kämpfe gegen Peru.‹

Aber dennoch kamen wir ins Gespräch. Ich mußte eine verblüffende Ähnlichkeit mit einem gewissen Günther Hauck haben. Diese Gelegenheit nutzte ich. Der Mann erinnerte sich noch genau an diesen Schulfreund und auch an dessen Geburtsort. Es war Grub am Forst bei Coburg.

Ich also an das Einwohnermeldeamt geschrieben, ich bäte um eine Geburtsurkunde. Rückporto hatte ich beigelegt, und ein paar Tage später hatte ich das Dokument in den Händen.

Im Bahnhof von Nürnberg ich mir dann im Fotoautomaten zwei Fotos gemacht und auf die Polizeibehörde. Ich sag, ich hab meinen Paß verloren, kann ich wohl einen neuen haben? Und zehn Minuten später hatte ich den Paß.«

Aber zurück zur Ur-Fassung der Paßgeschichte:

»Ich kam in Hamburg an, und das erste, was mir in meinem Mutterland widerfuhr, war meine Verhaftung.

Ich war total fertig. Alles hätte ich erwartet. Nur das nicht.«

»Ja, aber weshalb denn?« fragte ich voller Mitgefühl ob der behördlichen Willkür.

»Das kann ich dir sagen. Weil gegen diesen Günther Hauck ein Haftbefehl vorlag. Nichts Schlimmes, Gott sei Dank, nur

’ne Unterhaltsklage seiner Frau aus Nürnberg. Später erst erfuhr ich, daß dieser Hauck sich in die Fremdenlegion abgesetzt hatte. Aber dennoch. Für mich war es schlimm genug. Ich wurde am 24. November 1967 nach Nürnberg ins Untersuchungsgefängnis gesteckt. Das Datum vergesse ich nie.«

»Und da konntest du den Irrtum klären?«

»Ja. Aber erst, als es zum Prozeß kam. Das war nach drei Monaten. Solange war ich in Untersuchungshaft. Bis zum 21.1.1968. Da wurde ich in den Gerichtssaal geführt und dieser Frau Hauck gegenübergestellt.«

Da er nicht weitererzählte, hakte ich nach.

»Na und?«

»Wieso na und? Dann ging alles ganz schnell. Die Frau sagte: ›Das ist doch nicht mein Mann‹, und ich sagte, daß ich das ja immer schon erklärt hatte. Ich sei Tatunca Nara. Aber mir hatte man ja nicht geglaubt. Da wurde ich freigesprochen, und die drei Monate wurden *dafür* angerechnet, daß ich mit falschem Paß gereist war. Ich weiß noch genau, wie der Richter mich an die Seite nahm und sagte: ›Lassen Sie sich von mir einen persönlichen Rat geben. Bleiben Sie am besten dabei, der Günther Hauck zu sein. Dann kann ich Sie sofort entlassen. Wenn Sie nämlich auf Tatunca Nara bestehen, muß ich das in Brasilien überprüfen. Und das dauert erfahrungsgemäß ein Jahr, solange muß ich Sie in Haft halten.‹ Und so sagte ich damals, nach dem Prozeß, okay, ich bin Günther Hauck. Heute dreht man mir daraus einen Strick oder wie das auf deutsch heißt.«

Für mich gab es an dieser Geschichte damals keinen Zweifel. Zumal ich ihn zu jener Zeit (1982) ja nur für einen Gauner à la Felix Krull gehalten hatte.

Doch Kurt Hartert vom BKA gab sich damit nicht zufrieden. Routinemäßig verfolgte er alle Hinweise und suchte sich den Fall Hauck aus Nürnberg hervor.

»Ich hatte mehr Glück als Verstand«, gab er zu, »die Akten des betreffenden Jahres waren längst vernichtet. Aber dieser Vorgang existierte noch. Er lag völlig verstaubt auf dem Boden des Amtsgerichts zu Nürnberg.«

Und aus diesen Akten erfuhren Hartert und Locher ganz andere Fakten.

»Frau Hauck hatte sehr wohl ihren Mann wiedererkannt. Es gab nicht den geringsten Zweifel an seiner Identität. So war auch nie die Rede davon, daß er Indianer und der Prozeß ein Irrtum sei. Im Gegenteil: Günther Hauck, alias Tatunca Nara, war voll geständig. Und da er gelobte, ab jetzt zu zahlen, erhielt er ein halbes Jahr Gefängnis, und er wurde auf Bewährung freigelassen. Und die Sache mit dem Richter, der ihm einen ›persönlichen‹ Rat gegeben haben soll, ist ja wohl ein Witz. Stellen Sie sich mal einen solchen Richter vor, mit all den Beisitzern, Protokollführern, Zeugen, Publikum – der Mann wäre ja wohl vollkommen wahnsinnig, ein solches Abkommen mit einem dubiosen Angeklagten zu treffen. Allerdings hat Tatunca es bei seiner Entlassung fertiggebracht, daß man folgenden Eintrag ins Gefangenenbuch der Justizvollzugsanstalt Nürnberg machte: ›Hansi Richard Günther Hauck, genannt Tatunge Nare‹.«

Mit einem Schlag stellte sich Tatuncas Identität nun in einem völlig anderen Licht dar. Aus war der Traum vom bedrängten, bedrohten, betrogenen und gejagten Indio. Von einer Sekunde zur anderen hatte er sein Regenwald-Image eingebüßt und sich zurückgewandelt in einen normalen, sterblichen Deutschen, wie ich es in meinem Buch ›Yanonámi‹ bereits 1982 geäußert hatte. Nun war meine Vermutung doch noch Gewißheit geworden. Ich machte mich auf nach Bayern, um etwas über Tatuncas neue (alte?), jedenfalls wahre Identität zu erfahren.

Die andere Identität

Deutschland, Sonntag, 5. Oktober 1941. Adolf Hitler ist Staatschef. Europa bebt unter dem 2. Weltkrieg.

Zitate ›Coburger Nationalzeitung‹:

Während auf den Schlachtfeldern des Ostens die ›Zerschlagung der gewaltigen Macht des Bolschewismus‹ ihren Fortgang nimmt und sich ›neue Ereignisse von historischer Tragweite anbahnen‹, ließ der Führer das deutsche Volk, mit ›schlichten und einfachen Worten, gerade heraus, ohne Phrasen... einen Blick in sein Herz tun‹, das dieses auch ›mit jubelnder Begeisterung‹ tat. ›Ein jeder empfand die Größe des Augenblicks, da der Führer... nach einer Fülle von gigantischen, das Gesicht der Welt auf Jahrhunderte verändernden Ereignissen... die Parole für die Arbeit des neuen Winters verkündete.‹ Gleichzeitig dankte das ganze deutsche Volk Gott, dem Allmächtigen, für den Segen, den er dem Werke des Landvolkes trotz aller möglichen Sorgen doch wieder gab, und dem gesamten Landvolk und seinem Führer dankte man außerdem ›für ihren restlosen Einsatz zur Sicherstellung der deutschen Ernährung‹.

Denn es war Erntedankfest in Deutschland, in Bayern, in Coburg, in Roth und Grub am Forst bei Coburg.

Davon weniger beeindruckt

- lädt das Gasthaus Will in einer Anzeige alle deutschen Frauen und Töchter zur Zuschneide-Schau ein: ›Wer die versäumt, ist selber schuld‹;
- Reinhold Wittmann hat ›endlich wieder Flüssige Seife lieferbar‹;
- ›L.-Sch.‹ wird per Inserat angefleht, ›heute abend ins Kaffee Renner‹ zu kommen;
- F. A. Dünckel erbietet sich, gut gereifte Holunderbeeren zu kaufen, und
- die nächtliche Verdunkelung (gegen Luftangriffe) wird für die kommende Woche von 18.41 Uhr bis 7.25 Uhr festgesetzt.

Nicht nur in Deutschland war an jenem 5. Oktober 1941 die Hölle los. Auch am oberen Amazonas machten Unruhen das Leben riskant. Peru und seine Nachbarn stritten sich um nicht vermessene Grenzgebiete. ›Ein Mißstand für die Umsiedler ist die nahe Nachbarschaft mit den Jibaro-Indianern, die noch in voller Wildheit die Urwälder bewohnen, bisweilen dem Eindringling auflauern, ihn mit Giftpfeilen töten und am Lagerfeuer verzehren.‹

Und weiter heißt es in dem Artikel:

›Die Jibaros treiben Handel mit den sogenannten Zanzas. Das sind die abgeschnittenen, künstlich verkleinerten und mumifizierten Köpfe der von ihnen Erschlagenen.‹ Der Handel damit sei zwar verboten, aber durchaus florierend. In Quito würden auf dem Schwarzmarkt pro Stück 200 Dollar von sensationslüsternen Yankees gezahlt.

Auf der anderen Seite hätten die Jibaraos auch Positives zu bieten. Sie wüßten um Pflanzendrogen, die dafür sorgten, daß sie das Altern des menschlichen Organismus verhinderten. Und gegen Schlangenbisse hätten sie wirksame Säfte, die allesamt noch unerforscht wären.

So sonderlich viel hat sich im Vergleich zu heute nicht geändert. Es hat sich nur verlagert. Die heroischen politischen Parolen werden lediglich ein paar tausend Kilometer weiter östlich herausgegeben, von Saddam Husseïn im Irak, und der Amazonas-Urwald birgt weiterhin unenträtselte Geheimnisse. ›Wilde Indianer‹ befinden sich nach wie vor ›auf dem Kriegspfad‹ (Brasilianische Tagespresse 1990), und im Mato Grosso-Gebiet fraß eine ›12-Meter‹-Anakonda einen 21jährigen Indio, daß ›die Knochen knackten‹ (BILD, September 1990).

Aber zurück zum Deutschland des Jahres 1941, zurück nach Roth am Forst.

Nicht allen war zum Jubeln zumute. Elf Familien beklagten ihre im Feld gefallenen Toten. Und um die Verluste schleunigst und vaterlandsbewußt auszugleichen, heirateten der Waffen-Oberfeldwebel Fritz W. seine Edeltraut G. und der Kreishauptstellenleiter Robert K. die Johanna R.

Auch Meta Hauck, geborene Sigleur, bemühte sich nach besten Kräften, ihren Pflichten als deutsche Frau nachzukommen.

An eben diesem 5. Oktober schenkte sie im Krankenhaus einem gesunden Jungen das Leben. Es war ihr drittes Kind, und sie nannte es Hansi Richard Günther. So hatte sie es mit ihrem Mann Johann abgesprochen.

Daß dieser 5. Oktober 1941 für manche Leute noch einmal von Bedeutung sein würde, ahnte wohl niemand. Es sollte dem neuen Erdenbürger Günther vorbehalten bleiben, das zu arrangieren. Vielleicht waren es ja die Ereignisse diesseits und jenseits des Atlantiks, die an seiner Wiege Pate standen und ihn prägten und die er später auf seine Art und Weise verarbeitete.

Am wenigsten ahnte das Mutter Meta. Sie überlegte sicher, wie sie ihre drei Kinder lebend durch den Krieg bringen könnte.

Schade, daß der Vater sie nicht, wie damals bei ihrer ersten Tochter Elfriede, besuchen konnte. Denn Hansis Vater war im Krieg. Er diente bei der Kavallerie, die sich damals noch euphorisch-siegreich gen Osten auf Leningrad zubewegte.

Meta war stolz auf ihren Mann. Wieviel Zuversicht doch aus seinen Feldpostbriefen sprach! Leningrad wollten sie einfach überrollen und dann auf den Ural zumarschieren! Johann war ein richtiger Held. Wäre doch der Krieg endlich zu Ende und er wieder daheim! Meta sehnte sich nach ihm. Das letzte Mal war er vor genau neun Monaten auf Kurzurlaub zu Hause gewesen. Deshalb nun der Sohn.

Die Kinder kannten ihren Vater gar nicht. Elfriede und Irmgard waren noch zu jung, und Hansi sollte ihn nie kennenlernen. Denn Vater Johann fiel bei Leningrad.

»Ich weiß noch wie heute«, erinnerte sich Elfriede bei dem Gespräch mit mir. »Der Bürgermeister überbrachte die Todesnachricht. Das war dann auch Mutters Ende. Sie wurde krank und nie wieder gesund. Sie siechte dahin, wurde mehrfach operiert und starb 1955 an Krebs.«

Aber Meta blieb keineswegs ständig im Bett liegen. So gut

es ging, arbeitete sie, um sich und ihre drei Kinder durchzubringen. Sie nahm jede auch noch so geringe Arbeit bei den Nachbarn an, und meistens arbeitete sie nur gegen Kost.

Deshalb mußten auch die Kinder früh lernen, mit anzupakken. Elfriede zog sogar schon mit zehn Jahren ganz zu Bauer Ewald Krauß und seiner Frau und fiel damit der Mutter nicht mehr zur Last. Die Kraußens nahmen sie auf wie eine eigene Tochter, und sie fühlte sich dort sehr geborgen. Die übrigen Haucks wohnten in einem winzigen Häuschen mit drei Mini-Zimmern in Roth, einem Dorf mit einhundertfünfzehn Einwohnern. Das Haus lag nur zwölf Meter entfernt von den Bahngleisen, und Metas große Sorge war stets, die Kinder könnten beim Spielen unter den Zug geraten. Aber Gott sei Dank war es auch das letzte Haus des kleinen Ortes in Richtung Bahngleise. Dadurch orientierten sich die Kinder immer zur anderen Seite, was die Gefahr ein wenig milderte.

Heute wäre das Leben in diesem Hause noch viel gefährlicher. Zwar wurde es renoviert und vergrößert – es erhielt jetzt sogar eine lilagestrichene Garage –, aber genau auf der Seite zum restlichen Dorf hin hatte man die B 303 durch den Ort gelegt, die Coburg mit Mitwitz verbindet. Nur fünf Meter von den Fenstern entfernt donnert Tag und Nacht die Autolawine vorüber. Haucks Haus liegt nun wie auf einer kleinen, meerumtosten Insel.

Wer sich nicht zu Fuß über diese Straße wagt, kann die Brücke benutzen. Denn in nur einhundert Metern Entfernung überführt sie die B 303. Sie verbindet Roth mit Grub, dem Nachbarort. Heute sind beide Orte eingemeindet zu ›Grub am Forst‹.

Noch heute erinnern sich viele Nachbarn an den Hauck-Günther. Ich besuchte einige von ihnen.

»Der Junge war ein bedauernswertes Kind. Eine kranke Mutter und keinen Vater. Er mußte immer schon beim Bauern helfen, damit sie alle satt wurden«, erinnerte sich Alois Lipske, sein Lehrer. »Deshalb hatte er auch sehr häufig keine Schulaufgaben gemacht, und ich weiß noch, daß er immer eine andere Ausrede hatte. Darum war er nie verlegen.«

Doch Herr Lipske konnte sich nicht um alle seine Zöglinge in der angemessenen Weise kümmern.

»Wegen Lehrermangels – wir waren nur drei Lehrkräfte in den ersten Nachkriegsjahren – mußten immer zwei Jahrgänge zusammengelegt werden, und das ging natürlich zu Lasten der Schüler.«

Deshalb habe man den Hauck-Günther, nachdem er einmal sitzengeblieben war, schließlich aus der siebten Klasse entlassen.

Der Lehrer erinnerte sich aber auch daran, daß Günther in den praktischen Dingen viel begabter war als in den schulischen, den theoretischen.

»Theorie lag ihm nicht, aber wenn es galt, zuzupacken, dann war es immer der Hauck-Günther, der sich sofort freiwillig meldete.«

Und je länger Lehrer Lipske sich die Vergangenheit ins Gedächtnis rief und vor allem, als er ihn sich auf einem von mir mitgebrachten Foto noch einmal in Erinnerung rufen konnte, fielen ihm weitere Kleinigkeiten ein.

»Einmal kriegte die Schule ihre Holz- und Kohlenzuteilung. Die Schüler durften das, strenggenommen, nicht rauftragen, denn Schülerarbeit war verboten. Aber Günther meldete sich freiwillig, und im Handumdrehen hatte er alles hochgeschleppt und das Holz sauber gestapelt.«

Immer deutlicher erschien der junge Hauck nun im Geiste vor ihm.

»Eine Geschichte gibt es da, die habe ich bis heute noch nicht klären können.«

Ruhig und sicher kommen seine Worte. Er lächelt.

»Unser Dorf hatte die erste Wasserleitung gelegt bekommen, und das sollte gefeiert werden. Die Schule verteilte Luftballons, die wir mit Gas aufbliesen. Die Kinder verkauften sie dann in den einzelnen Häusern, damit die geschmückt werden konnten. Jedes Kind erhielt eine bestimmte Menge Ballons und mußte das entsprechende Geld abliefern. Aber fast alle Kinder brachten weniger Geld ran. ›Einer ist mir weggeflogen‹, hieß es, ›zwei sind mir geplatzt‹, entschuldigten sich die anderen. Nur der Hauck-Günther hatte solche Probleme nicht. Er holte sogar noch ein paar Ballonbündel nach und machte den größten Umsatz. Er verkaufte nicht nur die meisten, sondern er brachte sogar stets mehr Geld mit, als er hätte abliefern müssen. Bis heute weiß ich nicht, wie er das gemacht hat. Er muß sie ja wohl teurer verkauft haben. Aber was mich dabei beeindruckt hat, war, daß er den Überschuß nicht für sich behalten hat. Schließlich galt seine Familie als ausgesprochen arm.«

Und nach weiterem kurzem Nachdenken ergänzte Lipske: »Ich habe mir das damals so erklärt, auch seine Hilfsbereitschaft, daß er seine schlechten schulischen Leistungen damit ausgleichen und sich bei den Lehrern beliebt machen wollte.«

Interessant für mich war dann auch Herrn Lipskes Analyse eines heutigen Tatunca-Briefes.

»Sehen Sie hier«, erklärte er. »Das ist ein Hinweis auf die hiesige Gegend. Hier bei uns wird das ä sehr gedehnt gesprochen. Und da er in Rechtschreibung nie eine Leuchte war, spiegelt sich das in seiner Schreibweise wider. Er schreibt ›währen‹, statt ›wären‹, ›erklährte‹, statt ›erklärte‹. Selbst ›nähmlich‹ schreibt er falsch, obwohl ich den Kindern immer eingeprägt habe ›Wer nämlich mit h schreibt, ist dämlich‹.«

Und dann fand sein Scharfsinn noch etwas heraus: »Wenn seine Mutter eine deutsche Nonne gewesen sein soll, die in den dreißiger Jahren von seinem Vater geraubt wurde, dann hat sie zwei Schriften gelernt. Die ›deutsche Schrift‹ und die abgewandelte Schreibweise: zum Beispiel das lange ſ (= s). Das ſ schreibt man in Deutschland seit 1947 nicht mehr. Ich mußte mich damals auch zur Umstellung zwingen. Günthers Mutter, die Nonne, kann also die neue Schreibweise nicht gekannt haben. Dennoch behauptet der sogenannte Tatunca, Deutsch in Schrift und Sprache von ihr gelernt zu haben, er schreibt aber die neue Version, nämlich s und sowieso nirgends die sogenannte deutsche Schrift, und nur die hätte er können dürfen!«

Auch Ida Schwämmlein erinnert sich an die Haucks. Sie hatte seinerzeit ein kleines Lebensmittelgeschäft in Roth.

»Frau Hauck konnte überhaupt nicht mit Geld umgehen. Immer ließ sie anschreiben, und an jedem Ersten bangte ich um mein Geld, aber letztlich hat sie es immer beglichen. Sie hatte es als Witwe auch nicht leicht. Deshalb hat sie die Elfriede mit zehn Jahren schon zur Familie Krauß auf den Hof gegeben.«

Die Kraußens schwärmen heute noch von Elfriede.

»Bis zum einundzwanzigsten Lebensjahr hat das Mädchen hier gearbeitet. Dann ist es fortgegangen, weil es Schwierigkeiten mit seinem Onkel August hatte. Aber noch heute kommt die Elfriede her und verbringt hier ihren Urlaub.«

Und Ida Schwämmleins Sohn Günther erinnert sich: »Der Junge war robust und nicht zimperlich. Als er beim Pötsch Ewald das Maurerhandwerk lernte, badete er sich am liebsten in dem Wasser, in dem die Kollegen ihr Werkzeug gereinigt hatten. Das machte ihm nichts aus.«

Ähnliches bestätigt auch Gastwirt Kurt Alex Hanft vom Gasthof ›Zur Sonne‹.

»Ständig las er Tarzan-Bücher und fühlte sich auch wie sein Comic-Held. Er lief gern barfuß und mit der Badehose rum. Er war ein robuster Typ. Im Herbst half er uns bei der Kartoffelernte. Wenn wir dann mit dem vollen Wagen den Weg runterfuhren, lief er schon vorweg, kletterte auf die Bäume und schwang sich dann von Ast zu Ast und sprang schließlich mit schaurigem Tarzan-Gebrüll auf den vorüberfahrenden Wagen runter.«

Viele, die da in der Gaststätte saßen, wollten sich an ihn erinnern, aber sie kannten ihn letztlich nur vom Hörensagen. Fragte man sie genauer, stellte man fest, daß sie damals noch gar nicht geboren waren. Aber ihr Günther war jetzt Ortsgespräch. Da wollte halt jeder mitreden.

Kurt Hanft: »Als er das letzte Mal hier war, sagte er, er habe seine Frau in flagranti überrascht. Er habe den Kerl kurzerhand die Treppe runtergeworfen und werde seine Frau deshalb verlassen. ›Aber eins sage ich euch‹, hatte er noch verkündet, ›wenn ich wiederkomme, komme ich als reicher Mann.‹«

Und Ida Schwämmlein erinnerte sich gegenüber der Coburger Neuen Presse: »Er war schon immer ein Windhund. Er hatte damals einem Bauern die Hühner geklaut und den ahnungslosen Besitzer auch noch zum Brathähnchenessen eingeladen.«

1955 verließ Günther die Schule, wurde von Pastor Johannes Hanselmann – heute Landesbischof – konfirmiert und begann die Maurerlehre in der Firma Ewald Pötsch.

Als im selben Jahr die Mutter starb und die drei Kinder Vollwaisen wurden, kam Günther zum Bruder des Vaters, zum Schuhmachermeister Onkel August Betz im benachbarten Niederfüllbach. Der Onkel ist inzwischen verstorben, aber sein Sohn Hilmar erinnert sich noch an Günther.

»Der hatte einen ausgeprägten Drang nach Freiheit und Unabhängigkeit. Immer wieder riß er aus und radelte mit dem Fahrrad in Richtung Frankreich. Zweimal mußte die Polizei ihn wieder zurückbringen. Schließlich wurde es meinem Vater zu bunt. Er übergab ihn der Fürsorge, und die steckte ihn in die Rummelsburger Anstalten, eine Art Erziehungsanstalt bei Nürnberg.«

Aber auch da türmte er und versteckte sich auf dem Krauß-Hof bei seiner Schwester Elfriede.

»Daran erinnere ich mich noch wie heute«, sagte die

»Denn das sind Momente, die man nie vergißt. Irgendein Nachbar hat ihn bei uns entdeckt und die Polizei alarmiert. Er wurde in Handschellen abgeführt. Einen Siebzehnjährigen in Handschellen, wie einen Schwerverbrecher! Wie ein Hund mußte er neben dem Fahrrad des Dorfpolizisten herlaufen. Später hatte er mir geschrieben. ›Willst Du Deinen Bruder retten, schick ihm Geld und Zigaretten.‹«

Daraufhin buk Elfriede einen Kuchen und wollte ihren Bruder in der Erziehungsanstalt besuchen.

»Ich hatte mich sogar angemeldet. Aber ich wurde nicht reingelassen. Den Kuchen mußte ich wieder mitnehmen.«

Auf Onkel August ist sie gar nicht gut zu sprechen.

»Der war geizig und gewalttätig. Der wog ihm die Butter aufs Gramm genau ab und zählte ihm die Kekse vor. Er sagte immer: ›Du frißt für zehn, soviel Waisenrente kriege ich gar nicht, wie du verfrißt‹ und verprügelte ihn, wenn Günther sich in seinem Hunger etwas aus dem Kühlschrank holte. Er hatte manchmal richtige Striemen auf dem Rücken.«

Elfriede sprach den Onkel auf das miese Essen an.

»Am 10. eines jeden Monats verkündete der Onkel regelmäßig: ›Jetzt hast du deine Waisenrente und deinen Lehrlingslohn verfressen‹, und dann kriegte mein Bruder nur trocknes Brot mit zur Arbeit. Da haben die Kollegen ihm aus Mitleid eine Scheibe Wurst daraufgelegt. Als ich meinem Onkel das vorwarf, prügelte er auch mich. Seinetwegen bin ich dann schließlich mit einundzwanzig von Roth fortgegangen. Ich konnte ihn nicht mehr ertragen.«

Tenor aller Erzählungen: Günther war ein typischer Lausebengel, er war hilfreich und pfiffig und träumte vom großen Glück und dem Abenteuer in der weiten Welt. Welch ein Wunder auch, wenn man kein Zuhause hat und abends nur im Lesen und Träumen ein wenig Zuflucht, Trost und Hoffnung findet.

Während seine Schulkameraden nach des harten Schultages Arbeit die Nestwärme des Elternhauses genießen und dort auftanken konnten, war Hansi Richard Günther Hauck abends allein. Während andere sich den Bauch mit leckeren Speisen vollschlagen konnten, knurrte Hansi ständig der Magen vor Hunger. Während andere von Eltern oder Freunden notfalls Nachhilfeunterricht erfuhren, gab es für Hansi niemanden, der ihm geduldig etwas erklärt hätte, und so fühlte sich der junge Hauck ständig als ungeliebt und unbedeutend. Klar, daß er sich so in eine Traumwelt flüchtete. In die des Tarzans, des Old Shatterhands, Winnetous und der Comic-Helden und daß sein Wunsch, es allen zu beweisen, was wirklich in ihm steckte, immer deutlicher wurde.

Elfriede: »Das kann ich verstehen. Stellen Sie sich mal diese Geschichte vor: Eines Tages kam mein Bruder mit einer Glatze nach Hause. Er hatte um fünf Mark gewettet und sich die Haare abgeschnitten. Von dem Geld hatte er sich etwas zu essen gekauft, Leckereien, um einmal richtig satt zu werden.

Das erfuhr prompt Onkel August. Er verprügelte ihn wie von Sinnen und schrie: ›Weil du dein Geld nicht abgeliefert hast und immer nur an dich denkst, denke ich ab jetzt nur noch an mich und an meine Familie. Ab jetzt mußt du jeden Keks, den du willst, bezahlen.‹ Sogar Weihnachten mußte sich Günther die Kekse von Onkel August kaufen. Mein Bruder hat da die Hölle durchgemacht. Die Erziehungsanstalt hinterher war das reinste Sanatorium für ihn.«

Seine Cousine Thea Kimmling bestätigte die Vorwürfe gegen Onkel August aus vollem Herzen.

»Der Onkel? Das war kein Mensch. Das war der reinste Unmensch. Er verglich Günthers ›Freßsucht‹, wie er es nannte, immer mit dem ›Normalappetit‹ seines Sohnes Hilmar. Doch der war von ganz anderer Statur als Günther. Er war kränklich und häuslich, während mein Cousin arbeitete und tobte und deshalb einen ganz anderen Appetit entwikkelte.«

Thea hatte immer Mitleid mit Günther gehabt und eine gewisse Zuneigung für ihn empfunden. Obwohl sie selbst kaum etwas verdiente, sie war damals erst siebzehn Jahre alt, steckte sie, was immer sie entbehren konnte, dem Jungen zu: Geld, Naschereien und auch schon mal ein Stück Garderobe.

»Und wie stand er zu seiner späteren Frau?« wollte ich wissen.

»Gehen Sie mir weg mit der!« empörte sich Thea. »Ich vergesse nie, wie die einmal in meinem Beisein zu Günther sagte: ›Hätte ich dich doch bloß nie geheiratet, sondern den Kapitän. Dann ginge es mir jetzt besser.‹«

Als ich Grub am Forst verließ, sah ich Tatunca Nara in etwas anderem Licht. Unwillkürlich sah ich die Jugend von Tom Sawyer und Huckleberry Finn vor mir, und ich konnte ein ganz anderes Verständnis für seinen Drang, mal ›ganz groß rauszukommen‹, aufbringen.

In den Rummelsburger Anstalten blieb er bis zum achtzehnten Lebensjahr. Dann wurde er entlassen. Aus seinen Akten ist zu erfahren, daß er ein Einzelgänger war, der ständig in Abenteuer- und Science-fiction-Bücher vertieft war und der den Kontakt zu seinen Gefährten mied.

Um so enger waren aber damals schon seine Beziehungen zu den ›Außerirdischen‹. Völlig außer Atem vermeldete er eines Abends der Anstaltsleitung die Landung eines Ufos auf dem Anstaltsgelände. Er tat es so überzeugt oder überzeugend, daß ein Fürsorger ihn zum Landeplatz begleitete. Aber ehe sie dort eintrafen, war das Flugmobil längst wieder gestartet. Man sah nur ein paar undefinierbare Abdrücke auf dem Rasen. Günthers Phantasie begann sich zu entwickeln.

Aber dann schien er die ersehnte Geborgenheit doch gefunden zu haben. Mit zwanzig traf er seine spätere Frau. Sie standen in derselben Warteschlange vor dem Schalter der Nürnberger Ortskrankenkasse. Er sprach sie an und faszinierte auch sie von Anbeginn mit seiner Erzählkunst.

Hilmar Betz, Sohn des Onkel August: »Sie war die Beste, die er je kriegen konnte. Eine wirklich gute und ordentliche Frau. Meine Frau und ich waren zu seiner Hochzeit. Da hat meine Frau mal heimlich in ihren Kleiderschrank geguckt. Nur mal so. Und ob Sie's glauben oder nicht: Die Wäsche lag tipptopp sauber, gebügelt, gefaltet und wie mit dem Lineal gestapelt. Eine gute Frau.«

Elfriede sieht das gänzlich anders: »Daß er schließlich abgehauen und verschwunden ist, liegt nur an ihr. Da hätte er wirklich 'ne bessere verdient gehabt. Die waren kaum verheiratet, da hat er sie schon mit 'nem anderen Kerl erwischt. Hat er mir selbst erzählt. Natürlich hat er den am Schlafittchen gepackt und achtkantig die Treppe runtergeworfen. Und als der sich dann nicht mehr rührte, dachte er, der sei tot, und deshalb ist er abgehauen. Das ist nur die Schuld der Frau.«

Ich reiste auch zu Tatuncas geschiedener Frau. Sie wohnt auch heute noch in demselben Haus wie damals. An der Klingel noch immer das alte Schild: ›G. Hauck‹.

Inzwischen ist sie fünfzig Jahre alt. Nur widerstrebend hatte sie mich empfangen. Die Günther-Ära war für sie abgeschlossen. Eigentlich wollte sie darüber nie mehr reden. Zu ihrer Unterstützung hatte sie vorsorglich ihre drei Kinder, Günthers Kinder, dazugeladen.

Sie bestätigte mir, was BKA-Hartert bereits gesagt hatte: An der Identität war nicht zu rütteln.

»Immerhin habe ich drei Kinder mit dem Mann. Da werde ich ihn wohl wiedererkannt haben. Nach dem Prozeß kam er abends nach Hause, nahm seine letzten Sachen aus dem Schrank und verschwand für immer.«

Für sie setzte sich eine schwere Zeit fort. Denn Tatunca zahlte natürlich nie.

Das war deshalb besonders hart, weil Christa Hauck sich tagsüber um die Kinder kümmern mußte und nachts mit Putzarbeiten das Geld für die Familie verdiente.

Auf Anraten von Freunden bat sie dann die Fürsorge um Unterstützung und erhielt sie. Die Fürsorge war es auch, die die Klage gegen Günther Hauck angestrengt hatte. Wäre das unterblieben, wäre Tatuncas Identität nie mehr geklärt worden. Wieder solch ein Zufall.

Aber trotz Fürsorge bestand ihr Leben nur aus harter Arbeit. Sie trat mit ihren Kindern einem anderen Glauben bei und empfing in der neuen Gemeinschaft die nötige Kraft, die sie aufrechthielt.

»Haben Sie zufällig noch ein Foto von Günther aus jener Zeit? Es interessiert mich brennend, wie der Große Häuptling damals ausgesehen hat.«

Und diesmal hatte ich Glück. Sie hatte schon nicht erlaubt, sie zu fotografieren oder das Gespräch auf Band aufzuzeichnen, so zeigte sie mir doch eine Kopie des einzigen Bildes, das sie noch aus dieser Zeit besaß: eine Reproduktion des schon zerrissenen Hochzeitsbildes. Aufnahmedatum 15.2.1962. Neben der glücklichen Braut unverkennbar, wenn auch mit Anzug, Krawatte und lächelnd: Hansi Günther Richard Hauck, alias Tatunca Nara, mein indianischer Maurer vom Amazonas.

»Als die Kriminalpolizei mich das erste Mal nach Fotos fragte, sagte ich aus Überzeugung, ich hätte keine. Ich hatte alles, was mit Hansi zu tun hatte, vernichtet. Nach der Scheidung in seiner Abwesenheit sollte mich nichts mehr an ihn erinnern. Als Herr Hartert vom BKA dann immer noch mal bohrte, fiel mir auf einmal ein, daß ich doch noch eins hatte. Es war dieses Hochzeitsbild. Ich habe es einmal mitten durchgerissen und auf den Wohnzimmerschrank geworfen. Dabei ist es dahintergefallen, und ich habe es da liegengelassen, weil ich den langen schweren Schrank nicht bewegen konnte. Jetzt haben wir den Schrank mit mehreren Personen vorgewuchtet, und tatsächlich lag das Foto noch da. Dies ist eine Reproduktion. Hier sehen Sie noch den Riß.«

Nachdem Günther im Januar 1966 Frau und drei Kinder in Nürnberg im Stich gelassen hatte, heuerte er in Hamburg auf der ›Dorthe Oldendorff‹ an, die auf der Südamerika-Linie den Hafen La Guaira in Venezuela anlief.

Im Juni 1966 fiel er dort dem Kapitän wegen ›geistiger Ausfälle‹ auf.

Als der Hilfsmaschinist Hauck dann ohne Erlaubnis des Kapitäns im Hafen von Caracas von Bord ging, schaltete dieser die einheimischen Behörden und die Botschaft ein.

Die Botschaft stellte fest, daß Günther Hauck in Deutschland gesucht wurde, weil er seiner Familie keinen Unterhalt zahlte. Die venezolanischen Behörden nahmen ihn einige Tage später fest und führten ihn einer psychiatrischen Untersuchung zu, da der deutsche Seemann behauptete, ein Indio zu sein.

Der Gerichtssachverständige Dr. Jerome, der die deutsche Sprache in Wort und Schrift beherrscht, diagnostizierte eine *schizoide Psychopathie* und empfahl den Behörden die Unterbringung des deutschen Seemannes in einer geschlossenen Anstalt.

Doch dazu kam es zunächst nicht.

Denn Hauck gelang die Flucht aus dem Gewahrsam der Polizei in Caracas. Er trieb sich fast ein Jahr in Venezuela umher, bis er erneut festgenommen und in Begleitung eines Arztes und der Polizei am 22.11.67 per Flugzeug nach Deutschland abgeschoben wurde.

Nach Untersuchungshaft und Gerichtsverhandlung in Nürnberg heuerte der inzwischen geschiedene Maurer Günther Hauck am 15.2.68 bei einer anderen Hamburger Reederei an und fuhr schließlich mit der ›Luise Bornhofen‹ nach Rio de Janeiro. Dort verschwand er endgültig.

Anderthalb Morde

»Hier! Weißt du, was das ist? Das sind die Knochen eines Menschen. Das sind Rippenknochen. Ich hab's ja geahnt. Das mußte ja so kommen. Hier sind auch seine Haarbürste, sein Kamm, seine Zahnbürste und vor allem die grüne Nylon-Hängematte mit den schweren Metallringen zum Aufhängen.«

»Bist du dir da ganz sicher, Tatunca?«

»Hundertprozentig. Schließlich war ich ja ein paar Wochen mit ihm zusammen.«

Ferdinand Sch., ein pensionierter Swissair-Pilot, war gerade dabeigewesen, sein Lager zu bereiten. Er hatte den Boden von Geäst gereinigt und die jungen Baumsprößlinge mit der Machete direkt über dem Boden abgeschlagen. Dann hatte er seine Hängematte gespannt. Reine Routinearbeit. Das machte er jeden Abend in jedem Camp. Zum einen nahm man riskanten Krabbeltieren die Möglichkeiten, sich zu verstecken, und zum anderen konnte man bei einem eventuellen Sturz aus der Matte nie auf irgendeinen spitzen Ast, der aus der Erde ragte, stürzen. Man mochte noch so sicher sein, daß die Hängematte hielt, aber die Praxis lehrte, daß auch der erfahrenste Dschungelläufer irgendwann, bautz, zu Boden ging. Ob nun das Seil riß, der Knoten schlampig gemacht war oder wilde Träume ihn herausfallen ließen.

Erstaunlich überhaupt, wie viele neue Triebe schon wieder aus dem Boden ragten. Denn Ferdinand war nicht zum ersten Mal hier. Es war seine achte Reise. Und alle galten Akahim. Und immer wieder hatten sie auch diesen Rastplatz gewählt. Er gehörte quasi zum Pflichtprogramm. Fast konnte man sagen: Jeder Reiseteilnehmer hatte schon seine festen zwei Bäume für die Hängematte. Er spannte sie wie im Traum, so wie andere in ihren Häusern in der Schweiz ihre Betten auch dann finden, wenn das Licht aus und es stockdunkel ist. Tatunca und Ferdinand wählten diesen Lagerplatz deshalb, weil er besonders schön war und für Ferdi ein Stück Geschichte, denn vor ihnen ergoß sich jener Wasserfall, dem Ferdinand seinen Namen geben durfte. Nie würde er den Moment in seinem Leben vergessen, als sie das erste Mal hierhergekommen waren. Tatunca und er waren damals ein wenig auf einem erhöhten Felsen herumgeklettert. Ferdinand verliebte sich in diesen Flecken Erde vom ersten Moment an. Wunderschöne Blumen blühten da, und nach den täglichen Regenfällen flatterten Tausende gelber und weißer Schmetterlinge über den Schlammpfützen. Wenn man sich von hier umschaute, dann sah man in nur vier Kilometern Entfernung die sagenhaften Pyramiden. Auch diese rätselhaften geometrischen Giganten standen auf Ferdis Entdeckungsliste. Doch zuerst war Akahim an der Reihe. Eile mit Weile. Gegen diese Stadt wären die Pyramiden das reinste Garnichts.

Schon bei dem Gedanken an all die Geheimnisse, die kurz vor der Entdeckung standen, überkam Ferdinand ein wohliger Schauer. Morgen würden sie wahrscheinlich die Stadt betreten. Sofern alles gut ging. Hoffentlich kam nicht wieder etwas dazwischen wie bei den vergangenen sieben Malen. Unvorstellbar, wenn ihm jetzt im letzten Moment noch jemand zuvorkam.

Ferdinand Sch. versuchte, sich zu beruhigen. Tatunca sollte seine Nervosität nicht merken. Ferdinand zwang sich zur Gelassenheit. Schließlich, so sagte er sich, lagen die Stadt und auch die Pyramiden schon seit Tausenden von Jahren dort, und niemand hatte sie gefunden. Warum sollte also gerade jetzt jemand darüber stolpern? Tatunca würde bestimmt den Mund halten. Die Sicherheit seines Volkes ging ihm über alles. Nur ein ganz besonders Auserwählter dürfte, wenn überhaupt, die Stadt je erblicken. Das hatte Tatunca immer wieder betont, und dieser eine Auserwählte, das war er, Ferdinand aus Gossau in der Schweiz. Es sei denn, die Priester würden im letzten Moment aus unerklärlichen Gründen noch anderen Sinnes werden und ihre Gunst einem neuen Bewerber zuwenden, einem, der vielleicht finanzkräftiger war. Denn es ging nicht zuletzt um viel Geld. Mit Groschen oder Rappen waren die Ugha Mongulala nicht zu retten.

Aber warum sich ständig darum sorgen? Geld war gottlob nicht das einzige entscheidende Kriterium. Sonst hätte Tatunca schon Hunderte von Menschen hierherbringen können. Auch die innere Einstellung spielte eine Rolle, die Anteilnahme am Schicksal der Indianer, der ehrliche Respekt vor ihnen und ihrer Lebensweise. Und die brachte Ferdinand mit. Das konnte man ihm nicht abstreiten. Wäre es anders, hätte Tatunca das Geheimnis schon längst lüften können. Die Interessenten standen Schlange. Und das schürte auch ständig Ferdinands Angst. Gegen einen Indianerfreund *und* Millionär hätte Ferdinand sicher kaum eine Chance. Zwar hatte er sich nie lumpen lassen. Er hatte Tatunca ein Boot gekauft und ihn mit den vielen Bedarfsartikeln des täglichen Lebens versorgt – aber um ihm jetzt fünftausend Gewehre und kistenweise Munition zu liefern, fühlte er sich überfordert. Und daß es Konkurrenz gab, war Ferdinand völlig klar. Ganz Amazonien munkelte von Akahim und der Weltsensation, die kurz vor ihrer Enthüllung stand. Die Neugierigen bedrängten Tatunca von allen Seiten. Staatliche Institutionen, Millionäre und Journalisten waren es, die Tatunca den Hof machten. Aber Tatunca hatte sich immer zurückgehalten. Nicht um alles Geld der Welt und nicht unter Folter gäbe er sein Volk preis, wenn es dafür letztlich überrannt und ausgerottet würde. Es mußte der ›richtige‹ Mann sein. Jemand, der genauso verschwiegen war wie der große Häuptling selbst. Diese unendlich wichtige Entscheidung durfte Tatunca deshalb nicht selbst fällen. Das bestimmten letztlich die hohen Priester des ›auserwählten‹ Volkes, und die informierten Tatunca telepathisch. Sie machten sich die Entscheidung wahrlich nicht leicht. Immer wieder schienen sie Ferdinand Sch. noch testen zu wollen, und je näher man dem Ort kam, desto häufiger mußte Tatunca mit ihnen in Kontakt treten. In der Endphase hielt er eine Dauerverbindung mit ihnen aufrecht. Aus diesem Anlaß schminkte er sich in besonderer Weise und verließ das Lager, um einen ruhigen Platz zum Meditieren zu suchen. Erst nach Stunden kehrte er manchmal zurück und verkündete die Befehle seiner Chefs. Er hatte zwar ein Mitbestimmungsrecht, aber ausschlaggebend war doch das Votum der heiligen Männer von Akahim. Zumal sie in der Überzahl waren und Tatunca leicht überstimmen konnten. Da nutzte es letztlich gar nichts, daß Tatunca ihm persönlich wohlgesonnen war. Hier, bei dieser schwierigen epochalen Entscheidung, ging es um das Sein oder Nichtsein eines ganzen Volkes, und in letzter Konsequenz war Tatunca Indianer und nicht Weißer. Er gehorchte den Priestern und ließ sich nicht von schönen Worten einlullen.

Tatunca und Ferdinand blickten hinab ins Tal. Wie eine riesige gelbe Anakonda wand sich der Rio Padauirí durch den grünen Wald, und da vorne, da war der Wasserfall, an dem sie stets ihr Camp aufschlugen.

Tatunca streckte seinen Arm aus und wies über die Wälder.

»Dies ist alles unser Jagdgebiet. So weit du gucken kannst. Das ist Ugha-Mongulala-Land.«

Ehrfurcht überkam Ferdinand. So still, friedlich und unberührt lag die Landschaft vor ihm. Wenn man diese Ruhe und den Frieden in sich aufnahm, wenn man das vielstimmige Vogelgezwitscher genoß, dann konnte man sich gar nicht vorstellen, daß in genau diesen Wäldern schon erbitterte Kriege stattgefunden hatten, als Columbus noch gar nicht geboren war. Und es schien unfaßbar, daß die Menschen sich ohne unsere technischen Geräte, in unvorstellbarer Mühe diese unterirdischen Refugien gebaut hatten und es so tatsächlich geschafft hatten, bis dato unentdeckt zu bleiben, zu überleben.

Und wahrscheinlich war morgen der Tag der Wende. Denn von hier war es, Tatuncas Worten zufolge, nur noch ein Tagesmarsch bis Akahim, geradezu ein Katzensprung, wenn man die zehn Tage Bootsfahrt von Barcelos bis hier hinter sich gebracht hatte.

Hoffnung, Zweifel und Angst ließen Ferdi von einem Schauer in den anderen fallen. Tatunca in seiner umfassenden Weisheit hatte Ferdinands Gefühle offensichtlich erraten.

Tatunca deutete erneut über den Urwaldteppich und hinunter zum Fluß. Den anderen Arm legte er ihm kameradschaftlich auf die Schulter. Nie würde Ferdinand diesen Moment vergessen.

»Weißt du, daß du der erste Weiße bist, der diesen Wasserfall erblickt?«

Ferdi verschlug es fast die Sprache, und Tatunca ließ ihn diesen historischen Moment allein bewältigen. Er schwieg.

Erst nach vielen Minuten ergriff der Häuptling wieder das Wort.

»Sag mal, Ferdi, ist es bei euch Weißen nicht üblich, daß sie das, was sie entdecken, mit ihrem Namen bezeichnen?«

Die beiden Männer schauten sich an. Auf die Idee wäre Ferdinand nie gekommen.

Tatuncas Bemerkung mußte er erst mal sacken lassen und verdauen. Die Größe dieser Offenbarung wurde ihm erst ganz langsam bewußt. Schließlich war es das erste Mal, daß ihm solches in seinem betagten Leben widerfuhr. Denn immerhin war Ferdi schon um die siebzig Jahre alt, und vor einer solchen Entscheidung hatte er noch nie gestanden.

»Ja«, sagte er langsam, »ja, ich glaube, ja.«

Tatunca lächelte verständnisvoll und schlug vor: »Dann gib ihm doch einen Namen. Wie soll er heißen?«

Ferdinand mußte nicht lange überlegen. Heiß und kalt überrann es ihn. Wem von all den vier Milliarden Menschen war es schon vergönnt, heute, am Ende des zwanzigsten Jahrhunderts noch etwas zu entdecken? So wie einst Columbus und Humboldt.

Er zögerte noch immer. Aber dann hatte er sich entschieden.

»Laß ihn uns ›Chachoeira de Fernando Sch.‹ nennen, den ›Wasserfall des Ferdinand Sch.‹.«

Tatunca nickte wohlwollend.

»In Ordnung. Dann zeichne ihn gleich in deine Karte, und später meldest du die Entdeckung den Behörden, damit sie in die Geschichtsbücher eingeht. Mich kannst du als deinen Zeugen zitieren.«

Das alles mag Ferdinand in Sekundenschnelle durch den Kopf geschossen sein, als Tatunca ihm die Hängematte mit den Resten des John Reed präsentierte. Es war schon eine verrückte Gegend hier. Sie wimmelte von Aufregendem, Sensationellem und Schönem.

»Ich habe ihn gewarnt«, sagte Tatunca erneut, während er den Inhalt der Hängematte ungerührt in den Fluß schüttete. »Ich habe ihn immer wieder und ausdrücklich gewarnt, nicht allein weiterzugehen. Aber er wollte nicht hören. Er war wie besessen von der Idee, jetzt hier und sofort nach Akahim zu marschieren. Obwohl die Zeichen sich unerwartet ungünstig verändert hatten.

Er hat mir dann aber ein paar schriftliche Erklärungen geschrieben, und so war es mir egal, ob er von hier aus allein weiterging.«

Großzügig schenkte er das Schlafutensil dem Indianerjungen Clovis, der sie begleitete, und fotografierte sogar diesen Moment mit Ferdinands Kamera. Dann hockten sie sich ums Feuer, und Tatunca rief sich den Abschied von John Reed weiter in Erinnerung.

»Ich hatte ihm gesagt, daß die Zeichen nicht mehr günstig seien für den Weitermarsch, und schlug vor, umzukehren und es im nächsten Jahr erneut zu versuchen. Aber John wollte partout weiter. Er meinte, er wolle nicht umkehren, wo er schon so nah heran wäre. Doch erst, als er sich bereitfand, mir entsprechende schriftliche Erklärungen zu verfassen, die mich von jeglicher Verantwortung entbanden, habe ich ihn ziehen lassen. Da sagte ich, okay, du kannst gehen. Aber allein.«

Tatunca stocherte in der Glut herum.

»Er ist dann gegangen. Ich habe ihm noch meine Waffe mitgegeben, denn John Reed wollte nur mit Pfeil und Bogen los. Auch Lebensmittel habe ich ihm gegeben.«

Er legte neues Holz nach.

»Als er gegangen war, machte ich mir doch Sorgen. Der Urwald ist unberechenbar, und John hatte keine Survival-Erfahrung. Er war ein guter Mensch, der niemandem Böses tun konnte und zutraute. Deshalb habe ich ihn seinen Weg zwar allein suchen lassen, aber ich habe ihn auf einem parallelen Pfad überholt. Ich bin ihm vorausgeeilt und habe meinen Leuten gesagt: ›Paßt auf‹, habe ich gesagt, ›da kommt so ein Amerikaner. Das ist ein lieber Kerl. Nehmt ihn auf, auch wenn die Zeichen es anders wollen. Er will bei euch leben.‹ Meine Leute waren einverstanden, und ich ging wieder zurück, hierher zum Wasserfall.«

»Aber wie mag er denn umgekommen sein?« wollte Ferdi wissen.

Auch dafür hatte Tatunca sofort eine plausible Erklärung.

»Das wollte ich euch gerade sagen. Ich habe es von meinem Schwager erfahren, der die Sache aus erster Hand hat. John hatte einen Streifzug durch den Wald unternommen. Er wollte jagen. Dabei gelangte er an einen See, wo gerade zwei Mädchen badeten. Und dann beging er seinen tödlichen Fehler. Weil mein Volk ihn stets nett behandelt hatte, schloß er daraus, Narrenfreiheit zu haben. Er mißbrauchte unsere Gastfreundschaft. Er näherte sich einem der Mädchen und wollte es vernaschen. Das mußt du dir mal vorstellen! Aber das beobachtete jemand aus der Familie des Mädchens, und damit war Johns Schicksal besiegelt. Der Mann schoß ihm einen Pfeil direkt in die Schläfe.«

Tatunca ließ die Worte wirken. Es herrschte eine beklemmende Stille am Feuer. Nur das Rauschen des Wassers ließ sich nicht von des großen Meisters Erklärung beeindrucken.

Endlich faßte auch Ferdinand sich wieder ein Herz und fragte: »Aber wie kommt die Leiche denn hierher? Das verstehe ich nicht.«

Tatunca brauchte nicht zu überlegen.

»Das kann ich euch sagen. Sie haben seine Leiche in die Hängematte gepackt und seine paar Habseligkeiten ebenfalls. Dann haben sie sie den Fluß runtergefahren und hier abgelegt. Als warnendes Beispiel. Zur Abschreckung gewissermaßen.«

»Und wo sind die restlichen Sachen geblieben? Ich meine die übrigen Knochen und so weiter?«

»Die haben sich die wilden Tiere geholt. Der Jaguar, die Ozelots, was weiß ich. Im Urwald bleibt nichts übrig. Alles wird gefressen, zersetzt, verschwindet. In ein paar Monaten hätten wir nicht mal mehr diese Plastiksachen entdeckt.«

Wieder einmal hatte Tatunca eine Geschichte glaubhaft an den Mann gebracht. Ferdinand Sch. kamen jedenfalls nicht die geringsten Zweifel an der Wahrheit. Sonst hätte er sicher beim amerikanischen Konsularischen Agenten James Fish in Manaus Meldung erstattet und einen Verdacht geäußert.

»Ich habe immer wieder gehofft, daß es irgendwann doch klappen würde, denn daß es sich bei allen Scheiterungsgründen um von Tatunca arrangierte ›Unfälle‹ handelte, dämmert mir erst jetzt. Jedenfalls kam alle acht Mal etwas Unvorhergesehenes dazwischen.«

Das sagte Ferdinand Sch., als Wolfgang Brög ihn im Sommer 1990 mit der Kamera für den WDR interviewte.

Einmal schlummerte Ferdinand selig in seiner Hängematte, als ihn plötzlich vier bis fünf Schüsse aus dem Schlaf rissen. Es war noch stockdunkel, aber ein Blick auf die Uhr verriet, daß es kurz vorm Morgen war. Tatunca kam aus dem Dunkel ins Lager gestürzt und schrie: »Um Himmels willen, Fernando, pack die Sachen, schmeiß sie ins Boot, wir werden angegriffen.«

Im gleichen Moment warf sich Tatunca hinter einen Baum in Deckung.

»Los, beeil dich. Sie können in jeder Sekunde hier sein.«

Clovis, der Indianer, schlotterte vor Angst und war fast unfähig, sich zu bewegen. Ferdinand, als erfahrener Swissair Pilot, hatte sich schnell gefangen. Katastrophensituationen hatte er während seiner Ausbildung zu beherrschen gelernt. Er kappte die Hängematte und warf, was er in der Dunkelheit erwischen konnte, ins Kanu. Tatunca fuchtelte derweil wie wild um sich und schrie weiter: »Haut ab, verschwindet ins Boot, laßt den restlichen Scheiß liegen, los, los, los...«

Sie stießen sich vom Ufer ab, weit hinaus auf die Strömung. Tatunca warf den Motor an, und zu aller Erleichterung sprang er auch sofort an, und das Boot schnurrte davon.

Erst jetzt sah Ferdinand, daß Tatunca eine blutüberströmte Hand hatte. Auch sein Dolch war blutbesudelt. Zitternd vor Kälte und Angst brachten sie sich zunächst auf Distanz zu diesem verdammten Unglücksort.

Erst nach vielen Minuten, als sich alle sicher waren, die Verfolger abgeschüttelt zu haben, klärte der Häuptling seine Begleiter auf.

»Ich hatte verdächtige Geräusche gehört und bin leise aus der Hängematte, um nachzusehen, was das sein könnte. Zunächst dachte ich, es seien vielleicht Wildschweine, und ich machte mich schußbereit.«

Tatunca drosselte den Motor. Die Verfolger waren abgeschüttelt, denn der Wald zu beiden Seiten des Ufers war pfadlos und noch immer stockdunkel. 5.30 Uhr. Da kam selbst der beste Waldläufer nur im Schrittempo voran, während sie hier auf dem Wasser genügend Sternenlicht und glatte Strecke hatten und mit zwanzig Stundenkilometern davonbrausten.

»Das war haarscharf«, nahm er die Erklärung wieder auf. »Aber jetzt sind wir sicher. Also, ich denke, das sind Pekaris, die ich da höre, und plötzlich sehe ich eine Horde Menschen, die sich an unser Camp anschlich. Sie waren über und über behaart, richtige Affenmenschen. Ja, genau, richtige Affenmenschen. Da schoß ich sofort. Es gab ein riesiges Durcheinander. Die meisten flohen. Einen hatte ich aber angeschossen. Der raste wie von Sinnen auf mich los – und da habe ich ihm das Messer in die Seite gestoßen. Notwehr.«

Er betrachtete noch einmal seine Hand und wusch sie dann im Fluß, während Clovis das Steuer übernahm. Tatunca spielte den, der sich ein kleines Päuschen redlich verdient hatte, den, der seine Mannen unter Einsatz des eigenen Lebens vorm Tode bewahrt hatte.

Daß auch dies eine Ente war, reimte Ferdinand sich erst viele Jahre später zusammen, als er von einem ähnlichen Fall hörte, über den noch zu lesen sein wird.

Erst als es auch bei diesem achten Versuch, Akahim zu besuchen, ebenfalls wieder zu einem Zwischenfall kam, beschloß Ferdinand, seine Träume um die sagenhafte Stadt zu begraben.

»Wir waren nur noch einen Tagesmarsch von Akahim entfernt, wie Tatunca sagte. Aber dann kam er erneut mit dem Argument, die Zeichen stünden unerwartet schlecht, die Priester hätten ihm heute nacht bedeutet, umzukehren.«

Da platzte selbst Ferdinand der Kragen.

»Ich hatte schließlich immense Summen in dieses ständige Projekt investiert und sagte ihm, diesmal würde ich nicht umkehren, diesmal würde ich dann eben alleine weitergehen.«

Immerhin hatte Tatunca ihm noch tags zuvor wiederholt versichert, er würde bereits von seinen Leuten erwartet. Das stärkte Fernandos Mut und seinen Entschluß.

»Ja, ich bot ihm sogar an, ihm einen Entlastungsbrief zu schreiben – wie der John Reed –, damit man Tatunca nicht zur Verantwortung ziehen würde, wenn mir aus irgendeinem Grunde doch etwas zustoßen sollte.«

Doch dazu kam es nicht. Tatunca ging auf den Brief nicht weiter ein, weil er annahm, Ferdi würde nur bluffen. Aber der Schweizer ging los. Mit kleiner Marschausrüstung und einer Art Überlebensgürtel tauchte er in den Wald ein, Richtung Norden, Richtung Akahim.

Es war ein mühsames, hartes Stück Arbeit, denn einen erkennbaren Pfad gab es nicht. Er nahm sein Messer zu Hilfe und arbeitete sich Meter für Meter seinem Traumziel entgegen. Eine Dreiviertelstunde lang.

Anstrengung, Aufregung und auch eine Portion Angst sorgten dafür, daß er sehr bald Durst bekam. Es ist schon ein belastender Unterschied, ob man von einem Landeskundigen geführt wird oder ob man sich den Weg selbst suchen und freischlagen muß. Als er eine Möglichkeit entdeckte, an den Fluß zu gelangen, tat er das.

Aufatmend bückte er sich, um Wasser zu trinken. Und in genau diesem Moment passierte es: Sein Gürtel platzte und fiel zur Seite.

»Ich bückte mich reflektiv sofort, um ihn aufzuheben, als in genau dieser Sekunde ein heftiger Stoß die Stelle traf, auf der ich mich gerade noch zum Trinken niedergebeugt hatte. Ich kann nicht mehr sagen, ob der Stoß vom Sprung ausgelöst worden war oder ob Tatunca Ärgeres vorgehabt hatte. Denn ich mißtraute Tatunca ja nie. Auf jeden Fall hatte ich ihn vorher überhaupt nicht bemerkt. Er war mir also in irgendeiner Absicht nachgeschlichen.«

Jetzt, als sich die beiden Männer Aug' in Aug' gegenüberstanden, gab sich Tatunca geistesgegenwärtig als Retter.

»Siehst du«, sagte er, »das nennst du ›vorsichtig durch den Wald gehen‹? So leicht kann man sich an dich ranschleichen? So kommst du nie lebend durch den Wald. Und deshalb lasse ich dich auch nicht alleine weiterziehen. Also – laß uns zurückgehen.«

Ferdinand wurde unsicher und kehrte um.

Wahrscheinlich hat ihm dieser Entschluß das Leben gerettet.

Der Mord an Karl Brugger

Am 1. Januar 1984, um 22 Uhr, wurde Karl Brugger in Rio de Janeiro erschossen.

Da er ARD-Korrespondent war, ging die Tat kollegialerweise durch alle Medien. Und nicht nur groß, sondern – bei all der Medienvielfalt – auch in verschiedensten Interpretationen. Dem Erfindungsgeist schienen keine Grenzen gesetzt.

So hieß es, Brugger sei am betreffenden Abend in Begleitung seines Nachfolgers Ulrich Encke aus dem Restaurant gekommen, als plötzlich ein Mann auf sie zutrat und fragte: »Sind Sie Karl Brugger?« Als der bejahte, so hieß es, zog der Unbekannte eine Waffe und schoß gezielt in die Schildkröte. Genau übers Herz. Ein Ritualmord also? Immer wieder hatte Tatunca verlauten lassen, seine Schildkröte sei einzig das Privileg der Häuptlinge.

»Wer sich damit schmückt, beleidigt meine Götter. Der gräbt sein eigenes Grab.«

Das hätte den Schluß zugelassen, daß Tatunca Nara dahintersteckte. Zwar sei er es nicht selbst gewesen, wie Encke meinte, aber unter Umständen jemand in seinem Auftrag, wie andere Spekulanten vermuteten. Killer kann man in Brasilien ab fünfzig Dollar dingen.

Hatte sich die Drohung, oder nennen wir's Prophezeiung des ›Häuptlings von Akahim‹, Tatunca, bewahrheitet? Hatten seine ›Götter‹ Rache genommen für die so dreist auf die Brust tätowierte Schildkröte? Oder hatte Brugger doch an Tatunca geglaubt und endlich Verdacht geschöpft an der Unehrenhaftigkeit des Häuptlings, und war er ebenfalls kurz vor der Entlarvung des Tatunca Nara? Wie Reed und wie Wanner?

Oder war Brugger drauf und dran, die Pyramiden auf eigene Faust zu suchen? Wollte er Tatunca ausschalten und den Ruhm alleine einheimsen?

Dieser Verdacht erhielt Erhärtung, als sich Roland Stevenson meldete. Seines Zeichens Kunstmaler von gewissem Ansehen in Manaus. Diverse Museen und Politiker schätzen sich glücklich, ihren kahlen Wänden mit seinen Bildern ein prächtiges Toupet verleihen zu können.

Aber Stevenson geht auch auf Expeditionen. Alljährlich fuhr und fährt er, auf eigene Kosten und meist allein, die Rios Negro und Branco hoch, um nach ›El Dorado‹ zu suchen. Einmal gingen wir (1985) ein Stück Weges mit ihm gemeinsam. Ulli Krafzik, als Kameramann 1985, nach drei Tagen des Zusammenseins: »Der hat 'n Farbklecks am Hirn. Die Art seiner Recherche ist ein Witz. Er hat sich in eine Idee verrannt und ist keinem logischen Argument mehr zugänglich. Der sucht altes Gemäuer und hat nicht mal einen Spaten mit oder Behältnisse für Erdproben. Er setzt sechs Wochen Zeit für die Anfahrt über die Flüsse an und vor Ort läßt er sich nicht einmal einen einzigen vollen Tag fürs Suchen Zeit.«

Brugger und Stevenson paßten insofern gut zusammen. Sie fuhren zwar ständig und mit einigem Aufwand in die Gebiete, um ihrer Phantasie Nahrung zu geben, aber dann kehrten sie schnell wieder um, um ihre Illusionen nicht zerstören zu müssen und um sie ins nächste Jahr hinüberzuretten.

Inzwischen will Stevenson erfolgreich gewesen sein. Im August 1990 erschien in der angesehenen ›Revista Geográfica Universal‹ ein großer Artikel von ihm über die Entdekkung El Dorados. Titel: ›Parima, der See von El Dorado‹.

So wunderte es uns jedenfalls nicht, als also auch Stevenson sich zu Wort meldete und den Namen des Täters gleich laut in der Presse verkündete: »Tatunca Nara, und kein anderer.« Seine Begründung: »Am 4. Januar, also drei Tage nach dem Mord, wollte ich mich mit Brugger in Manaus treffen. Wir hatten beschlossen, die Pyramiden gemeinsam zu suchen, und ich wollte ihm beweisen, daß es bei den Yanomami absolut kein anderes Indianervolk gab und schon gar kein unterirdisches. Tatunca hatte Brugger schon zu oft hingehalten oder irregeführt. Brugger traute ihm nicht mehr. Und deshalb mußte er sterben. Tatunca hat in Rio Helfer.«

Doch auch Tatunca Nara blieb nicht untätig. Wer immer es

Das Konfirmationsbild von 1955. Obere Reihe rechts: Günther Hauck.

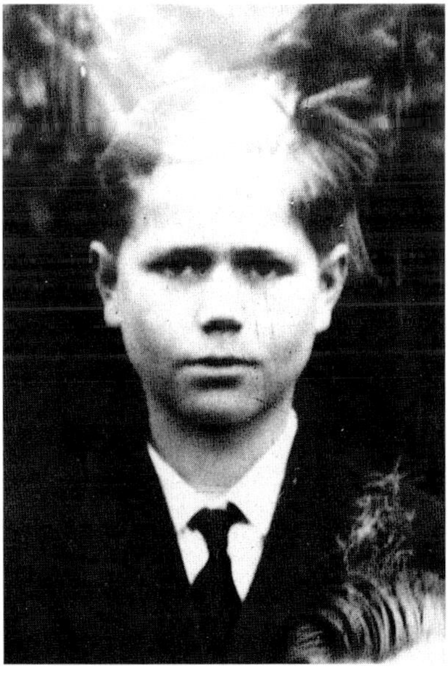

Ausschnitt aus dem Konfirmationsbild.

Günther Hauck als 16jähriger in den Rummelsburger Anstalten.

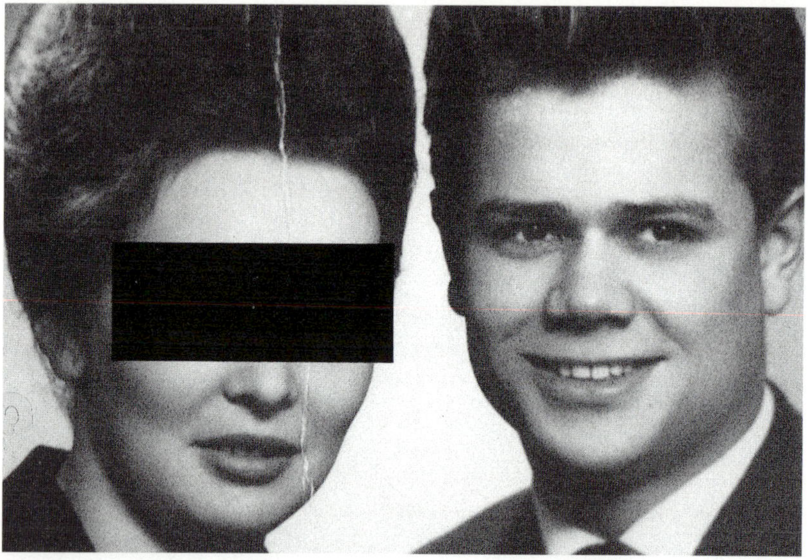

Günther Haucks Hochzeitsfoto vom 15. Februar 1962.

Tatuncas Familie heute: seine zweite Ehefrau Anita und die Kinder Angelique und Seder vor dem Hotel Oasis in Barcelos. (Foto: BUNTE)

Tatunca mit seinem »Stammeszeichen«, der Schildkröte, auf der Brust.

Tatunca auf seinem Schiff »Anita II«.

Tatunca und seine Frau Anita mit ihrem kuriosen Urwald-Auto.

John Reed, der Amerikaner, von dem nur noch ein paar Knochen und Ausrüstungsgegenstände gefunden wurden.

Herbert Wanner mit Tatunca im Dezember 1983, kurz vor seinem gewaltsamen Tod.

Am 4. Juli 1984 fand die Schweizer Reisegruppe diese Überreste von Herbert Wanner und zelebrierte eine improvisierte Totenfeier. (Foto: Hans-J. Kunz)

Christine Heuser bei ihrem ersten Urwaldausflug mit Tatunca, 1986. Von ihrer zweiten Reise kehrte sie nicht zurück.

Christine Heuser war glücklich, ihren »Ehemann aus einem früheren Leben« wiedergetroffen zu haben.

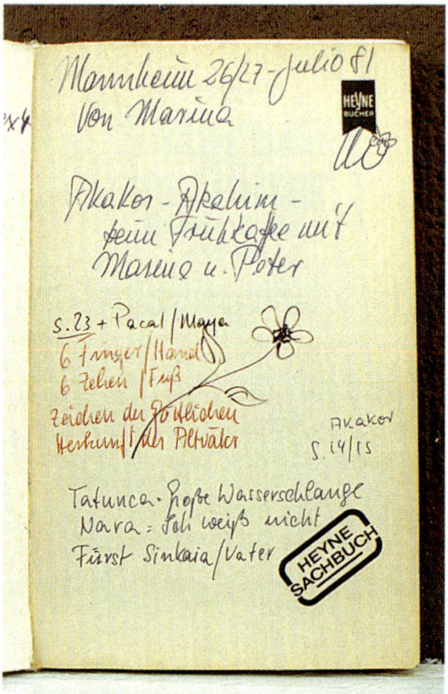

Karl Bruggers Buch war für Christine Heuser der Auslöser, nach Brasilien zu reisen und den »Großen Häuptling« zu treffen.
Rechts: Christines handschriftliche Eintragungen auf dem Deckblatt des Buches.

Karl Brugger, der ARD-Korrespondent und Buchautor, mit seinem »Kronzeugen« Tatunca im Juli 1982.

Ferdinand Sch. war dabei, als John Reeds Knochen gefunden wurden.

Der Indianerjunge Clovis mit John Reeds Hängematte.

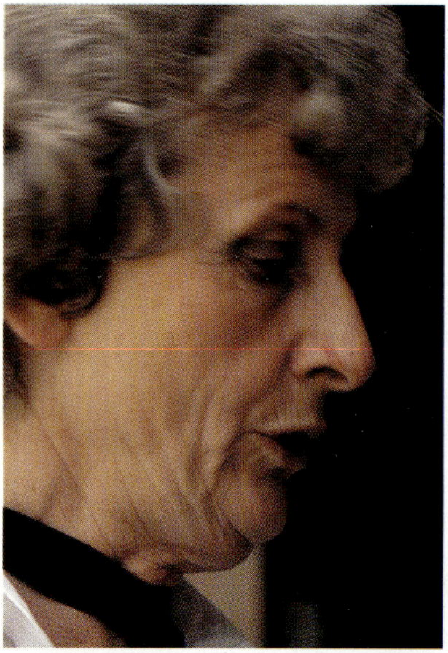

Das Zahnarzt-Ehepaar Kunz aus der Schweiz, das die sterblichen Überreste von Herbert Wanner fand und für deren Identifizierung sorgte.

Padre Casimiro war der erste, der an Tatuncas Identität zweifelte.

Kurt Hartert vom Bundeskriminalamt in Wiesbaden bewies mit seinen Recherchen, daß Tatunca Nara Günther Hauck ist.

James Fish vom amerikanischen Konsulat in Manaus im Gespräch mit Wolfgang Brög und dem Autor.

Staatsanwalt Dr. João Bosco Valente ist der ermittelnde Beamte in Sachen Tatunca Nara.

Das Recherche- und Film-Team vor Ort: Wolfgang Brög, Mercedes López de Argumedo, Thomas Rehlinger, Rüdiger Nehberg, Maggy Nehberg.

hören wollte, dem verkündete er: »Brugger wollte mit *mir* nach Akahim. Ich hatte schon die ganze Ausrüstung gekauft. Da rief mich seine Sekretärin an und berichtete von seiner Ermordung. Ich mußte alles wieder verkaufen. Das war ein großer Verlust für mich.«

So wie Stevensons Aussagen sprachen auch andere Gründe gegen Tatunca Nara. Denn er erhob plötzlich Anspruch auf die Buch-Tantiemen. Über den Reiseunternehmer Heinz Riedel in München ließ er diese Forderung an die Brugger-Erben weitertragen.

»Wir hatten bezüglich der Tantiemen halbe-halbe abgemacht. Ich habe aber nie etwas gesehen.«

Die Erben lehnten den Anspruch ab, weil von dieser Vereinbarung niemandem etwas bekannt war. Sie taten gut daran. Denn Wolfgang erzählte er: »Natürlich war das gelogen. Aber ich versuchte es.«

Auch in Sachen Fahndung nach dem Täter des ermordeten Karl Brugger gab es interessante Meldungen. Da war die Rede vom Großeinsatz der Polizei. Tausende von Polizisten hatten demnach Rio de Janeiros Favelas* abgeriegelt, mit dem Erfolg, daß der Täter verhaftet worden war. Woanders wollte man wissen, daß die Polizei in Wirklichkeit gar nicht reagiert hätte und folglich auch keinen Täter habe.

Weiteren Nachrichten zufolge verdächtigte man ›alte Nazis‹, die Rauschgiftszene (Tatunca: ›Brugger nahm Drogen‹), die ›FUNAI‹ und schließlich sogar Ulrich Encke, den Begleiter Bruggers an jenem Abend. Und zu guter Letzt, durch Herrn Nara persönlich, auch mich. Ehre, wem Ehre gebührt.

»Ich habe zwei Zeugen.«

Tatuncas Begründung: »Nehberg hatte den Brugger in seinem Buch beleidigt. Deshalb hatte sich Brugger mit Nehberg in Hamburg getroffen. Sie wollten sich aussprechen. Nehberg sollte seine Behauptungen zurücknehmen, oder er würde Brugger mal kennenlernen. Dann würde er ihn fertigmachen. Da hatte Nehberg natürlich die Hosen voll und versprach,

* Elendsviertel, Slum

den betreffenden beleidigenden Absatz zu streichen. Hinterher aber hat sich dieser Nehberg – das ist meine Version – überlegt, daß er unheimlich blamiert wäre. Er, der große Survival-Held, sollte etwas zurücknehmen? Niemals! Und deshalb hat er Brugger ermordet. Oder er hat ihn ermorden lassen, weil er sogar dazu zu feige ist...«

Blieb nur die Frage offen: Was hatten seine Zeugen denn nun gesehen?

Um den Tathergang genauer zu erfahren, wandte ich mich an Ulrich Encke, Politik-Redakteur beim Bayerischen Rundfunk. Trotz seiner knappen Zeit hatte er fünfzehn Minuten abgezweigt, als ich durch München kam und die Gelegenheit zu einem kurzen Gespräch nutzen wollte. Encke war der *einzige* Tatzeuge.

»Viel kann ich Ihnen zum Fall Brugger auch nicht sagen. Und schon gar nichts, was nicht längst in den Zeitungen gestanden hätte.«

»Nun«, sagte ich, »in den Zeitungen hat so viel Widersprüchliches gestanden. Vielleicht erzählen Sie mir am besten erst einmal den Tathergang.«

»Es war am 1. Januar 1984, abends zweiundzwanzig Uhr. Wir kamen aus einem Restaurant, als ein junger Mann aus einem Gebüsch auf uns zusprang und Geld forderte. Er fuchtelte sehr nervös mit der Pistole zwischen Brugger und mir hin und her.«

»Hat er nicht gesagt ›Sind Sie Herr Brugger?‹.«

»Nein, mit keiner Silbe. Es ging ihm nicht um Brugger, sondern um Geld. Als Brugger in die Brusttasche griff, um ihm etwas Geld zu geben – da schoß er. Ich bin fest davon überzeugt, daß der Schuß sich infolge der Nervosität des Täters versehentlich gelöst hat. Er hätte genauso mich treffen können. Das war kein Profi. Das war ein nervöser Anfänger. Er hat Bruggers Bewegung falsch gedeutet.«

»Also war es auch Zufall, daß die Kugel in die Schildkröte ging?«

»Sie ging ins Herz und nicht in die Schildkröte. Die Tätowierung saß viel höher. Über der linken Brust.«

Der Täter floh in Panik und ohne jegliche Beute. Brugger war wenige Augenblicke später tot. Er hatte nicht mehr sprechen können.

»Die Polizei hat tatsächlich eine Großfahndung ausgelöst, und ich hatte das Gefühl, man wollte unbedingt einen Täter präsentieren.«

»Hat man einen präsentiert?«

»Ja. Einen jungen Mann zwischen fünfundzwanzig und dreißig Jahren. So alt, wie der Täter etwa gewesen sein könnte. Die Polizei schien fest davon überzeugt zu sein, daß er es war. Denn er hatte sich gerade ganz frisch alle Haare abgeschnitten. Aber ich konnte ihn nicht identifizieren. Später hat man mir noch Videoaufnahmen geschickt. Auf ihnen sollte ich den Täter per Film bestimmen. Ich habe das rundweg abgelehnt.«

Für Encke steht fest: Der Täter war nicht Tatunca Nara persönlich. Denn ihn hatte die Polizei ebenfalls verdächtigt und sein Alibi angeblich überprüft.

»Außerdem war das Lokal, vor dem es geschah, nicht etwa Bruggers Stammlokal, wo ihn jemand gezielt hätte suchen können. Vielmehr hatte *ich* das Restaurant völlig spontan vorgeschlagen. Brugger war da zum ersten Mal.«

Da Encke Bruggers Nachfolger werden sollte, hatte man die Amtsübernahme bei einem Essen gefeiert. So war man zwangsläufig auch auf Tatuncas und Bruggers Lieblings-Geschichten Akahim und die Pyramiden zu sprechen gekommen. Aber da hatte Encke keine Zweifel aufkommen lassen: »Komm, Karl, verschon mich mit deiner Esoterik.«

Und so mied man das Thema.

»Glaubte Brugger an die Geschichten?«

»Ja, davon bin ich überzeugt.«

»Stimmt es, daß er am anderen Tag mit Tatunca oder Roland Stevenson aufbrechen wollte, die Pyramiden zu suchen?«

»Nein. Ganz sicher nicht. Er hatte noch konkrete andere Pläne. Er konnte gar nicht. Ich weiß wohl, daß er ab April solche Reise vorhatte. Also drei Monate später.«

Ein kurzes Gespräch. Aber ein aufschlußreiches. Es machte mir klar, daß dieser Mord nichts mit Tatunca Nara zu tun hatte. Oder doch? Traute Tatunca Brugger nicht mehr? Ein Satz in einem der Abschiedsbriefe des John Reed könnte solche Vermutungen bestärken.

Christine Heuser

Christine hatte die Beine übereinandergeschlagen und saß im Buddha-Sitz in ihrem Yoga-Studio, am Vasaplatsen 3, in Göteborg, Schweden. Zwischen einigen Kissen auf dem Holzfußboden hatte sie es sich bequem gemacht. Eine Kerze sorgte für Gemütlichkeit, leise Klänge der Indianerballade Glooscap füllten den Raum, übertönten die Stille, und mitten im Raum glimmte ein Weihrauchstäbchen. Genau das richtige Ambiente, um in aller Ruhe die Post durchzugehen. Winter 85/86. Der Assam-Hochland-Tee mußte noch einen Moment ziehen, und den nutzte sie, die Briefe schon mal grob vorzusortieren. Da waren die wertlosen Postwurfsendungen. Ihnen gönnte sie nur einen Streifblick und warf sie gleich in den Papierkorb an ihrer Seite. Aus dem verbleibenden Rest bildete sie zwei Häufchen: eins mit der Geschäftspost und eines mit den persönlichen Briefen von Angehörigen und Freunden. Auf private Briefe freute sie sich jeden Tag. Die nachmittägliche Tee-Stunde war ihr ganz persönliches Ritual. Da sie selbst gern und häufig schrieb, erhielt sie auch entsprechend viele liebe Grüße. Fast wußte sie schon des Morgens, wessen Antwort sie heute erwarten konnte. Denn auf die Zuverlässigkeit ihrer Freunde war sie stolz, so, wie sich auch jeder auf Christine verlassen konnte.

Den kleinen Stapel persönlicher Briefe sortierte sie noch einmal extra. Die liebsten Grüße wollte sie sich bis zuletzt aufheben und die der entfernteren Freunde zuerst lesen. Das sorgte für eine leichte Spannung und Steigerung. Nur selten hatte ihr feines Gespür sie getrogen, nur selten hatte sie sich in der Reihenfolge vertan.

Doch diesmal sollte sie sich dennoch irren. Verhängnisvoll irren.

Als erstes wollte sie die Drucksache aus Deutschland öffnen. Sie wußte, was das dünne Päckchen enthielt. Lesen würde sie den Inhalt später. Jetzt wollte sie nur einmal darin blättern. Ihr Freund Siegfried aus Freiburg hatte es ihr empfohlen, und so hatte sie es sich kommen lassen. Es war das Buch ›Aufbruch der Götter‹ (heute: ›Die Chronik von Akakor‹), jenes Werk des Karl Brugger. Sie wollte sich jetzt nur kurz die Aufmachung anschauen, es einmal durchblättern und vielleicht heute abend mit dem Lesen beginnen. In groben Zügen wußte sie ja, wovon es handelte. Siegfried hatte ihr schwärmerisch und begeistert eine Kurzfassung verraten.

Vorsichtig schlürfte sie eine Schluck Tee. Er war heiß und aromatisch. Sie setzte die Tasse zurück und die kleine Tonkanne auf ein Stövchen. Dann nahm sie das Buch zur Hand und ließ die Seiten zwischen Daumen und Zeigefinger durchlaufen. Sie wollte schauen, ob es Bilder gab, eine Landkarte, und was das Inhaltsverzeichnis verriet.

Doch sie kam nicht weit. Mitten im Blättern hielt sie wie elektrisiert inne. Hastig befeuchtete sie ihren linken Zeigefinger und den Daumen und blätterte ein paar Seiten zurück. Vor Nervosität verknickte sie die Seiten, aber dann hatte sie das Foto wiedergefunden, das ihr beim oberflächlichen Durchfächern in die Augen gesprungen war und das den ›Stromstoß‹ verursacht hatte.

Obwohl sie es nur Bruchteile einer Sekunde gesehen hatte – sie hatte sich nicht getäuscht.

Ihr Herzschlag beschleunigte von sechzig auf hundertzwanzig, die Hände wurden schweißfeucht, sie zitterte. Wie gebannt starrte sie auf das Foto. Sie hörte weder die Musik, noch sah sie das Kerzenlicht. Sie sah nur noch das Foto des Mannes im Buch, und der schien sie daraus zu betrachten.

Dann stieß sie einen Schrei aus. Er löste auch gleichzeitig ihre Starre. Sie ließ das Buch fallen, griff zum Telefon und rief Berit an, ihre beste Freundin hier in Göteborg.

»Stell dir vor«, schrie sie enthusiastisch in die Muschel. »Ich habe ihn sofort wiedererkannt. Es ist mein Mann. Da gibt es nicht den geringsten Zweifel. Komm schnell zu mir, damit ich ihn dir zeigen kann.«

Berit war nicht minder aufgeregt. Zwar war sie von Christine einiges an Spontanem, Verrücktem und Enthusiastischem gewöhnt, aber das war ein Novum. Da war sie so froh gewesen, nach sieben Ehejahren endlich von Hasse Nyström geschieden zu sein, und nun flippte sie offenbar völlig aus, nur weil sich ein Bild von ihm in einem Buch fand? Was war denn in sie gefahren? Oder hatte sie ihn doch noch immer im stillen geliebt?

Berit war neugierig geworden. Es würde schon etwas Besonderes auf sich haben, denn eine solche Aufgeregtheit war auch bei Christine nicht alltäglich. Berit wollte noch etwas fragen, aber Christine hatte schon aufgelegt. Wahrscheinlich rief sie nun Gott und die Welt zusammen, und gleich würde ihr Yoga-Center überquellen von Freunden.

Die Eingangstür stand auch bereits sperrangelweit offen, als Berit ankam. Mit der ganzen Vehemenz ihrer impulsiven Persönlichkeit stürzte ihr Christine entgegen, das Buch geöffnet und triumphierend auf das Bild deutend.

»Hier. Da ist er. Ich habe es ja immer gefühlt, daß wir uns wiederbegegnen würden. Wie oft habe ich das gesagt! Und hier ist der Beweis. Meine Intuition hat mich nicht getrogen.«

Berit blieb zunächst die Sprache weg. Denn der Mann auf dem Foto war ihr unbekannt. Auf gar keinen Fall war es Hasse Nyström, Christines geschiedener Mann. Darüber gab es nicht den geringsten Zweifel, so qualitativ schlecht der Druck in dem Buch auch sein mochte. Und Berits erster Gedanke war: ›Nun ist sie völlig übergeschnappt.‹

»Ich muß sofort zu ihm. Er wartet bestimmt genauso auf mich, wie ich auf ihn«, sprudelte es aus ihr heraus, und fast wollte man glauben, sie packte bereits den Koffer.

Endlich wagte Berit leisen Widerspruch: »Aber Christine, das ist doch nicht dein Mann. Das ist doch nie und nimmer Hasse Nyström. Der hat nicht mal die geringste Ähnlichkeit mit ihm. Und hier steht doch auch: Der Mann heißt Tatunca Nara.«

Christine schaute sie verblüfft an. Zum erstenmal hielt sie in ihrer Hyper-Hektik inne. Nun war sie es, die da sprachlos schien. Aber nur Sekunden. Dann hatte sie sich wieder gefangen.

»Das ist doch auch nicht mein geschiedener Mann. Das ist mein allererster Mann. Das ist mein Mann aus meinem letzten Leben! Verstehst du?«

Christine startete einen Briefwechsel. Voller Überschwang und Glück äußerte sie den Wunsch, Tatunca zu treffen. Seit Bruggers Buch war sie sich ›sicher wie nie, früher in Amazonien gelebt zu haben‹ und sie offenbarte Tatunca ihren ›Drang, Dich zu treffen‹.

Jetzt wurde ihr auch klar, warum sie sich, noch ohne Tatunca zu kennen, immer schon für Indianer stark gemacht hatte. Sie berichtete von ihren Bemühungen in Schweden, die Navajo-Indianer in den USA vor einer Zwangsumsiedlung zu bewahren. Sie tat es mit Zeitungsartikeln, Vollmond-Meditationen und Rundfunk-Interviews.

»Jeden dritten Sonntag im Monat mache ich mit dem Vedda-Homa-Feuer eine Friedensmeditation auf dem Vasaplatsen zur Reinigung unserer Gedanken.«

Und sie verriet ihm sogar das Rezept für das Feuer: ›Salbei und Incense sowie weiße und rote Blumen.‹

»Zwar bin ich im weißen Barbarenreich aufgewachsen, aber mein Herz ist bei Euch, und ich will diese Welt zur Umkehr/Vernunft bringen.«

Immer wieder tauchte aber auch ihre bange Frage auf, ob ihn ihre Post überhaupt erreiche, weil sie keine Antwort erhielt. Aber schließlich beendete ein Einschreiben-Brief aus Barcelos ihr banges Warten.

»Himmel, welch ein Tag, als heute Dein Lebenszeichen kam!« jubelte sie.

Ein Freund aus Peru hatte ihr November und Dezember als optimale Reisemonate empfohlen. Dann stünden die Sterne günstig. Am liebsten würde sie mit ihm alleine reisen, schrieb sie ihm. Und nicht im Kollektiv.

»Ich habe es schwer in der Gruppe«, gestand sie weiter. Aber allein und im Duo hätte sie keine Probleme. »Ich bin stark und demütig und kann sehr spartanisch leben.«

Und um ihm Perspektiven aufzuzeigen, schmiedete sie in anderen Briefen bereits Pläne für ihn.

»Wir könnten auch in Schweden für Deine Leute arbeiten, an Universitäten, im Yoga-Center, Studienverbänden, Schulen, Museen... Ich bin wie Du: ein Weltenkind, ein Sonnenkind, ein Sternenkind... Tatunca, lieber Freund, sei umworben mit meinen Gedanken an das Gute und Schöne und dem Gefühl, daß wir uns nicht verlieren!«

»Ich weiß auch jetzt, daß mir ein Bruder aus dem Höheren Jenseits, ein Indianer, viel Hilfe und Inspiration zur Glooscap-Arbeit gegeben hat. Ich habe es bei meinen Gebeten gefühlt, daß mir JEMAND zur Seite stand, jedoch kein Mensch in unmittelbarer Nähe oder im Körper – verstehst Du mich?

Ich weiß jetzt auch noch stärker, daß ich meine letzte Inkarnation, also voriges Leben, im brasilianischen Urwald verbracht habe.

Du glaubst wohl auch daran, daß Deine Seele weiterleben wird und Du bereits gelebt hast. Nur die verrückte weiße Kirche und die meisten ihrer Pfaffen (Pfarrer) predigen das Gegenteil, damit sie den Menschen Angst und Bange vor Gott, der ALL-MACHT, dem Großen Geist, machen können. Dann verfügen nämlich sie über die MACHT, irdische/weltliche Macht, jedoch die ALL-MACHT können sie nicht erreichen, und so werden sie OHN-MÄCHTIG vor Wut.«

Und sie schloß mit der Frage: »Was brauchen Deine Leute, kann ich Dir helfen?«

Und schließlich flog sie zu ihm. Es war November/Dezember 1986, etwa ein Jahr nach dem Erhalt des Buches ›Die Chronik von Akakor‹.

Etwa vier Wochen erlebte Christine die Erfüllung ihres Lebens. Zusammen mit Tatunca fuhr sie auf der ›Anita II‹. Sie campten an den weißen Stränden, meditierten, tummelten sich in den teebraunen, aber sonst klaren Fluten des Rio Negro und seiner Nebenflüsse, schwangen sich an Lianen von Baum zu Baum und überschütteten sich mit ›Erinnerungen‹ aus vergangenen Leben. Fotos dokumentierten das wiedergefundene Glück. Zwei verwandte Seelen hatten sich gesucht und gefunden.

Dann kam die Stunde des Abschieds, das Versprechen, sich

zu schreiben und wiederzusehen. Aber die Einlösung des Versprechens blieb recht einseitig. Christine schrieb fleißig, aber Tatunca reagierte nicht. Sein Fleiß beschränkte sich darauf, Christines Briefe konsequent zu ignorieren. Ihre Freundinnen fürchteten, daß sie ihm wohl damals schon zu sehr auf den Pelz gerückt war. Berit: »Sie hatte eine ungeheuer stürmische Art. Wo Christine auftauchte, beherrschte sie die Szene total: Dann verblaßte alles andere. Sie war der Mittelpunkt.«

Auch Freund Siegfried in Freiburg erhielt einen Brief. Sie bedankte sich noch einmal dafür, daß er ja quasi ›ein Wegbereiter‹ zu ihrem Glück gewesen sei und sie wünschte auch ihm viel Glück bei seinen ›neuen Recherchen mit den Sumerern = Erohimen von Atlantis‹.

Aber dann, es war am 8. Juni 1987, klingelte bei Christine das Telefon. Fast fiel ihr der Hörer aus der Hand – denn es war Tatunca höchstpersönlich.

Höflich entschuldigte er sich für das lange Schweigen.

»Ich hatte totalen Streß (Anmerkung Nehberg: Sprachmäßig immer voll up to date). Ständig war ich mit Touristen auf Achse. Aber jetzt will ich mal ausspannen. Anita muß nach Porto Alegre zur Kur, und ich hätte zwei Monate Zeit. Wenn du willst, können wir sie zusammen verbringen.«

Welch eine Frage! Und ob sie das konnte! Noch am selben Tag leitete sie den zweiten Urlaub mit Tatunca in die Wege. Sie rief in ihrem Überschwang ihre Freunde an und verkündete allen telefonisch oder schriftlich: »Ja, das ging schnell: Wir wollen sehen, was der eine Gott und alle Engel ausgedacht haben für ihr Töchterchen.«

Und ihrer Mutter in Kehl am Rhein sowie ihrer Schwester verriet sie: »Tatunca wird mich als erste Weiße zu seinem Volk führen. Er hat es mir am Telefon versprochen.«

»Ich bin am 11. oder 18. 8. (87) zurück«, schrieb sie Maria, einer anderen Freundin, deren ›Tennisschuhe und alle schönen Gaben‹ sie eingepackt habe, um Tatunca damit zu erfreuen.

Am 21. 6. 1987 startete Christine Heuser via Frankfurt

nach Rio de Janeiro. Ein letzter Anruf bei Mutter und Schwester. Dann sah man Christine in Europa nie wieder.

Fest steht, daß sie sich, wie vereinbart, mit Tatunca getroffen hat, daß sie sich gewaltig stritten und er sie auch geschlagen hat.

Als sie am 18.8. nicht zurückkehrte, schwante einigen Freunden nichts Gutes. Sie hatten Tatunca immer mit Zurückhaltung und gesunder Skepsis betrachtet. Zu dubios war ihnen Bruggers Buch, zu phantastisch schienen die außerirdischen Histörchen dieses Berichtes.

Auch die Mutter in Kehl war sofort beunruhigt.

»Wenn Christine einen Termin vereinbarte, konnte man sich darauf verlassen, daß sie ihn unter allen Umständen einhielt. Sonst hätte sie irgendeinen Weg gefunden, uns zu benachrichtigen und die Änderung mitzuteilen.«

Die Angehörigen und Freunde setzten eine ungewöhnliche Kampagne in Gang. Sie erhielt besonders dann Schub, als unerwartet von Tatunca ein Brief an Christine eintraf, den die Freunde öffneten. Darin bat er sie um Entschuldigung für die Heftigkeit des Streites. Er habe Rücksicht auf seine Familie in Brasilien zu nehmen und hoffe, daß sie inzwischen dafür Verständnis habe.

Freundin Berit glaubte sogleich, diesen Brief zu durchschauen.

»Damit wollte er uns glaubhaft machen, daß sie sich nach dem Streit getrennt hätten und er sie nicht wiedergesehen habe. Wenn sie also seitdem verschwunden war, er mit dem Verschwinden nichts zu tun habe.«

Und in einem Brief vom 12.9.1987 an Gun-brit, eine andere aktive Freundin, behauptete er sogar, bei der brasilianischen Bundespolizei vorgesprochen zu haben, als er erfahren hatte, daß Christine seit dem Streit verschwunden war. Und diesen Streit konnte er schlecht leugnen. Dafür gab es Zeugen. Unter anderem den damaligen deutschen Brauermeister der Brahma-Brauerei. Diesen Aussagen zufolge stellte Christine bei ihrem Treffen gewisse Forderungen. Als Tatuncas ›Ex-Ehefrau‹ aus dem letzten Leben wollte sie Anita, seiner jetzigen Angetrauten, den Rang ablaufen. (Tatunca hatte Anita Mitte der siebziger Jahre geheiratet und zwei Kinder mit ihr: Angelique und Seder.) Er sollte sich scheiden lassen und sie, Christine, heiraten. Und das war genau der Punkt, wo es ihm zuviel wurde. Er mochte Anita, er hatte zwei Kinder mit ihr, und eine Trennung kam für ihn nicht in Frage.

So kam es zu den tätlichen Auseinandersetzungen, und Tatunca machte von seinem ›Recht als Kapitän‹ Gebrauch, Christine vom Schiff zu verweisen. Natürlich tat er es auf seine Art: Er jagte Christine mit einigen ordentlichen Schlägen von Bord. Mit ihr eine Reise geplant, ihr gar eheliche Hoffnungen gemacht oder ihr Akahim offeriert zu haben, bestritt er energisch.

»Ich bin ausgebucht gewesen und habe Christine deshalb gar nicht mitnehmen können. Wir haben uns bös gestritten, und ich habe sie von meinem Schiff entfernt. Sie konnte nicht verstehen, daß ich Rücksicht auf meine Familie nehmen muß«, schrieb er nach Schweden.

Für Berit Eriksson sind das Lügen. Sie glaubt nicht, daß die Reise gar nicht stattgefunden haben soll. Immerhin hat Tatunca Christine telefonisch eingeladen, sie hat es allen erzählt und sich das keinesfalls aus den Fingern gesogen. Warum sollte sie? Da konnte er nicht plötzlich ausgebucht sein.

Tatunca will sogar die brasilianische Bundespolizei gebeten haben, in Schweden nachzufragen, »ob alles nicht ein schlechter Scherz von Christine ist. Sie war böse und sauer auf mir und nunja, wir haben uns schon wieder verstanden nur mit ihrem Dickschädel ist sie eben abgehaut.«

Tatunca beließ es nicht nur bei seinem Entschuldigungsbrief. Er wandte sich auch ratsuchend an das Multitalent Herbert St., einen hoffnungsvollen Bürger im schönen Wiesbaden, einen Bekannten der verschwundenen Christine Heuser. Dieser Seelentröster besitzt nicht nur die Fähigkeit, mit allen Menschen dieser Erde ›inneren Kontakt‹ aufzunehmen, sofern er über dessen Foto und seine Schrift verfügt, sondern Herbert ›arbeitet täglich mit Wesen, die (schon) gar nicht mehr auf dieser Erde sind‹!! Christine hatte er eigens für Tatuncas bedrängtes Volk ein Fläschchen ›Lebens-Elixier‹ mitgegeben, das er noch zusätzlich mit ›Pyramiden-Energie‹ angereichert hatte. Klar, daß Herbert St. sich für den ›sehr geehrten Herrn Tatunca Nara‹ auf die Pirsch nach Christine machte. Er wolle, so schrieb er am 1. 1. 1989 an den ›Indianer‹, nicht den Kriminologen spielen, sondern ganz einfach ›unerlöste Seelen und dadurch Schizophrene und Hypnotisierte befreien‹. Das könne er mühelos, denn das sei sein tägliches Brot. ›Ich helfe in Lebensfragen und suche in der Vergangenheit, da ich das innere Tagebuch aufblättern kann. Ich berate auch in Ernährungsfragen, gebe Yoga- und Shi-Atsu-Unterricht.‹ Multitalent. Ich sagte es ja bereits.

Im Falle Tatunca-Christine ›habe ich noch einmal nachgependelt und bekomme immer das gleiche raus: Christine ist in Brasilien an einer ansteckenden Krankheit gestorben. Sie haben damit rein gar nichts zu tun! Es ist gemein, daß man Ihnen so viel Ärger und Schaden bereitet hat. Wieviele Neider werden Sie denn wohl haben?‹

So gut Herbert angeblich Schriften zu deuten verstand – bei Tatunca blieb ihm die wahre Erkenntnis versagt. Vielmehr gratulierte er ihm zu seinem guten Deutsch und meinte, ›böswillige Menschen könnten fast glauben, daß Sie in Deutschland eine Schulbildung bekommen haben‹.

Klar, daß Tatunca mit diesem ›entlastenden‹ Brief gern hausieren ging.

Die Freunde und die Familie von Christine Heuser wandten sich an Interpol, recherchierten selbst vor Ort, baten die schwedische Königin Silvia um Vermittlung und gründeten eine Hilfsorganisation, um die finanziellen Mittel für eigene Nachforschungen aufzubringen, und um Christines laufende Lebenskosten bestreiten zu können. Rechtsanwalt Gösta Lundholm verwaltete zu treuen Händen das Spenden-Konto.

Für Kriminalhauptkommissar Kurt Hartert vom BKA taten sich deutliche Parallelen zu den Fällen Reed, Wanner, Brugger auf.

»Günther Hauck entwickelte wieder einmal die übliche,

ungewöhnliche Aktivität, spielt den Entrüsteten und Unschuldigen und wirft mit Ideen um sich, die das Verschwinden Christines erklären sollen. Er bringt Pseudo-Zeugen ins Gefecht, bietet haufenweise Schein-Alibis an und persönliche Hilfe.«

Brief des Tatunca-Hauck vom 8.12.1987:

Er glaubt,

- daß sie (Christine) im Boot hinter ihm hergefahren sein könne und sich verfahren habe.
- Er behauptet, daß er überall in Manaus mit ihrem Bild herumlaufe, in der Hoffnung, jemand könne Auskunft über ihren Verbleib machen.
- Er vermutet, daß sie womöglich von Indianern festgehalten werde.
- Er gibt zu bedenken, daß sie unter monatelang wirkenden Drogen stehen könne,
- und er fürchtet, daß sie sich im Territorium Roraima einer Sekte angeschlossen haben könnte.

Auf ›jeden Fall fühle ich, daß sie lebt‹ und er erklärt sich bereit, bei der Suche nach ihr zu helfen. Sofern jemand für die Kosten aufkäme. Denn letzlich hätte er Familie, die es zu versorgen gälte. Also alles wie gehabt: wie bei Wanner, wie bei Reed. Für ihn eine gute Gelegenheit, etwas Geld dazuzuverdienen.

Berit indes versuchte, auch unkonventionelle Wege zu beschreiten. Eine Wahrsagerin wurde vor Ort bemüht. Sie kam zu der ›Erleuchtung‹, daß Christine hinterrücks angeschossen worden sei. Das Verbrechen sei aber von einem ganz jungen Indio beobachtet worden. Man habe versucht, sie gesundzupflegen – ihr Lebenslicht sei dennoch am Erlöschen.

Die Wahrsagerin kam zu dem Schluß, daß es Akahim nur im verwirrten Geist des Tatunca Nara gäbe und Christine auf dem besten Wege gewesen wäre, das Geheimnis zu lüften. ›Sie war neugierig. Das wurde ihr zum Verhängnis.‹

›Tatunca Nara ist sehr in sich gekehrt‹, heißt es weiter. ›Einzelgänger. Sehr unausgeglichen – empfindlich. Fähig zu Affekthandlungen. Keine Kontrolle über sich, wenn irgendwie in die Enge getrieben. Bewußt wird ihm sein Handeln erst, wenn es schon vorbei ist.‹

Auf mich wirkten die Vermutungen der Wahrsagerin wenig überzeugend. Ganz offensichtlich hatte sie über Tatunca bereits sehr viele Informationen besessen, die sie nun zu einer zu nichts verpflichtenden und nach jeder Seite offenen Geschichte verwob.

Die Wahrsagerin ahnte sicher nicht, wie sehr sich dennoch ihre Erkenntnis mit der des Bundeskriminalamtes in Wiesbaden deckte.

Christine Heuser jedenfalls war und blieb verschwunden. Spurlos.

Wolfgangs Film

»Rüdiger Nehberg hat Karl Brugger umgebacht.« So heißt es in einer seitenlangen Epistel Tatuncas an das BKA in Wiesbaden. Er sei es leid, von allen Seiten, auch vom BKA, verdächtigt zu werden, jemand anderer zu sein als der Häuptling. Seine Weste sei rein, dafür habe er genügend Zeugen.

»Kommen Sie rüber und vernehmen Sie mich. Aber hören Sie gefälligst auf, mich zu beschuldigen.«

Und schon gar nicht käme er für den Mord an Brugger in Betracht.

»Das war Nehberg. Ich habe dafür zwei Zeugen. Er ist von Kolumbien aus verkleidet nach Brasilien gekommen, wenn er hier je wieder auftaucht, werde ich ihm die Kehle durchschneiden.«

Daß ich mitunter verkleidet in Brasilien umherlaufe, wußte er von mir selbst. Ich hatte es ihm verraten, nachdem ich so erfolgreich seinen Ort passiert hatte. Das war 1985, als ich mit Daniel und Ulli zu den Yanomami wollte und gezwungen war, Barcelos incognito zu passieren. Denn Tatunca hatte mir ja, wie schon gesagt, ›Landesverbot‹ für ›sein Territorium‹ erteilt. Fans von ihm hatten mir diese ›Entscheidung‹ in Hamburg mitgeteilt, und ich hielt es für ratsam, nicht aufzufallen. Denn auf jeden Fall konnte er mir mit einer x-beliebigen Denunziation Ärger bereiten.

Tatuncas Beschuldigung war schnell entkräftet. Zur Tatzeit hatte ich in Deutschland täglich einen Vortrag.

Aber dennoch wurde diese Attacke zum Wendepunkt in meinem Verhältnis zu Tatunca Nara. Er wollte mir etwas unterjubeln, für das ich nicht verantwortlich war. Ich hatte Glück, hieb- und stichfeste Alibis zu haben. Aber was wäre gewesen, wenn ich sie nicht gehabt hätte? Was würde sein, wenn er sich erneut Verdächtigungen aus den Fingern sog? Sollte ich geduldig abwarten, bis das geschah? Und hoffen, daß ich jedesmal ein Alibi hatte?

Solche Glücksspiele sind nicht mein Stil. Eher befolge ich die Maxime vom Vorbeugen, das besser als Heilen und Heulen ist.

Aber ich beriet mich zunächst mit Kurt Hartert vom BKA. Er hatte mir gesagt: »Der verhöhnt uns regelrecht. Er spielt den zu ›unrecht Verdächtigten‹ und wagt diese dicken Töne nur, weil er genau weiß, daß wir nicht ohne offizielle Genehmigung rüber können, und er weiß auch, daß wir sie nicht bekommen werden. Für uns steht fest, daß er gedeckt wird. Und zwar von höchster Stelle.«

»Das kann ich mir nicht denken«, sagte ich, »der hat nicht die geringsten Beziehungen. Er hätte gar nicht das nötige Geld, um höchste Stellen zu bestechen.«

»Das mag durchaus zutreffen. Aber Tatsache ist, daß ihm zum Beispiel unsere als ›streng vertraulich‹ deklarierten Briefe, die offiziell nie beantwortet wurden, zugänglich gemacht worden sind. Denn sein Brief hier ist eine einwandfreie Antwort auf unseren Antrag an das Justizministerium. Von dem hätte er nie etwas wissen dürfen. Uns drängt sich die Vermutung auf, daß er für die Abwehr gearbeitet hat, und die ihn dafür deckt. Es ist also keine Frage des Geldes, der Bestechung.«

Tatunca in der Abwehr? Ich hielt es eher für ein von ihm eingefädeltes Gerücht.

»Was könnte ein Tatunca Nara für die Abwehr leisten?«

»Das kann ich noch nicht beurteilen. Aber unsere Anträge werden nicht beantwortet. Das ist zwar völlig unüblich, aber es steht fest. Als wir noch einmal nachhakten, ließ man den Sachbearbeiter der Deutschen Botschaft in Brasilia wissen, die Akte sei gerade ›auf dem Weg zu den damit befaßten Behörden‹. Man würde sich jedoch ›melden, sobald sie wieder zurück sei‹. Das ist in diplomatischen Kreisen die Formulierung für eine verbindliche Absage. Tatunca hat Helfer.«

»Wie lange wollen Sie noch warten? Werden Sie den Antrag wiederholen?«

»Da muß ich Sie leider enttäuschen. Das ist nicht üblich.

Uns sind die Hände gebunden. Wir sind auf den Dienstweg angewiesen. Trotz der beachtlichen Beweislage werden wir den Fall zu den Akten legen müssen.«

»Und Sie sehen keine Möglichkeit für einen weiteren Vorstoß?«

»Im Moment nicht. Sie als Nicht-Beamter hätten es da wesentlich leichter.«

»Bisher habe ich mir nie darüber Gedanken gemacht. Ich fand, der Fall war bei Ihnen in allerbesten Händen. Mit Rücksicht auf Ihre Ermittlungen habe ich mich in meinen Büchern stets zurückgehalten und nie auch nur annähernd das preisgegeben, was ich wußte, um Tatunca nicht über den Stand der Recherchen in Kenntnis zu setzen.«

Und nach kurzem Grübeln: »Was meinten Sie denn mit ›Sie hätten es leichter‹?«

»Damit meinte ich nichts Konkretes. Ich wollte nur sagen, einer Institution wie dem BKA sind die Möglichkeiten vorgegeben, internationale Regeln, an die wir uns zu halten haben. Sie könnten zum Beispiel jederzeit zu ihm nach Barcelos fliegen und ihn befragen. Ich hielte das zwar nicht für sinnvoll. Aber das könnte ich als amtliche Person nicht. Nicht einmal, wenn ich privat hinführe, denn in diesem Falle bin ich immer Amtsperson.«

Allmählich formten sich in mir einige Gedanken zur Idee, zu ersten Plänen.

»Wie wäre es denn, wenn ich ihn finge und Ihnen nach Wiesbaden brächte...?«

Hartert schmunzelte.

»Genau das habe ich schon vermutet. Aber das hätte nur Sinn, wenn er freiwillig käme. Wie wollen Sie ihn denn hierherschaffen?«

»Ich denke, daß ich ihn in Manaus auf ein deutsches Linienschiff bringen könnte.«

»Da werden Sie wohl schwerlich einen Kapitän finden, der das zuließe.«

»Okay. Mag sein. Darüber habe ich ja auch noch nicht nachgedacht. Ich könnte ihn ja auch mit meinem eigenen

Schiff, dem Tretboot, über den Nordatlantik nach Europa schaffen.«

Ich sprudelte die Ideen völlig unsortiert heraus, weil ich es nicht glauben wollte, daß der Fall damit zu den Akten gelegt werden sollte und Tatunca weiterhin unbehelligt seinem ›Broterwerb‹ nachgehen konnte.

Mal abgesehen von seiner Macke gegen mich und der meinen gehen ihn, bestand ja dann latent die Möglichkeit, daß weiteren Fans Akahim versprochen würde, mit all den damit verbundenen Risiken.

»Herr Nehberg – wir leben in der Bundesrepublik Deutschland, in einem Rechtsstaat. Ich müßte Tatunca Nara sofort wieder nach Brasilien entlassen. Er würde sich ins Fäustchen lachen, denn dann müßte ich Sie wegen Freiheitsberaubung zur Rechenschaft ziehen. Ich kann den Fall nur wieder aufrollen, wenn sich völlig neue Gesichtspunkte ergeben.«

Doch dann hatte ich die zündende Idee. Niederlagen machen ja bekanntlich erfinderisch. Und als ich sie Kurt Hartert vorstellte, blieben ihm die Gegenargumente aus.

»Ich halte den Fall und das Verhalten des Justizministeriums in Brasilia für so skandalös und unverantwortlich, daß ich dann auf meine Weise den Fall an die Öffentlichkeit bringen werde. Das ist etwas, das solche Behörden fürchten und scheuen. Damit könnte man sie vielleicht zur Kooperation zwingen. Ich werde versuchen, seine Geschichte über das Fernsehen und als Buch publik zu machen und die Behörden so in Zugzwang bringen.«

Die Strategie stand bald fest. Ein kurzes Telefonat mit meinem Freund, dem Münchner Filmemacher Wolfgang Brög, gab mir die Gewißheit: Wolfgang war begeistert von dem Vorschlag und sagte zu. Er würde den Film auch ohne Auftrag eines Senders übernehmen und ich das Buch.

Die Idee: Wir würden mit Tatunca über Tatunca einen Film drehen. Das Ganze sollte so ablaufen, daß er gar nicht mitbekäme, um was es Wolfgang tatsächlich ging. Wir würden einen anderen Grund vorschieben.

Hartert hörte sich mein Konzept an. Er malte sich schon die Dreharbeiten im Kopf aus, wägte Vor- und Nachteile ab und meinte dann: »Unterschätzen Sie nicht das Risiko. Dem Mann wurde von zwei anerkannten Sachverständigen attestiert, daß er paranoid ist. Seit zwanzig Jahren lebt er in der von ihm selbst geschaffenen Identität eines Indianers. Er hat die Seele und die Haut des weißen Maurers Hansi aus Nürnberg abgestreift. Er glaubt inzwischen selbst daran, der Häuptlingssohn Tatunca zu sein, und wer dieses Bild beschädigen will, der ist potentiell gefährdet.«

»Glauben Sie wirklich, daß jemand schizophren ist, der so exakt seine zwei Leben auseinanderhält, der alles so präzise plant? Halten Sie ihn wirklich für gefährlich?«

»Das erste kann ich nicht beurteilen. Aber für gefährlich halte ich ihn. Und zwar deshalb, weil er eben nicht auszurechnen ist. Sie, Herr Nehberg, stehen auf seiner Liste ganz oben an. Sie sind die Nummer eins, denn Sie erfüllen gleich mehrere Kriterien, die bei Tatunca den Kurzschluß zu Affekthandlungen auslösen können.«

»Und was sind das für Kriterien?« interessierte ich mich. Einige kannte ich ja bereits. Vielleicht erfuhr ich etwas Neues.

»• Wer partout Akahim sehen will, das durch die Phantasie des Hansi entstand und mittlerweile von Pseudo-Wissenschaftlern und Sorglos-Journalisten in deren Schriften zu einer Quasi-Realität erhoben worden ist;
• wer seine Legende zerstören will;
• wer alleine mit ihm nach Akahim reist;
• wer ihn, ›sein Volk‹ oder ›seine Götter‹ verhöhnt;
• wer sich die Schildkröte auf die Brust tätowieren läßt;
• und last not least, wer Rüdiger Nehberg heißt, den Tatunca aus voller ›Indianer-Seele‹ haßt, da Sie es waren, der als erster öffentlich die Identität des Häuptlingssohnes anzweifelte, die mittlerweile als amtlich zerstört anzusehen ist.«

Hartert tat seine Pflicht. Er wollte mich eindringlich warnen. Er zündete sich zum wiederholten Male eine Zigarette an und betätigte sich als Philosoph: »Die ganze Geschichte um Tatunca ist verrückt, wir sind doch alle irgendwie verrückt, genau wie Hansi aus Nürnberg, für mich der erste ›Aussteiger‹, den ich kennengelernt habe. Nehberg ist ja auch als Konditormeister ausgestiegen, verwirklicht seine Jugendträume. Hartert aus Wiesbaden kann das nicht mehr, hat Familie und ist eingebunden in die behördliche Beamten-Hierarchie. Dieses verdammt kurze Leben ist verrückt, manchmal Wahnsinn, aber schön.«

Und so nahm die Geschichte ihren Lauf.

Wolfgang schrieb einen Brief an Tatunca Nara. Daraus konnte der Indianer entnehmen, daß er, Wolfgang, einen Filmauftrag hätte, für dessen Ausführung er jemanden brauchte, der ihn und das Team auf den Flüssen Amazoniens transportiere. Ob er Zeit und Lust habe, den Auftrag zu übernehmen und wie teuer das wäre.

»Bei den Dreharbeiten«, so weiter in Wolfgangs Brief, »geht es um zwei deutsche Frauen, die sich im Urwald verirrt haben und fast darin umkommen, weil sie überhaupt keine Kenntnisse über ihn haben. Sie empfinden ihn als feindlich, geraten in Panik und verhalten sich völlig falsch. Aber kurz bevor sie sterben, begegnet ihnen ein Einheimischer, jemand, der den Wald genau kennt und der ihnen zeigt, wie toll der Biotop Regenwald ist, wenn man dort aufgewachsen ist. Er zeigt ihnen, daß er Schutz, Nahrung, Medizin und Geborgenheit bietet und man sich dort durchaus pudelwohl fühlen kann.«

Der Brief endete mit der Frage: »Sicher kannst Du uns auch einen solchen waldkundigen Einheimischen besorgen, damit wir keine Zeit verlieren und zügig drehen können.«

Natürlich war Tatunca einverstanden. Pro Tag berechnete er einhundertfünfzig US-Dollar.

»Darin ist alles enthalten. Also auch Treibstoff und Kost. Das macht für die geplanten zehn Tage Dreharbeiten eintausendfünfhundert Dollar. Fünfzig Prozent Anzahlung beim Start, den Rest beim Einlaufen im Endhafen Manaus.«

Und als Bonbon bot er an: »Die Kosten für den Einheimischen kannst Du sparen, den Waldkenner kann ich selbst spielen, sofern Dir das recht ist, denn wer kennt den Wald besser als ich?«

Wir jubelten. Denn genau das war unser Plan gewesen. Er sollte diese Hauptrolle spielen, ohne es zu merken. Hätten wir sie ihm direkt angeboten, wäre er womöglich skeptisch geworden. Blieb jetzt nur noch die Frage zu lösen, wie kriegte man ihn dazu, sein bizarres Leben in die Kamera zu erzählen. Aber auch dafür hatten wir einen Plan. Zunächst sollten die Dreharbeiten völlig normal ablaufen. Tatunca sollte keinerlei Mißtrauen empfinden, denn mit Filmern kannte er sich aus. Leute wie Jacques Cousteau und Dieter Kronzucker gaben sich in Barcelos die Klinke in die Hand.

Unser Team bestand aus vier Personen. Ich war das fünfte Rad am Wagen. Ich ließ mich zunächst nicht blicken und vermied per Perücke und Brille, vorzeitig von ihm und etwaigen Freunden erkannt zu werden. Meine Stunde sollte kommen, wenn die Reise beendet war.

Die beiden ›Frauen ohne Walderfahrung‹ waren Mercedes, Wolfgangs spanische Ehefrau, und Maggy, meine eigene Angetraute. Als wir ihnen die Idee unterbreitet hatten, waren sie sofort einverstanden, den Part des Spiels zu übernehmen.

Natürlich reiste Maggy nicht unter Maggy Nehberg. Den Namen könnte er aus meinen Büchern kennen. Sie hieß Margret Hahne, war Journalistin einer Zeitschrift und konnte das mit Visitenkarten belegen. Ihre Foto-Kamera und der Kassettenrecorder wiesen diese Geräte als ›Eigentum‹ dieser Zeitschrift aus: Registrier-Nr. 069/89 und 112/88.

Schon Wochen vorher hatten wir sie mit ›Margret‹ angesprochen, damit wir uns daran gewöhnten. Wer versehentlich Maggy sagte, mußte für alle einen Fruchtsaft ausgeben.

Und dann war da neben Wolfgang, Maggy und Mercedes noch Thomas Rehlinger, ein junger Mann, den wir alle als mutig und sportlich kannten. Er hatte eine Doppelfunktion.

Er war Assistent und Leibwächter der Gruppe. Denn eins war uns allen klar: sollte Tatunca die Falle wittern, würde er Wolfgang leicht ausschalten können, und die Frauen wären ihm schutzlos ausgeliefert. Um dieses Risiko zu vermindern, fuhr Thomas mit.

Campingidylle à la Tatunca

Meine Crew hatte einen weiteren Drehtag hinter sich gebracht. Man hatte an einer Sandbank angelegt. Das Feuer knisterte, das Essen duftete, und die Frösche stimmten das Abendkonzert an.

Soweit das Auge reichte, sah man nichts als Wasser und Wald. Eine Landschaft zum Träumen, ein Abend zum Erzählen.

Gleich würde Tatunca wieder ein paar Histörchen aus seinem Phantasie-Leben zum besten geben, gleich würde es wieder spannend werden. Denn das mußte man dem Häuptling lassen: mit ihm hatte man immer Gesprächsstoff.

Wolfgang baute bereits die Kamera auf und legte Holz nach, damit er genügend Licht hatte zum Filmen.

Und dann war es endlich soweit.

Tatunca war satt. Er hatte die Ankerseile noch einmal überprüft und war zufrieden. Er hockte sich zwischen die anderen und spielte den Bescheidenen. Nur nicht aufdrängen, war seine Devise. Die werden schon von selbst fragen. Und dann war es immer noch früh genug, loszulegen.

Wolfgang stellte die Kamera an. Tatunca hatte ja ausdrücklich erlaubt, ihn auch jederzeit beim Erzählen zu filmen.

Auf ein verstecktes Zeichen von Wolfgang hin begann Mercedes, die heutige allabendliche Diskussion einzuleiten.

»Eins verstehe ich nicht, Tatunca«, sagte sie, »wenn du in solch massiver Weise von allen Seiten diskriminiert wirst – warum beweist du denen nicht einfach das Gegenteil? Warum zeigst du denen nicht dein Volk?«

Da hatte Mercedes aber einen Punkt angeschnitten! Er brauste auf wie ein Topf kochendes Wasser.

»Warum soll immer *ich* alles beweisen? Alle kommen und sagen ›beweise, beweise, beweise‹ – laß die doch ihre Beweise bringen. Ich habe weiß Gott genug bewiesen. Ihr wollt mich nur provozieren. Das ist doch ganz billig von euch.«

Es entstand eine längere Pause, in der er sich wieder beruhigte. Er blickte ziellos in die Ferne, nach dort, wo der Rio Negro den Himmel berührte.

»Ja, ja. So ist das. Das Hochwasser nimmt alles fort. Nur nicht den schlechten Ruf eines Menschen.«

Fast glaubte man, er wolle sich, geschundene Kreatur, eine Träne aus dem Auge wischen. »Das ist ein altes indianisches Sprichwort.«

»Dann laß mich mal andersrum fragen«, bohrte nun Wolfgang weiter. »War schon mal irgendwann jemand von deinen Leuten in der Zivilisation?«

»Nein. Nie.«

»Warum nicht? Wäre das für sie nicht sehr aufschlußreich? Und das wäre doch auch ein Beweis.«

»Mag sein. Aber das ist unvorstellbar. Ebensogut könnte ich eine Glühbirne zu ihnen tragen und ihnen klarmachen, daß man damit Licht machen kann. Das geht nicht. Wie soll ich beweisen, daß das einer von *meinen* Leuten ist?«

Wolfgang und Mannschaft mußten bei dem Vergleich lachen. Und sofort hatte Tatunca zu seiner Normalform zurückgefunden. Vergessen waren die Niederlagen der vorausgegangenen Befragung.

»Die kriegen mich nicht unter. Wer soviel durchgemacht hat wie ich, wird sich auch weiter durchs Leben schlagen. Wenn sie mir meinen Tourismus wirklich ganz kaputtmachen, dann arbeite ich eben wieder als Bauer. Ich werde Kartoffeln pflanzen, Bohnen, Reis. Mich kriegen die nicht fertig, diese Schweine. Aber ärgern tu ich mich wahnsinnig.«

Was er da mit ›viel durchgemacht‹ meinte, hatte er meiner Crew des langen und des breiten wiederholt erzählt:

»Allein 1970 habe ich den Peruanern einundsiebzig Kriege geliefert. Welche Bedeutung die Peruaner mir und meinem Volk beigemessen haben, vermögt ihr vielleicht zu bewerten, wenn ich euch sage, daß sie einhunderttausend Mann gegen mich aufgeboten haben. Sie legten einen regelrechten Bombenteppich über mein Gebiet. Tiefflieger mähten dann meine Leute zu Tausenden dahin. Es war wie eine Revolution. Daraufhin habe ich eine Gegenrevolution in Gang gesetzt. Ich habe meine ganzen Truppen in der Madre de Dios zusammengezogen und den Gegnern blutige Schlachten geliefert. Überall waren sie unterlegen.«

Er legte ein Päuschen ein, um die drohenden Tränen unter Kontrolle zu halten.

»Aber wenn ich es dann nüchtern betrachtete, stellte ich fest, es gab keinen Sieger und keinen Verlierer. Aber den Blutzoll, den hatten *wir* gezahlt, mein Volk und ich. Und als sie dann noch einhunderttausend Goldtaler auf meinen Kopf aussetzten, tot oder lebendig hieß es in der Fahndung, sind wir umgezogen nach Akahim.«

»Und leben nun alle in Akahim? Auch die Hitler-Soldaten?«

»Ja. Alle. Auch meine einzige Schwester Reina. Aber jedesmal, wenn ich sie besuche, werde ich trauriger. Seuchen haben die Leute dahingerafft. Malaria, Grippe, TBC. Die Alten sind inzwischen gestorben, und die Jungen vermischen sich mit den Yanomami. Es ist eine Schande. Sogar ihre Sprache vermischt sich mit den Dialekten der Yanomami. Ich kann sie zwar noch verstehen, weil ich auch Yanomami rede, aber sie verstehen mich nicht, wenn ich mongolalisch rede. Dazu kommt, daß die Stadt immer mehr versinkt. Ich weiß nicht, ob ihr wißt, daß ganz Amazonien auf Sand gebaut ist. Da hält nichts. Ich sehe schon den Tag kommen, wo einfach alles versunken ist.«

Der große Held baute also vor. Ein irrer neuer Schachzug! Genial! Eines Tages würde er irgendwo andächtig mit seinen Touristen stehenbleiben. An einer Stelle mit Sekundärvegetation, wo früher vielleicht eine Plantage gewesen war, würde er Blumen niederlegen und beten und sagen: ›Hier unter uns liegt Akahim. Hier lebte mein Volk. Nun ist alles versunken.‹

Phantasie hatte er ja ohnehin immer bewiesen. Auch als Wolfgang ihn fragte: »A propos Sprache. Kannst du mir mal einen Satz in deiner Sprache sagen?«

»Na klar. Was denn?«

Normalerweise fragen die Leute in solchem Falle Zahlen –

eins, zwei, drei... – oder Monate – wie Brugger in einer Rundfunk-Reportage über Tatunca. Deshalb hatte ich Wolfgang geraten, ihn unkonventionelle Sätze zu fragen und sie anderntags wiederholen zu lassen.

Doch dazu kam es gar nicht erst. Die Angelegenheit erledigte sich von selbst.

»Irgendeinen Satz. Um mal den Klang hören zu lassen. Ist doch ganz interessant für den Film.«

»Irgendwas? Nein, sag du, was du hören willst.«

»Okay. Also sag mal ›Guten Tag, wie geht es euch?‹«

Tatunca lächelte. »Ein Indianer grüßt nicht.«

»Ach ja. Richtig. Dann sag doch ›Wiedersehen, ich gehe jetzt‹.«

»Ein Indianer verabschiedet sich auch nicht. Er geht einfach.«

Wolfgang blieb geduldig. Ohnehin waren das nur Simpel-Sätze zum Anködern. Auf Redewendungen wäre er bestimmt programmiert.

»Dann sag: ›Ich habe einen Tapir geschossen. Ich lade euch zum Essen ein.‹ Sagt man das bei euch?«

Tatunca überlegte ein wenig. Dann gestand er: »Ja, das sagt man. Das kann man sagen.«

Aber mehr kam nicht.

»Ja, dann sag es doch. Die Kamera läuft.«

»Ja – aber man sagt es nicht so. Bei uns wird immer das Wichtigste zuerst gesagt: Tapir – habe ich einen geschossen.«

»Ist doch egal. Dann sag es endlich.«

»Ich finde das aber wichtig. Denn wir haben eine ganz andere Grammatik als alle Sprachen, die du so kennst.«

»Das will ich alles nicht wissen. Sag ›Tapir – habe ich einen geschossen‹.«

»Ja. Sofort. Selbst die Yanomami-Grammatik ist anders, obwohl man auch bei uns einige Elemente dieser Sprache findet. Das kommt daher, weil Akakor immer schon mit Akahim freundschaftlich verbunden war.«

»Saaaag enddddlich den Saaatz!!!«

Wolfgangs Geduldsfaden näherte sich dem Ende seiner Belastbarkeit. Jedenfalls tat er so.

Und da sprach der Große Häuptling. Er sagte, was ›Ich habe einen Tapir geschossen‹ heißen sollte. Allerdings sagte er es sehr, sehr, sehr leise.

»Hmbedf grkml bstznnl qtvwygh mkjfrst.«

Wolfgang blickte von der Kamera hoch.

»Das war ja viel zu leise. Das kann kein Mensch verstehen. Selbst wenn ich voll aufdrehe.«

Und so wiederholte Tatunca, jedoch nur ein halbes Phon lauter: »Ctvbmmk rswxzhk nlkgstv prrhftt ffffttttp.«

Kurz und gut und aufschlußreich: Es blieb bei dem unverständlichen Gebrummel und Gemurmel, das weder mit dem geschossenen Tapir zu tun hatte, noch mit einem simplen Pekari, noch überhaupt eine Sprache war. Wie auch immer die Grammatik gestaltet sein mochte. Es ähnelte nur einem Reifen, dem die allerletzte Luft entweicht.

Wie sollte Tatunca auch indianisch sprechen können, sprach er doch heute, nach fünfundzwanzig Jahren, immer noch fehlerhaft portugiesisch.

Um auf neue Gedanken zu kommen, legte Wolfgang die Kamera beiseite. Mercedes packte sie ein. Maggy räumte das Geschirr ab und wusch es im Fluß. Thomas behielt die Situation im Auge, und Wolfgang sprang ins Wasser, um ein erfrischendes Bad zu nehmen.

Das hätte er nicht tun sollen. Wie von einer Killer-Biene in den Hintern gestochen, schrie Tatunca auf.

»Bist du waaaahnsinnich? Hier wimmelt es von Piranhas! Ich befehle dir: Komm sofort raus! Ich habe die Verantwortung.«

Er kappte die Leinen, warf den Motor an und steuerte auf Wolfgang zu. Er warf einen Rettungsring und beschwor ihn: »Beeil dich. Mach schnell. Um Himmels willen. Kann man euch denn keine Sekunde ohne Aufsicht lassen?«

Tatunca ließ den ganz großen Umsichtigen und Beschützer raushängen. Wahrscheinlich schien es ihm das geeignete Mittel, von den blamablen Sprachstudien abzulenken. Mercedes erschreckte sich bei dem Geschrei so, daß sie ihren Mann schon zerfetzt sah, und Maggy ließ fast die Plastik-Tassen abtreiben. Nur Thomas zog cool sein Hemd aus. Vor allem, als Wolfgang zurückschimpfte.

»Sag mal, du bist wohl nicht ganz dicht, du Spinner. Du willst uns wohl total verarschen. Wo sind hier Piranhas?«

Und in genau diesem Moment, ›Jipiiiih!‹, sprang auch Thomas ins Wasser.

Als die beiden Frauen die vergnügt planschenden Männer sahen und sich das Wasser nicht blutig färbte, wie Tatunca es prophezeite, und als Wolfgang noch rief: »Na, los, kommt doch auch. Es ist herrlich warm«, da sprangen sie ebenfalls, und das einzige, was brodelte, war Tatunca. Er kochte vor Zorn.

Verdammt, seine Lebensrettermasche hatte diesmal nicht funktioniert. Dabei war sie doch sonst immer eine beeindrukkende Sondernummer bei seinen Touristen. Eine glatte Doppelniederlage also, sprach- und piranhamäßig.

Solche Geschichten waren ansonsten schon zur Alltagsroutine für ihn geworden. Phantasie, Selbstdarstellungsdrang und Schauspieltalent hatte er reichlich, daß davon auch gut und gerne zwei oder drei solcher Menschen ihren Lebensunterhalt hätten verdienen können. Hier noch ein weiteres Beispiel von vielen. Ein in Manaus ansässiger Schweizer gab es zum besten, und er hatte es aus erster Hand, von den Leuten, denen es widerfahren war.

Diese lagerten auch an einem Strand wie meine Leute jetzt und richteten sich das Camp ein. Tatunca war in den Wald gegangen.

»Vielleicht finde ich etwas zu essen«, hatte er in Aussicht gestellt.

Nach geraumer Zeit, der Abendtee war längst trinkfertig, kam der Große Herr des Dschungels zurück ins Lager. Er wankte ein wenig.

»Was ist denn mit Tatunca los?« fragte einer der Teeschlürfer, als er des Häuptlings ansichtig wurde. Vor Schreck verschluckte er sich und hustete seinem Gegenüber den Tee ins

Gesicht. Seine entsetzensgeweiteten Augen taten ein übriges und ließen den Rest der Gruppe ebenfalls in Panik die Köpfe wenden.

Was sie sahen, verschlug ihnen die Sprache und ließ sie erstarren. Daß sie nicht aufsprangen und flohen, lag lediglich daran, daß Tatunca selbst überhaupt keine Angst oder Aufregung erkennen ließ. Er kam langsam auf sie zu. Wie in Trance.

»Was ist los, Tatunca?« fragte aber dann jemand, der die Sprache wiedergefunden hatte. Fast flüsterte er es, aus Angst, ein unberechenbarer, grausamer und übermächtiger Feind könnte ihn hören und erneut zuschlagen. Tatunca verstand die Frage offenbar nicht. Er wunderte sich: »Was soll los sein? Ist hier etwas passiert?«

»Nein, sieh dich mal an. Du bist ja völlig blutüberströmt!!! Bist du überfallen worden oder hast du dich verletzt?«

Nun sprangen alle auf, eilten ihm entgegen und fragten durcheinander. Das reinste Fragenpüree und ein Durcheinander wie im Starmix.

Die Touristen und vor allem deren angststarre Augen veranlaßten ihn letztlich, an sich hinabzublicken. Und da sah er es selbst: Er war über und über mit Blut besudelt. Entweder hatte jemand versucht, ihn zu schlachten, oder er hatte sich selbst mindestens vier Schlagadern zerfetzt. Daß er, so wie er aussah, nicht längst völlig leergelaufen war und noch gehen konnte, grenzte wirklich an ein Wunder.

»Oh, Götter meiner Ahnen«, rief die leere Körperhülle betroffen aus und schaute kurz gen Himmel und dann wieder, etwas länger, auf ihren Körper. Und dann begann seine gekonnte Inszenierung. Wie eine italienische Oper.

»Entschuldigen Sie bitte.« (Intervallo.) »Entschuldigen Sie wirklich. Tut mir leid. Es muß wieder über mich gekommen sein.«

Ohne weitere Erklärungen schritt Tatunca ans Wasser und versuchte im Zeitlupentempo, das einem Faultier harte Konkurrenz gemacht hätte, das Blut abzuwaschen. Er tat das sehr geschickt. Nur ein paar Hände voll des reinigenden Nasses spritzte und rieb er sich über die Haut. Zu wenig, um das Blut abzuwaschen, aber genau die Menge, die nötig war, um es zu verdünnen und damit zu vermehren und noch wirkungsvoller zu verteilen.

»Er sah wirklich so aus, als hätte ihm jemand die Haut vom Leib gezogen«, erinnerte sich einer der Augenzeugen.

Dann hielt Tatunca in der Reinigungsprozedur inne.

»Ich bitte Sie nochmals um Verzeihung. Es ist ganz offensichtlich wieder über mich gekommen.«

Er verstummte und genoß die völlig perplexen Touristen und kassierte deren Ratlosigkeit als seinen gerechten Lohn für diese Inszenierung.

»Was ist über dich gekommen, Tatunca?« (alle im Chor)

Ein paar Sekunden ließ er die Frage unbeantwortet über den Fluß fortschweben und blickte nur schweigend an sich herunter. So, als könne er es auch selbst immer noch nicht glauben. Dann endlich bequemte er sich zu einer Erklärung. Er schaute ins Leere oder zurück in die Vergangenheit und murmelte mehr als er sprach, verzauberte eine Lüge in einen religiösen Akt.

»Sie werden das vielleicht nicht verstehen. (pianissimo, Pause) Auf jeden Fall gibt es keinen Grund zur Sorge. (piano, ma non troppo) Also wirklich, gar keinen. (piú alto) Ich weiß nicht, ob ich's Ihnen schon mal erzählt habe? (moderato): Oder doch – habe ich das nicht längst erzählt? (intervallino) Vor drei Jahrzehnten waren mein Volk und ich noch Kannibalen. (detonazione, intervallo) Natürlich ist das längst vorbei. (forte) Sie müssen mir das glauben. Über dieses Stadium sind wir alle hinweg, mein Volk und ich. Und ich glaube wirklich, daß das auch so besser ist. Man kann nicht einfach seine Feinde aufessen! Töten ja – aber aufessen, nein. Also da haben wir, den Göttern sei Dank, dazugelernt. Aber manchmal ist da immer noch dieses Bedürfnis, zumindest alle paar Wochen einmal frisches Tierblut zu trinken. Und das habe ich gerade getan (allegro, ma non troppo).«

Jetzt erst wusch er sich richtig, reinigte die Fingernägel, durchspülte die Zähne, gurgelte und betrachtete wohlgefällig sein Spiegelbild im Wasser. Dann nahm er (violentamente) mit gewaltigem Platsch ein abschließendes Bad. (Natürlich im völlig flachen Wasser, wegen der Piranhas.)

Nun wieder ganz Mensch der Gegenwart, harter Realist, schritt er forsch in den Wald und holte eine Schildkröte. Sie war ihm zufällig über den Weg gekrochen und er hatte die Gunst des Augenblicks genutzt, diese beeindruckende Vorstellung zu geben. Er hatte ihr die Kehle durchgeschnitten und sich das Blut über den Körper laufen lassen.

»Hier, etwas Fleisch zum Abendbrot«, sagte er, als er das Tier mit gespielt bescheidenem Jägerstolz neben das Feuer warf. Und so erfuhr auch die Geschichte mit Ferdinand, dem Überfall der Affenmenschen und der blutigen Hand ihre denkbare Aufklärung.

Die Konfrontation

Ich lag am Strand des Rio Negro oberhalb des Hotels Tropical in Manaus. Ein wolkenloser heißer Tag. Heute war bereits der zweite Tag, den ich hier der Rückkehr meiner Freunde harrte. Gestern schon hatte ich hier gelegen und die endlos scheinenden Stunden mit Baden, Angeln und Lesen verbracht. Und mit Beobachten. Denn hier wollten meine Leute mit Tatunca Nara aufkreuzen und die zehntägige Reise beenden. Mit Wolfgang war vereinbart, daß sie den Landesteg des Hotels Tropical nur zwischen neun und siebzehn Uhr anlaufen würden.

Ich konnte also morgens in aller Ruhe aus der Innenstadt mit dem Taxi hierher rausfahren und war abends noch vorm Dunkelwerden wieder zu Hause, im Hotel Rio Mar.

Zu jeder vollen Stunde schaltete ich das Funkgerät zehn Minuten auf ›stand by‹ und hoffte, daß Wolfgang sich meldete. Auch der nächste Tag verstrich ohne ein Lebenszeichen.

»Was ist, wenn sie auch in fünf Tagen noch immer nicht da sind?« fragte ich mich.

Bei diesem Gedanken wurde mir ein wenig mulmig zumute. Da hatten wir diese Reise und den damit verbundenen Zweck so oft besprochen. Nur eines hatten wir völlig außer acht gelassen, die Festlegung eines Rückkehr-Ultimatums, den Zeitpunkt, wo ich spätestens Alarm schlagen müßte. Was war, wenn Tatunca doch bemerkt hätte, daß Wolfgangs wahre Absicht war, ihn auszuhorchen? Und wenn er hörte, daß Maggy meine Frau war? In Ermangelung besseren Trostes sagte ich mir immer wieder ›Gut, daß Thomas bei ihnen ist‹. Offiziell war Thomas ja Wolfgangs Assistent, denn jeder Filmer, der was auf sich hält, hat einen Assistenten. Aber seine wirkliche Aufgabe war es, Tag und Nacht und immer Tatunca und die Gruppe im Auge zu behalten und sofort einzuschreiten, wenn der Häuptling in irgendeiner Weise aggressiv werden sollte. Daß Thomas trotz seiner Jugend dafür der richtige Mann war, stand für mich fest. Er beherrschte wichtige Kampfsportarten und war körperlich topfit. Die vierzehn Etagen unseres Hotels in Brasilia bewältigte er schneller zu Fuß als ich im Lift.

Und in seiner Freizeit in Manaus bodybuildete er wie wild und lief das neue und damals noch leerstehende Parkhochhaus beim Amazonas-Hotel in Jogging-Manier rauf und runter. Ich hätte da wohl 'nen Drehwurm gekriegt.

Da Tatunca, wie ich wußte, reichlich bewaffnet war, trugen auch meine Leute alle zumindest Reiz-Gas oder einen Elektroschocker. Wolfgang und Thomas hatten außerdem je zwei Revolver. Tatunca trug Berichten zufolge auf den Reisen einen 38er Revolver. Aber wenn man sich genauer auf seinem Schiff umsah, entdeckte man noch bis zu vier Gewehre. Sie befanden sich unter der Matratze, hinter Pfosten und unter Planken. Nur eines stand sichtbar im Führerhaus. Es sollte so aussehen, als sei das alles und als hätte man ihn entwaffnet, wenn dieses Gewehr fort wäre. Die anderen Waffen waren seine Reserve. Darüber hinaus trug Tatunca einen schießenden Kugelschreiber.

Um nicht allzuviel an diese mangelhafte Absprache zwischen meinem Team und mir zu denken, fotografierte ich ›Akahim‹. Das Ufer bestand nämlich aus vielen kleinen Sandstein-Terrassen. Da gab es Mini-Höhlen, Säulen, Überhänge und Canyons. Alles en miniature. In Puppenstubengröße. Ich fertigte kleine Brennholzstapel, baute Treppen und stellte Leitern an. Vor einer Höhle glimmte ein Feuerchen – und diese Szenerie fotografierte ich mit einer Polaroid-Kamera. Auf diesem Foto fielen die kleinen Unstimmigkeiten nicht gar so kraß auf. Beim Anblick der Aufnahmen malte ich mir Tatuncas ratloses Gesicht aus, wenn wir ihm nach unserer noch bevorstehenden Recherche in den Gebieten seiner Reisen diese Aufnahmen zeigen und behaupten würden, ›Akahim‹ auch ohne ihn gefunden zu haben. Wir würden uns bei ihm entschuldigen für das bisherige Mißtrauen, wollten seine Ehre unverzüglich wiederherstellen und der Welt die Sensation präsentieren.

»Wenn du einverstanden bist, Tatunca, sollten wir aber die wahre Örtlichkeit geheimhalten und unbedingt nach woanders verlegen.«

Mit solchen Spielchen vertrieb ich mir die Zeit. Aber dann am vierten Tag um zehn Uhr ertönte das Piep-Signal.

Ich meldete mich.

»Hier alles o.k. Ich liege in Bereitschaft. Over.«

Es war Wolfgang, der antwortete.

»Ich liege auf dem Dach des Schiffes. Tatunca steuert. Er kann mich nicht hören. Mercedes hat ihn in ein Gespräch verwickelt und Maggy und Thomas stehen Schmiere. Laß es uns dennoch kurz machen: In einer Stunde laufen wir den Steg vorm Tropical an. Bist du bereit?«

»Ja. Ich bin zur Stelle. Ist alles gut verlaufen? Hat er nichts gemerkt?«

»Nein. Er hat keinen blassen Schimmer. Aber ich habe noch eine ganz wichtige Bitte: Komm nicht verkleidet. Laß auch die Schildkröte weg. Komm direkt und ohne Umschweife als Rüdiger. Ich erkläre dir das später. Es gibt nämlich eine interessante Neuigkeit. Over and out.«

Ich war in gespannter Erregung. Endlich kam der Moment, auf den ich schon so lange gewartet hatte. Er würde dem bösen Nehberg gegenüberstehen, dem er die Durchreise durch ›sein Gebiet‹ verboten, auf dessen Kopf er eine Prämie ausgesetzt und dem er die Kehle durchzuschneiden versprochen hatte. Immer wieder hatte ich mir sein überraschtes Gesicht ausgemalt und war neugierig, wie er reagieren würde, wenn sein Hobby, der Nehberg, nun wirklich vor ihm stand.

Natürlich fand ich es schade, ihm direkt als Rüdiger unter die Augen zu treten, denn ich hatte viel Zeit und einiges an Geld investiert, um von ihm nicht erkannt zu werden; blonde Perücke, Fensterglasbrille, Hut auf, Bart ab und – die Schildkrötentätowierung über der linken Brust. Natürlich war sie nicht echt. Sie war ein Stempelabdruck. Den Stempel hatte ich mir nach meinen alten Fotos anfertigen lassen.

So wollte ich mich ursprünglich vor ihm aufbauen und mich erst peu à peu entblättern: zunächst die Brille putzen und wegstecken, dann den Hut beiseite legen und das Hemd öffnen.

Als Erklärung für die Schildkröte wollte ich sagen, daß ich ein Fan von Tatunca Nara wäre, den ich jetzt zu besuchen gedächte. Dann würde er sich gewiß zu erkennen geben, und schließlich wollte ich die Perücke abnehmen. Dieses Spielchen sollte eine lockere Einlage in Wolfgangs Film werden.

Diese Freuden blieben mir nun leider versagt. Immerhin hatte ich die Ausstattung nicht ganz umsonst mitgenommen. Während der ersten drei Tage in Manaus hatten sie mir wertvolle Dienste geleistet.

Durchs Fernglas sah ich das Boot am Horizont auftauchen. Tatunca stand am Steuer, meine Crew auf dem Oberdeck. Sie blickte ihrerseits durchs Fernglas und suchte mich. Maggy hatte ihre Habseligkeiten gepackt. Sie wollte hier von Bord. Das war so abgemacht, Wolfgang wollte die Bezahlung und den Abschied filmen. Auf diese Weise war es ganz natürlich, daß er die Kamera in der Hand hatte und mein Auftauchen filmen konnte. So sah es nicht nach Arrangement aus.

Dann war es soweit. Maggy hatte bezahlt. Mercedes gab ihr den Abschiedskuß, mein Einsatz-Zeichen. Ich schlenderte heran. Wie angewurzelt blieb ich plötzlich stehen, erst auf Wolfgang, dann auf Tatunca starrend.

»Das darf nicht wahr sein«, rief ich aus. »Wolfgang Brög, der Filmer, und Tatunca Nara, der große Häuptling. Jetzt sagt bloß nicht, daß ihr über den größten aller Meister einen Film gedreht habt! Womöglich über sein Leben als Indianer?«

Daß ich Wolfgang von früher kannte, wußte Tatunca. Deshalb durften wir uns wiedererkennen. Wolfgang hatte aber vorgesorgt und immer wieder betont, daß er mich inzwischen hasse, weil ich ihn betrogen habe und Tatunca mit seiner Einschätzung meiner Person genau ins Schwarze getroffen habe.

»Nehberg ist ein mieser Hund«*, hatte er immer wieder geflucht.

* Na warte, Brög, das kriegst du heimgezahlt.

Tatunca klappte das Gesicht aus dem Kopf und auf die Brust. Für ein paar Augenblicke versagte ihm die Sprache. (Allein für diesen Anblick hatte sich das Warten gelohnt.) Dann endlich, nach einigen Schluckern, hatte er sich gefaßt.

»Stimmt ja gar nicht!«

»Was stimmt nicht? Daß du der Große Häuptling bist oder was?«

»Daß Wolfgang solchen Film gedreht hat.«

»Ach so. Ich befürchtete schon, es stimme nicht, daß du ein Indianer bist. Der bist du doch, oder? Oder heißt du gar Hansi? Oder Richard? Oder Günther?«

Da mischte sich Maggy ein.

»Wer sind Sie denn überhaupt, wenn ich mal fragen darf?«

Sie legte richtig schön viel Zickigkeit in die Stimme. Tatunca antwortete ihr.

»Das ist Rüdiger Nehberg aus Hamburg. Der große Held und Würmerfresser, der mal quer durch Deutschland ohne Nahrung gelaufen ist.«

»Und das ist Hansi, seines Zeichens Maurer aus Nürnberg.«

»Stimmt ja nicht. Das haben schon viele versucht, mir anzudichten. Daß das nicht so ist, dafür habe ich viele Zeugen. Das ist längst gerichtlich entschieden. Ich bin Tatunca Nara.«

Er hatte sich wieder gefangen. Sein Oberwasser stieg schneller als die Flut der Regenzeit.

»Ach – ist das der, dessen Buch du uns gezeigt hast?« fragte Maggy.

»Ja. Genau der.«

Das Gespräch wurde heftiger.

»Das trifft sich ja gut, Häuptling Hansi. Ich wollte dich nämlich in Barcelos besuchen. Ich habe in den letzten Jahren den Eindruck gewonnen, daß du vielleicht nicht ganz richtig im Kopf bist. Kann das sein?«

»Was willst du damit sagen?«

»Das ist schnell erklärt. Mich wunderte dein Brief ans Hamburger Abendblatt, worin du behauptetest, mein Buch wäre gelogen und ich hätte deine Indianer-Ehre verletzt.«

»Was ist denn das Hamburger Abendblatt? Kenne ich nicht.«

»Aber Tatunca...«

»Hast du es da? Nein? Na bitte. Kann ja jeder sagen. Warum hast du es nicht da, wenn du so was sagst? Ich habe immer alles da. Ich habe alle Belege auf dem Schiff. Ich kann alles beweisen.«

»Auch Akakor und Akahim? Aber lassen wir das Abendblatt. Dann hörte ich, du habest eine Kopfprämie auf mich ausgesetzt und du wolltest mir den Hals durch...«

»Also sag mal! Spinnst du oder ich? Eine Kopfprämie? Wofür? Und ›Hals durchschneiden‹ – das sagt man so dahin. Ich habe auch während dieser Reise gesagt, ›dem Nehberg würde ich den Schädel einschlagen‹. Aber tue ich das?«

»Nein. Bis jetzt nicht. Hier sind ja zu viele Menschen. Du arbeitest in der Einsamkeit, ohne Zeugen und von hinten.«

Ich lief zu guter Form auf. Wolfgang gab mir ein Zeichen aufzuhören.

»Rüdiger, du tust Tatunca unrecht. Er will mir den Beweis antreten, daß es sein Volk und die Stadt tatsächlich gibt. Er hat sich bereit erklärt, sie mir zu zeigen. Ich werde dann der erste sein, dem das vergönnt ist.«

Er sagte das voller Glück und Stolz. Ich dachte schon, jetzt ist auch Brög überbelichtet und übergeschnappt. Aber da entdeckte ich gerade noch rechtzeitig sein Augenzwinkern.

»Er will dir sein Volk zeigen? Heißt das, Maurer Hansi will dir die Bayern zeigen, oder wen meint er mit ›seinem Volk‹?«

»Nein, ich will ihm Akahim zeigen«, stellte Tatunca klar.

»Na klar, Akahim. Ich hatte ja ganz vergessen, daß du ein ehrenwerter Häuptling bist. Ehrenwert wie im Falle des Arthur Grolimund?«

»Arthur Grolimund? Was ist mit Arthur Grolimund? Das ist mein Freund.«

»Oh. Das ist mir neu.«

Ich wandte mich jetzt mehr an Wolfgang.

»Dem hat er seine Farm Tartaruga verkauft. Sie liegt am oberen Padauirí, an den ›Wasserfällen der Allianz‹.«

»Na und?« meinte Wolfgang.

»Ja – der Gag ist, daß sie Tatunca gar nicht gehörte. Er hat sich mit falschen Unterlagen eine Anzahlung von dreitausend Schweizer Franken erschlichen.«

»Das ist ja gar nicht wahr!« erboste sich Tatunca.

»Natürlich ist das wahr. Du hast ihm ja dafür eine Quittung gegeben. Hier ist sie!«

Diesen Beleg hatte ich tatsächlich dabei. Ich zeigte ihn kurz zu Wolfgang rüber.

»Das ist aber noch nicht der Knüller, Wolfgang. Der Knüller ergab sich erst abends, als Arthur den Kauf im Hotel Mônaco begießen wollte. Da saßen am Nebentisch ein paar Amerikaner, die auch feierten. Man kam ins Gespräch. Einer von ihnen hatte ebenfalls eine Farm erworben. Wenn das kein Grund zum Feiern war! Man prostete sich fleißig zu – bis man ins Gespräch kam, Preise verglich, Erfahrungen austauschte und merkte, auch der Amerikaner hatte die Farm Tartaruga gekauft. Mindestens hat Tatunca sie zweimal verkauft, obwohl sie ihm grundbuchlich nicht einmal gehörte.«

Tatunca war während dieser Offenbarung ins Boot geeilt. Thomas, das Tränen-Gas in der einen, den Elektroschocker in der anderen Hand, gleich hinterher. Aber Tatunca wollte keine Waffe holen. Er kam mit einer Visitenkarte des Arthur Grolimund zurück.

»Wolfgang, glaub mir, Arthur ist mein bester Freund. Letzte Woche haben wir uns noch getroffen. Da hat er mir diese Visitenkarte gegeben. Am besten, du gehst hin und fragst ihn selbst. Dann weißt du, was Rüdiger für'n Märchenerzähler ist.«

Im Bluffen war Tatunca geübt. Bei soviel Dreistigkeit neigt ein Neuling instinktiv dazu, ihm zu glauben. Wer würde schon einen solchen Vorschlag machen, wenn es ihm schaden könnte? Nun – Tatunca Nara würde es tun und er hatte es getan. Er rechnete aber nicht damit, daß Wolfgang seinen Rat tatsächlich befolgte. Und natürlich bestätigte Arthur später jedes meiner Worte. Sogar in die Kamera.

Um ihn noch ein wenig mehr zu provozieren, sagte ich

dann mitten in die Kontroverse hinein: »Ach so, ehe ich's vergesse, ich soll dich ganz herzlich von deiner Frau grüßen.«

Er blickte mich sprachlos an und schien fieberhaft zu überlegen, was ich denn damit schon wieder meinen könnte.

Ich half ihm auf die Sprünge.

»Nicht von Anita. Von Christa soll ich dich grüßen.«

»Von Christa? Wer ist Christa? Welche Christa?«

»Aber Hansi, nun wollen wir doch nicht wieder ganz von vorne anfangen. Von Christa, deiner Erstfrau aus Nürnberg, und von deinen drei Kindern übrigens auch. Von Richard, Dagmar und von Werner.«

»Sag mal, spinnst du, was für eine Erstfrau? Und ich hör' immer ›Kinder‹.«

»Aber Hansi, wer wird denn so vergeßlich sein. Ich war nämlich bei ihr – sie wohnt immer noch da, wo ihr damals zusammen eingezogen seid – also ich war bei ihr, weil ich mal hören wollte, wer damals bei dem Prozeß als Angeklagter erschienen war.«

»Ich weiß nicht, wovon du redest.«

»Das kann ich mir gut denken. Denn du warst ja auch nicht da, bei dem Prozeß. Jedenfalls war kein Indianer als Angeklagter erschienen. Wer da auf der Armesünder-Bank saß, war vielmehr Christas echter Ehemann, ein gewisser Hansi Hauck. Da gab es gar kein Mißverständnis. Er hatte sich ausgewiesen, sie hat ihn persönlich und ohne jeden Zweifel identifiziert, und er war ja auch voll geständig. Das Verrückte an der Sache ist, daß dieser Hansi genauso aussah wie du.«

Ich wandte mich an die anderen und sagte: »Wenn es euch interessiert, kann ich euch das Tonband vorspielen, auf dem sich dieses Gespräch befindet. Tatunca, willst du mal hören, wie deine Frau den Prozeß schildert?«

»Du kannst dir dein Tonband an den Hut stecken. Mich interessiert nicht, welche Frau da was von mir behauptet. Das ist wahrscheinlich wieder so eine, die sich an meine Popularität anhängen will. Diese Spinnertypen laufen mir zuhauf die Bude ein.«

Ich hatte die Kassette schon in der Hand. Aber Tatunca

wollte partout nicht. Zu gern hätte ich ihn beobachtet, wie er reagiert hätte. Was er nicht wissen konnte: Es war gar nicht seine Erst-Frau Christa, die er vom Band gehört hätte, denn seine Frau hatte sich gegen den Mitschnitt ihrer Aussage ausgesprochen. Was er vernommen hätte, wäre das nachträglich mit einer anderen gleichaltrigen Frau nachgestellte Gespräch gewesen. Da er seine Christa ja zwanzig Jahre nicht gesehen und gehört hatte, bestand keine Gefahr, daß er den Gag durchschaut hätte.

Nun – den Spaß der Anhörung hatte er mir verdorben. Deshalb spielte ich den nächsten Trumpf aus.

»Ach so, hier, beinahe hätte ich das ganz vergessen, sie hat mir ein Hochzeitsbild von euch beiden geschenkt.«

Ich zeigte es ihm kurz, erfreute mich seiner Stielaugen, genoß seinen herzhaften Kehlkopf-Hüpfer und – steckte die Aufnahme schnell wieder weg.

»Tut mir leid. Das war nicht für dich bestimmt. Das hat sie mir dafür gegeben, daß ich ihr schöne Geschichten von dir erzählt habe. Und stell dir vor: Sie hatte es schon zerrissen und hinter euren Wohnzimmerschrank geworfen. Aber plötzlich erinnerte sie sich wieder daran und hat es vom BKA zusammensetzen lassen. Hier kannst du noch den Riß sehen.«

Ich besaß natürlich nicht nur dieses eine Foto, sondern ihrer zehn. Man konnte nie wissen, wofür man sie noch benötigte. Wie genau Tatunca sich aber trotz seines gespielten Desinteresses alle diese Worte eingeprägt hatte, merkte ich ein Jahr später, als er bei Staatsanwalt Valente in Manaus auftauchte und eben diesen Riß in einen Pluspunkt für sich ummünzen wollte.

»Hier, sehen Sie, eine einwandfreie Fotomontage. Da ist die Klebestelle.«

Die Debatte wogte noch hin und her. Auf Wolfgangs Zeichen hin beendete ich sie schließlich und fuhr mit dem Taxi nach Hause. Tatunca und der Rest der Crew schipperten nach Manaus in den Hafen Gloria. Nachmittags trafen wir uns alle in meinem Hotel. Wolfgang war in Eile.

»Um sechzehn Uhr besprechen wir an Bord seines Schiffes den Vertrag wegen der Reise nach Akahim. Er ahnt immer noch nicht, daß wir zusammenarbeiten. Er hat aber gleich gesagt, daß er dich niemals mitnehmen würde. Ich hatte es ihm vorgeschlagen, damit ihr ›Frieden‹ schließen könntet.«

»Darauf lege ich auch keinen Wert«, stellte ich gleich klar. »Das ist vergeudete Zeit. Meinst du, ich will mich eingliedern in die Reihe der Akahim-Gefoppten? Mich wundert, daß du den Schmarren glaubst. Hat er euch alle umgepolt?«

»Nein, das nicht«, meinte Wolfgang. »Ich weiß natürlich, daß er ein Bayer ist. Aber andererseits lebt er schon so lange im Wald. Ich denke manchmal, daß er auf seinen Streifzügen tatsächlich ein Indianer-Volk gefunden hat, das unterirdisch wohnt, und das hat er geschickt für sich umgemünzt. Wie sonst hätte er mir das so siegessicher anbieten können?«

Ich brachte nur ein staunendes ›Wolfgang!?!‹ heraus. Aber da hatte der schon das nächste Argument zur Hand.

»Hier. Schau mal. Das hat er mir als Beweis gegeben. Eine Tonscherbe von einem Krug, der zwei- bis dreitausend Jahre alt sein soll. Er hatte sie zufällig an Bord. Wie eine Kostbarkeit hat er sie aus einer Serviette ausgewickelt und sie mir geschenkt. Ich solle sie, wenn ich ihm nicht glaube, im Archäologischen Museum von São Paulo untersuchen lassen. Dann hätte ich den Beweis.«

Wolfgang tat das später. Und erstaunlicherweise hatte beinahe Tatunca recht. Er hatte sich lediglich um drei Nullen geirrt. Die hübsche Scherbe mit dem Kopf des Nasenbären war zwei bis drei Jahre alt.

Aber auch Maggy und Mercedes waren von Tatunca in die Mangel genommen worden.

»Rüdiger, der Tatunca ist in eine Verkettung unglücklicher Umstände geraten. Er ist nun mal immer der letzte oder der erste, den Touristen treffen, wenn sie in den Wald gehen oder wenn sie wieder herauskommen. Und wenn dann wirklich mal einer verschwindet, dann nutzt das die Konkurrenz, um ihm daraus einen Strick zu drehen.«

Es schlug mich fast um. Von solchen ›Argumenten‹ boten

sie mir noch mehr. Ein reichhaltiges Repertoire. Tatunca hatte meine Crew einer richtigen Gehirnwäsche unterzogen.

Nur Thomas war standfest geblieben. Ihn hatte Tatunca nicht irritieren können.

»Um noch mal auf den Vertrag zurückzukommen«, nahm Wolfgang das Gespräch wieder auf, »mich wundert, daß er sogar bereit ist, einen Vertrag zu unterzeichnen, der ihm nur dann Honorar zugesteht, wenn wir die Stadt finden. Das einzige, was ich ihm im voraus geben würde, wäre Benzingeld.«

Da mischte sich Maggy ein. Inzwischen hatte ich sie wieder auf meinen Kurs eingeschworen.

»Keinen Pfennig kriegt der. Sonst zahlt ihr ihm den Treibstoff nach Hause, und da eröffnet er euch dann, daß er aus dem und jenem Grunde leider doch nicht könne.«

Maggy hatte recht. Erst Akahim ohne jegliche Vorleistung – und dann Geld. Entweder nahm er den Vorschlag an, oder er ließ es bleiben.

So argumentierten wir auch an Bord der ›Anita II‹. Tatunca, Wolfgang, Mercedes und ich. Mich hatte er inzwischen akzeptiert. Wolfgang hatte den Vermittler gespielt, weil Tatunca mit mir absolut nichts mehr zu tun haben wollte.

»Mensch, ihr seid doch erwachsene Menschen...« und »Ich kenne Rüdiger ja ganz gut, weil ich, wie ich dir schon gesagt habe, den Tretbootfilm über ihn gemacht habe. Wenn der sieht, daß es Akahim doch gibt und er dir jahrelang unrecht getan hat, wird er dich voll rehabilitieren. Und außerdem: Da du ja nach eigenen Worten sicher bist, uns die Stadt präsentieren zu können, ist dir ja auch das Honorar gewiß. Dann gehst du ja keinerlei Risiko ein.«

Wir vereinbarten ferner, daß er ohne Waffen zu fahren habe und jedwede Ausrede von uns als sein Eingeständnis gewertet werden dürfe, daß es diesen Ort Akahim gar nicht gibt.

»Also weder Blinddarmentzündung, noch feindliche Spuren, noch Hochwasser oder Motorschaden«, erklärte Wolfgang den Paragraphen. »Oder Vollmondprobleme oder eingeschaltete Magnetkreise.«

»Ja. Ist klar. Ihr werdet Akahim sehen.«

Ferner definierten wir den Begriff Akahim und die Ugha Mongulala: ›eine Stadt im Fels, zum Teil unterirdisch, die Bewohner sind keine Yanomami‹.

Tatunca gab sein Okay. Die Vertragsbesprechung war beendet, die Parteien waren sich einig. Wir eilten ins Hotel und tippten alles fein säuberlich nieder. Am anderen Morgen war die Vertragsunterzeichnung angesetzt.

Endlich fanden wir Zeit, über die Dreharbeiten im Wald zu sprechen.

»Ist alles planmäßig gelaufen?« wollte ich wissen. Ich war wahnsinnig gespannt. Immerhin hatte ich fast zwei Wochen Zeit gehabt, mir alle möglichen Abläufe durch den Kopf zu jagen.

»Ja, es ist genau nach Plan gelaufen. Er ist uns voll auf den Leim gegangen. Die ersten zwei Tage habe ich ganz normal gedreht und ihn kaum beachtet. Darunter litt er spürbar. Um sich aus der Bedeutungslosigkeit gebührend ins Licht zu rükken, erzählte er dann abends seine ›Lebensgeschichte‹. Du kennst das ja. Ohne Pause, ohne Komma, aber faszinierend, spannend, überzeugend. Die anderen drei kannten das ja noch nicht und hörten gebannt zu.«

Erst nach zwei Tagen hatte Wolfgang dann den Redefluß unterbrochen.

»Mensch, Tatunca, wenn ich deine Lebensgeschichte höre, dann empfinde ich das, was ich hier zu drehen habe, als den reinsten Schwachsinn. *Dein* Leben ist es, was man verfilmen müßte. Ich finde das so umwerfend faszinierend, daß ich davon am liebsten einen Hollywood-Film drehen würde.«

Tatunca gab sich bescheiden.

»Ach, Quatsch. Das ist doch kein Thema. Wen interessiert schon das Leben eines Indianers?«

»Wen? Die ganze Welt, sage ich dir. Das interessiert alle.«

Beide legten eine Pause ein, und Wolfgang ließ seinen Worten die nötige Zeit, zu wirken. Wir hatten uns diesen Köder ausgedacht.

»Aber ich kann mir lebhaft vorstellen, was mein Chef-Redakteur sagt, wenn ich ihm das wiedergebe, was du eben erzählt hast. Weißt du, was er dann sagen wird?«

»Ja – er wird sagen ›Interessiert mich nicht‹.«

»Nein, das wird er nicht sagen. Er wird sagen, ›Brög will mich verarschen‹, und ich verliere meinen Job. So sieht das aus. Deine Geschichte ist einfach zu gut. Die glaubt keiner.«

»Genau das hat mir auch der Staatsanwalt Valente gesagt. Er hat gesagt, Tatunca, du hast einen Fehler und darum wirst du von allen Seiten mit Neid überhäuft und angegriffen: ›Deine Geschichte ist zu gut‹.«

»Genau so ist es. Und ich würde meine Glaubwürdigkeit einbüßen und meinen Job verlieren. Schade – denn ich halte die Story wirklich für einen Knüller.«

Dabei beließ es Wolfgang. Die ganze Nacht über konnte Tatunca sich nun seinen Träumen vom verpaßten Hollywood-Auftritt hingeben. Denn das war allen klar: Ein internationaler Kino-Film, der seine Geschichte über die gesamte Welt verbreitete, sogar bis Grub am Forst bei Coburg in Bayern, das wäre das Nonplusultra, der absolute Höhepunkt seiner Laufbahn.

Morgens dann nahm Wolfgang das Gespräch wieder auf. Ganz aufgeregt überfiel er Tatunca schon beim morgendlichen Bad mit seiner Idee.

»Tatunca«, schrie er ihm zu, »mir ist heute nacht eine Idee gekommen. Was hältst du davon, wenn ich, während du wieder so toll erzählst, einfach nebenbei die Kamera laufen lasse? Dann kann ich meinem Chef Bild und Ton als Dokument vorweisen und er kann mich nicht als Phantasten abtun. Und wenn der dann anbeißt, kann ich gleich mit Hilfe des übrigen Materials eine Art Drehbuch erstellen. Ich wette, dann wird der Sender anbeißen. Und wenn deine Story erst mal im Fernsehen gelaufen ist, wird Hollywood dir die Bude einrennen. Das schwör ich dir.«

Tatunca konnte seine Freude kaum verhehlen. Dennoch gab er sich diszipliniert.

»Wenn du davon wirklich überzeugt bist, mach es. Mich stört es nicht, wenn die Kamera läuft.«

Und von diesem Moment an filmte Wolfgang eigentlich nur noch Tatunca. Fast vergaß er darüber, daß er ja eigentlich die ›hilflosen‹ Frauen drehen mußte.

Aber zurück zur Gegenwart. Am nächsten Morgen sollte die Vertragsunterzeichnung stattfinden. Wir fuhren zu seinem Schiff im Hafen von Gloria.

Schon von der neuen Brücke bei der Brahma-Brauerei sahen wir Käpt'n Tatunca aufgeregt auf seinem Schifflein hin- und herlaufen wie die Jaguare im Zoo von Manaus. Kaum betraten wir vertragsschwenkend das Deck, als er auch schon loslegte.

»Scheiß auf den Vertrag. Davon will ich jetzt nichts hören. Es haben sich Dinge ereignet, die Vorrang haben. Den Vertrag unterzeichne ich nicht. Jedenfalls nicht jetzt.«

Ich konnte mir's nicht verkneifen zu sagen: »Ich finde es fair, daß du es bereits hier machst. Irgendwo hättest du es ja tun müssen. Aber so sparen wir viel Zeit. Du bist ein prima Kumpel.«

Scheinbar ganz aufgeregt berichtete er nun, daß er heute bei seinem Anwalt gewesen war.

»Endlich ist ein Termin anberaumt. Ich habe nämlich die ›A Crítica‹ verklagt, weil sie mich ständig wegen irgendwelcher Morde beschimpft. Ich muß mich jetzt bereithalten, und ich muß vorsichtig sein. Ich kann mir bis dahin keine zusätzlichen Probleme aufhalsen. Wenn mich zum Beispiel die FUNAI* mit euch sieht, würde mir das sehr schaden. Das kann ich mir nicht erlauben.«

Unseren Einwand, daß er darauf ja noch nie Rücksicht genommen habe, ließ er nicht gelten.

»Wenn ihr es nicht glaubt, kommt mit zu meinem Anwalt.«

Wir waren so frech und gingen mit. Wir waren gespannt auf seine Ausrede, wenn er uns diesen Advokaten nun doch nicht zeigen konnte.

Aber von wegen! Schritt für Schritt, ohne das geringste

* Sogenannte Indianer-»Schutz«-Behörde.

Zaudern, führte er uns tatsächlich in eine echte und außerdem noch vornehm wirkende Kanzlei.

Da saßen wir dann einem krawattierten Eleganzmann gegenüber, der Tatuncas Erklärungen tatsächlich und Wort für Wort bestätigte.

»Haben Sie etwas Geduld«, riet er, »bis der Prozeß vorbei ist. Der ist für meinen Mandanten sehr wichtig.«

Draußen, wieder auf der Straße, hatte Tatunca noch einen Nachschlag für Wolfgang.

»Dann habe ich heute in Barcelos angerufen und erfahren, daß die vier Amerikaner zugesagt haben, die da noch mit Fragezeichen in meiner Warteliste standen. Sie wollen eine vierzehntägige Reise mit mir machen. Das kommt genau hin. Danach ist der Prozeß.«

»Moment mal«, geriet Wolfgang in Rage, »was heißt hier ›Amerikaner und vierzehntägige Reise‹? Ich habe mit dir sogar vier Wochen und diese sogar verbindlich fest vereinbart.«

»Ja, mag sein. Aber ich habe nichts unterschrieben. Oder habe ich das? Schließlich wußte Anita nichts von unseren Vorbesprechungen, und deshalb hat sie den Amerikanern fest zugesagt. Die sind nun schon auf dem Wege nach Barcelos. Das läßt sich nicht mehr ändern.«

»Erzähl mir doch nichts von ›Amerikanern‹. Davon hast du bisher keine einzige Silbe erwähnt‹, zürnte Wolfgang weiter.

»Wie komme ich denn dazu, dir mein ganzes Leben zu berichten, und wann ich mit wem warum wohin fahre?«

Wir trennten uns.

Im Grunde unseres Herzens waren wir aber froh. Überrascht hatte uns die völlig neue Ausrede. So richtig stilvoll mit Anwalt und so. Aber lieber hier und heute Schluß, als der Trip nach Akahim, als Zeit vergeuden. Denn irgendwo mußte die Ausrede ja kommen.

Plötzlich blieb Wolfgang stehen. Sein Blick fixierte irgend etwas am Himmel. Dann legte er seine Hand auf meine Schulter und sagte: »Laß uns zur ›A Crítica‹ gehen. Mal gucken, ob das mit dem Prozeß stimmt.«

Wir sprachen mit Francisco Pacífico. Er war der Tatunca-Experte der Tageszeitung. Er bestätigte, was Wolfgang instinktiv vermutet hatte: Niemand im Hause wußte etwas von einem Prozeß.

»Dann laß uns auch noch checken, was mit den US-Touristen ist.«

Wir stürzten ins Teleamazon und wählten die Nr. 10, den Telefonanschluß des Hotels Oasis in Barcelos.

»Grüß Gott, Frau Katz. Wir sind eine Gruppe von sechs Österreichern und möchten fragen, ob Tatunca Nara ab etwa übermorgen für uns Zeit für eine vierzehntägige Reise hätte.«

Er hatte. Es war nichts gebucht.

Recherchen an einsamen Flüssen

Ein zweites Mal gelang es uns, Tatunca sprachlos zu machen, als wir nach der ersten Konfrontation jetzt plötzlich unerwartet in Barcelos auftauchten und uns im Hotel seiner Schwiegermutter einnisteten. Am liebsten hätte er uns rausschmeißen lassen. Aber das Hotel der Frau Katz und das bescheidene Reiseunternehmen Tatuncas waren zu dem Zeitpunkt noch zwei getrennte Unternehmen. Darauf legte vor allem Friedel Katz großen Wert. Außerdem hätte Tatunca mit einem Rausschmiß allen seine ohnmächtige Wut offenbart. Tatuncas Arbeitsweise war anders: still, subtil. So spielte er den Erfreuten und wir die, die zu den Yanomami-Indianern wollten.

»Ist deine Reise mit den Amerikanern schon beendet?« fragten wir unvermittelt, obwohl er gerade jetzt mit ihnen unterwegs sein mußte.

»Äh, ja, hm – ja, ja – die haben verkürzt. Der eine wurde krank. Äh – und dann haben sie ganz abgesagt.«

Wir schmunzelten.

»Ja, wir wissen schon. Wir hatten nach deinem Rechtsanwalt-Gag hier angerufen. Wir waren übrigens auch bei der ›A Crítica‹. Wolfgang will den Prozeß filmen.«

Unser nächstes Ziel war, Erkundigungen einzuziehen. Hier in Barcelos und an den Flüssen Aracá und Padauirí, wo Herbert Wanner und John Reed umgekommen waren. Und zuletzt wieder in Manaus. Und überall wollten wir uns nach Christine Heuser erkundigen. Wir hatten Fotos von ihr bei uns.

Da lief mir ein alter Freund über den Weg: Es war Walter Brito, der mich 1982 mit seinem Schiff ›Sandokan‹ den Rio Aracá hochgefahren hatte. In meinem Buch ›Yanonámi, Überleben im Urwald‹ hatte ich mich bei ihm bedankt für die interessante Reise und die nützlichen Unterweisungen.

Als ich Friedel Katz und Tatunca Nara je ein Exemplar dieser Ausgabe geschickt hatte, legte ich auch je eins für Walter

Brito und einen gewissen Padre Pedro bei. Mit namentlicher Widmung. Weder der eine noch der andere hatte es je erhalten. Statt dessen entdeckte Maggy beide Exemplare in der Bibliothek des Hotels Oasis. Wegen meiner Tatunca betreffenden Äußerungen hatte man sie nicht weitergegeben. Ich holte das jetzt nach. Ich brauchte sie nur ein paar Häuser weiter zu tragen. Als Walter einen Blick hineingeworfen hatte, sagte er: »Nun wird mir manches klar. Du hast mich als Führer gelobt und empfohlen. Also deshalb meidet mich Tatunca seitdem. Er grüßt nicht mal mehr.«

Der erste Zeuge, den wir befragten, war Anísio. Er war beim Fund der Wanner-Leiche dabei.

»Auch als der Mord hier Ortsgespräch war, wurde ich nie von der Polizei befragt«, gab er zu Protokoll. Klar, daß Leute wie Tatunca in Ländern mit solch schlampiger Recherche ein leichtes Spiel haben. »Und natürlich habe ich mich nicht aufgedrängt. Dann kriegt man nur Ärger. Tatunca hatte mir gedroht für den Fall, daß ich den Mund aufmache.«

Obwohl die Ereignisse schon lange zurücklagen, waren wir erstaunt, wie genau sich die Fluß-Anwohner an Einzelheiten erinnerten.

So hatte man Tatunca am Rio Aracà mit Herbert rauf-, aber ohne ihn runterfahren sehen. Auch Christine glaubten die Leute wiederzuerkennen, was Tatuncas Aussage widersprach, sie in Manaus von Bord gejagt und nie wieder empfangen zu haben. ›Wer hier dummes Zeug über mich verbreitet, wird mich kennenlernen‹, hatte er stromauf, stromab verkündet. Und die Leute hatten Angst. Es war schwer, ihnen diese Aussagen zu entlocken.

Sehr genau erinnerte sich ein Ehepaar am Padauirí an das Verschwinden John Reeds.

»Es war zwischen Weihnachten und Neujahr 1980. Wir wissen das deshalb so genau, weil damals unser Sohn geboren wurde. Tatunca fuhr mit einem Fremden rauf, aber er kam anderntags allein runter. Und ein paar Wochen später war er erneut hier. Mit einem älteren Ausländer und dem Indianer Clovis, einem etwa vierzehnjährigen Jungen.«

Sie meinten Ferdinand, wenn sie von einem ›älteren‹ Ausländer sprachen.

Wieder daheim im Hotel Oasis, war Tatunca sehr aufgeregt. Natürlich hatte er erfahren, was wir an den Flüssen und in seiner Nachbarschaft gewollt hatten. So war er unter anderem zur FUNAI geeilt und hatte uns angezeigt.

»Die wollen in Wirklichkeit zu den Yanomami«, stachelte er den Chef der Indianerbehörde auf.

So lernten wir João Mineiro kennen. Er mußte der Anzeige nachgehen und besuchte uns an Bord des Kanus, als wir einen Zwischenaufenthalt in Barcelos machten.

»Schauen Sie«, überraschte er mich, »alle beide, Anita und Tatunca, waren heute morgen bei mir – hier ist das Buch, das Sie geschrieben haben. Anita hat mir die Stellen angekreuzt, an denen Sie schlecht über unsere Institution, die FUNAI, gesprochen haben, und ich weiß also, daß Sie illegal bei den Yanomami waren.«

Ein leiser Schreck fuhr mir durch die Glieder. Aber João hatte die beiden Denunzianten zu ihrer größten Enttäuschung und zu meiner Erleichterung abgewimmelt. Das sei ›weit vor seiner Zeit‹ gewesen, das interessiere ihn nicht, hatte er dem Ehepaar Nara mitgeteilt.

»In Wirklichkeit liegt das daran, daß ich beide nicht mag. Vor allem diesen Tatunca. Immer wieder taucht er hier auf und will als Indianer anerkannt werden. Aber er ist der einzige ›Indianer‹, der nicht ins Indianer-Sperrgebiet darf. Er ist ein Betrüger und seine Frau unterstützt ihn. Sie hat sich sogar bei mir als Bürokraft beworben, aber ich habe sie abgelehnt, denn automatisch hätte ich dann auch Tatunca am Hals. Letztes Jahr kam er mit einem neuen Trick. ›Sein Volk‹ sei an Tuberkulose erkrankt. Er müsse ganz dringend rauf, um Penicillin hinzubringen. Ich willigte zum Schein ein, und er fuhr los. Als er fort war, funkte ich meinen Wachtposten am Wasserfall Aliança an. Ich sagte dem Mann: ›Paß auf, der Tatunca kommt. Halt ihn an und sag, er darf nur unter drei Bedingungen durch. Erstens muß er einen Fotoapparat von dir mitnehmen und Akahim und die Leute fotografieren und den Film abgeben. Zweitens muß er einen Kulturgegenstand mitbringen, der keinesfalls von den Yanomami sein darf. Und drittens muß er bei seiner Rückkehr sich und das Boot lückenlos untersuchen lassen.‹ Ich hatte nämlich den Verdacht, daß er Diamanten schmuggelt.«

Sein Mitarbeiter tat, wie ihm geheißen. Nichtsahnend tauchte Tatunca ein paar Tage später auf und erfuhr die Bedingungen.

»Kein Problem. Gib den Fotoapparat her. Wenn's mehr nicht ist.«

»Wenn du dich an eine einzige dieser Abmachungen nicht hältst, darfst du nie wieder im Leben hier durch, und du kriegst sofort eine Anzeige wegen Betruges und unbefugten Betretens des Sperrgebietes.«

Da es bereits Abend war, rastete Tatunca unterhalb der Wasserfälle, an denen die FUNAI-Station liegt. Man kann die Fälle nicht umfahren. Am nächsten Morgen wollte er sein Boot hochtragen, und dann sollte es weitergehen.

João: »Am anderen Morgen kam Tatunca ganz außer Atem zu meinem Außendienstler und schrie schon von weitem: ›Hast du hier jemanden gesehen? Es muß jemand hier gewesen sein. Mein Tank ist aufgestochen und das ganze Benzin ausgelaufen.«

So kehrte er um. Die Tuberkulose seiner Leute interessierte ihn nicht mehr.

Wir wollten uns bei João revanchieren und zeigten ihm Tatuncas Hochzeitsbild aus erster Ehe. Walter hatte ich sogar eines dagelassen. Es sollte im Dorf herumgehen und Tatuncas Indianer-Image zerbröseln. Das würde Walter als Gemeinderatsmitglied sicher gelingen.

»Oh. Da kann ich Ihnen auch noch etwas bieten. Kennen Sie schon die Geschichte des Archäologen Roldão?«

»Na klar, die kennen wir. Tatunca hat sie bereits mehrfach erzählt. Die Sache mit dem Steckschuß.«

»Ja, Moment mal«, meinte João dann. »Ich meine nicht die Tatunca-Version. Ich meine die Version, wie Roldão sie erzählt, wie sie wirklich war.«

Als João sie uns wiedergegeben hatte, blieb uns zunächst mal die Spucke weg. Wir mußten Roldão finden und diese Geschichte aus seinem eigenen Mund hören, daß nämlich Tatunca auf ihn schießen wollte und der Schuß in Roldãos Arm drang, als er das Gewehr mit dem ausgestreckten Arm wegschlagen wollte. Roldãos Schrei ließ die übrigen Reisebegleiter sofort aus dem Wald stürzen, das rettete ihm das Leben.

Allerdings drohte Tatunca massiv, daß Roldão seines Lebens nicht mehr sicher sei, wenn er irgendetwas verriete, und er erfand geistesgegenwärtig die Unfallversion. Nur der engste Freund Roldãos erfuhr den tatsächlichen Hergang.

Wir gingen zurück zum Mittagessen ins Hotel und ließen uns nichts anmerken.

Friedel Katz tischte, wie üblich, ihre lukullischen Kunststückchen auf. Wir ließen sie uns schmecken und lobten die Köchin. Wir waren heute die einzigen Gäste und genossen die Ruhe und den Blick auf den Rio Negro. Friedel Katz setzte sich zu uns. Da nichts los war, hatte sie Zeit.

»Oh, Gott, war das wieder eine Nacht!« stöhnte sie, aber dann hielt sie inne. Mehr verriet sie nicht. Wir fragten auch nicht nach. Mercedes war sogar so frech zu sagen: »Reich mir mal die Salatschüssel rüber.« Ignoranz total.

Friedel ließ sie in Ruhe den Salat nehmen. Während dessen blickte sie ins Leere, hinaus auf den Fluß. Dann folgte automatisch Friedels tägliches Hohelied auf ihre Tochter Anita.

»Eine fürchterliche Nacht war das. Aber Gott sei Dank: Mutter und Kind sind wohlauf.«

Erneute Pause, Leerlauf, Schweigen, Leerblick.

Auf der anderen Seite, bei uns, erste und leichte Neugier, aber dann doch wieder dominierend: Ignoranz. Sollte Friedel doch Klartext reden, wenn sie etwas loswerden wollte. Es dauerte auch nur ein paar Kaffeeschlucke lang, dann sagte sie zum zweiten Mal: »Mein Gott, bin ich froh, daß Mutter und Kind wohlauf sind.«

Mercedes war es schließlich, die sich nicht beherrschen konnte und Friedel von ihrer Seelenqual erlöste. Gleichzeitig stieß sie Wolfgang vors Schienbein, denn alle wußten, was nun kommen würde. Da Friedel Katz täglich und jedem diese Loblieder auf bonita Anita vorsang, wußte sie nicht mehr so recht einzuordnen, wem sie was bereits mitgeteilt hatte. Oder sie dachte, doppelt hält besser und dreifach hält ein Leben lang.

»Ach«, seufzte sie nun erleichtert auf, »heute nacht hat man meine Anita wieder aus dem Schlaf geholt. Eine Entbindung. Die Hebamme kam nicht weiter, weil es Komplikationen gab. Und wen ruft man dann?«

Erstmals blickte sie ihren Gesprächspartnern in die Augen, von einem zum andern. Aber niemand antwortete. Schließlich gab sie die Antwort selbst.

»Natürlich – Anita ruft man dann. Dabei habe ich ihr schon hundertmal gesagt, Kind, habe ich gesagt, misch dich da nicht immer ein. Wenn was schiefgeht, bist du dran. Wenn die andere hier die Hebamme ist, dann soll sie auch sehen, wie sie damit fertig wird, und sie soll nicht immer dich holen. Aber Anita kann ja nicht nein sagen. Also ist sie hin und es war wirklich höchste Eisenbahn. Dammschnitt und so – na, was soll ich lange erzählen – es ist gut gegangen und Mutter und Kind sind wohlauf. Und weil die junge Mutter über Anitas Hilfe so glücklich war, hat sie ihr kleines Mädchen Anita genannt.«

Na, endlich war Friedel ihre Story losgeworden. Die dankbaren Augenpaare ihrer ZuhörerInnen belohnten sie und ermunterten sie, gleich weiter zu berichten.

»Was das Mädchen alles schon geleistet hat, das glaubt niemand. Sie war ja nicht nur Hebamme, nein, auch Zahnärztin, Ärztin, Ballettlehrerin, Klavierlehrerin, Bibliothekarin und Staatsanwältin und immer war sie Beste. Doch darüber hat sie nie gesprochen. Sie ist nämlich sooo bescheiden. Die Erfolge erfuhren wir meist erst aus den Zeitungen.«

»Und warum ist sie dann arbeitslos, wo hier gerade diese Posten alle frei zur Disposition stehen?«

»Das liegt daran, daß wir in der Vergangenheit einen gravierenden Fehler begangen haben. Das Kind war so gut, daß die Professoren gesagt haben: ›Mädchen, du bist sooo gut – du brauchst gar keine Prüfung.‹ Du bist ja besser als wir. So hatte sie nie und nirgends und für nichts eine Abschlußprüfung gemacht. Zumal das in Brasilien auch gar nicht wichtig war. Sie hat ja alle diese Tätigkeiten irgendwann ausgeübt. Aber nun auf einmal soll sie die ganzen Papiere vorzeigen. Und da sie sie nicht hat, ist sie arbeitslos. Im Moment bewirbt sie sich bei der FUNAI.«

Wir nickten nur ergeben, kauten den Salat und sagten nicht, daß wir längst wußten, daß die FUNAI sie ablehnen würde.

»Aber auch Tatunca wird immer völlig unterbewertet«, fuhr sie fort. »Erst neulich hat er wieder eine ganze Flugzeugbesatzung vor dem Tode gerettet.«

»Eine Flugzeugbesatzung?«

Plötzlich waren wir doch interessiert. Das war neu.

»Ja, haben Sie das denn nicht gelesen? Das stand doch sogar in Manaus in allen Zeitungen. Da war ein Flugzeug mit Goldsuchern auf dem Flug von Boa Vista nach hierher abgestürzt. Drei Tage galten die Leute als vermißt. Man hielt sie schon für tot.«

»Und wie sind sie gerettet worden?«

»Nun – wie immer, wenn Flugzeuge abstürzen, ruft man Tatunca. Und der zog los, um sie zu suchen. Schließlich fand er sie. Sie waren fast am Ende. Noch einen Tag und es wäre zu spät gewesen. Sie waren immer im Kreis gelaufen, ohne was zu merken.«

Wolfgang wagte es, sie zu unterbrechen.

»Im Kreis sind die gelaufen? Ein gestandener Pilot läuft im Kreis? Dann hatte er wohl eine Gehirnerschütterung?«

»Nein. Der war völlig normal. Aber der Urwald macht eben alle verrückt, die ihn nicht kennen. Schließlich waren das ja keine Caboclos, die sich da auskennen. Das waren Leute aus São Paulo, Stadtmenschen. Aber fragen Sie ihn doch selbst. Da kommt Tatunca ja gerade.«

Friedels Augen leuchteten vor Stolz. Sie sprang auf, holte einen weiteren Stuhl an unseren Tisch, zupfte das Kissen zurecht und sagte: »Nimm Platz, Junge, und erzähl doch noch mal, wie das mit der Flugzeugbesatzung war, wie du sie...«

Wolfgang unterbrach.

»Ja, ich konnte mir nicht vorstellen, daß ein Pilot ohne Kompaß immer im Kreis läuft, zumal den ganzen Tag die Sonne scheint.« »Das mußt du mich nicht fragen«, antwortete Tatunca, »das mußt du die Herren selbst fragen. Ich kann dir nur sagen, daß ich sie gefunden habe und dann hergebracht. Hier ist der Beweis.«

Er war gleich wieder aufgestanden und präsentierte stolz das Gästebuch.

»Ich sehe hier nur Unterschriften und die üblichen Sprüche von Gastfreundschaft«, mäkelte Wolfgang und ließ uns auch einen Blick ins Buch werfen.

»Dafür darf ich mir jetzt den Motor ausbauen. Morgen früh fahre ich hin und hole ihn. Wer zuerst da ist, dem gehört er.«

Noch am selben Tag verriet uns mein alter Bekannter Walter Brito, Kapitän und Gemeinderatsmitglied in Barcelos, wie die ›Rettung‹ tatsächlich abgelaufen war. Die kleine Maschine war tatsächlich abgestürzt, die Besatzung hatte einen Tag lang an der Maschine auf eventuelle Suchflugzeuge gewartet – und dann war sie losmarschiert. An den nächsten Fluß. Und dort hatte ein vorüberkommendes Boot sie aufgelesen.

»Diesem Boot war Tatunca zufällig begegnet, hat sie auf sein Schiff übernommen und im Hotel abgeliefert.«

Auch ohne Walters Schilderung hatten wir Tatunca die Retter-Story nicht abgenommen. Uns verblüffte nur immer wieder die Dreistigkeit, mit der er hemmungslos seine Erfindungen aus dem Ärmel schüttelte. Eine kleine Zeitungsnotiz über irgendwelche täglichen Ereignisse – und schon manipulierte er sie zu seinem Vorteil. Ob er ›seinen Indianern‹ eine Tuberkulose-Epidemie andichtete, ob auf ›seiner Farm‹ Bodenschätze lagen oder ob er ständig Besatzungen abgestürzter Maschinen rettete.

Aber nun wollten wir ihm auch mal einen Bären aufbinden.

Als Friedel fort war – »Ich will schon mal den Kuchen backen« –, nahmen wir Tatunca zur Seite, obwohl wir so und so unter uns waren. Aber es sollte geheimnisvoll werden.

Wolfgang dämpfte seine Stimme und blickte sich vorsichtig um, ob uns auch wirklich niemand belauschte. Ich beschränkte mich darauf, still und niedergeschlagen zu Boden zu starren. Meine Hände hielt ich vor den Bauch und spielte damit. Ich gab mich zerknirscht, völlig am Boden zerstört.

Tatunca hingegen guckte uns lauernd an, mit einem Auge Wolfgang und mit dem anderen mich. Er traute uns nicht, aber es war ihm klar, daß wir etwas sehr Wichtiges mitzuteilen hatten. Es arbeitete in seinem Hirn. Seine Kiefer mahlten aufeinander, seine Schläfenadern traten hervor. Man sah förmlich die Fülle der Fragen durch sein Hirn schießen, die sich ihm während unserer Zeit der Abwesenheit und Recherchen aufgedrängt hatten. Hatten wir etwas Belastendes entdeckt? Hatte jemand von den Anrainern trotz seiner Drohungen geplappert? Wollten wir ihm jetzt ein Geschäft vorschlagen, ihn erpressen?

Wir ließen ihn ein Weilchen schmoren. Noch immer blickte sich Wolfgang mißtrauisch um. Neue Gäste waren ins Hotel gekommen. Sie standen in der Nähe herum und schienen die Ohren auf Lauschen gestellt zu haben. Denn ganz Barcelos wußte inzwischen, weshalb wir unterwegs waren. Die Dschungel-Trommeln hatten es allerorten verkündet. Und wo sie es nicht getan hatten, hatten wir selbst dafür gesorgt.

»Laß uns lieber zum Fluß runtergehen, wo uns niemand beobachten kann.«

Wie gesagt, so getan.

»Macht's nicht so spannend«, drängte Tatunca sanft und gab sich dennoch cool und gelassen. »Was gibt's denn, was sooo wichtig wäre?«

Endlich waren wir allein. Wolfgang rang förmlich nach passenden Worten. Es fiel ihm sichtlich schwer, den Anfang zu finden. Deshalb legte er kameradschaftlich seine Hände auf Tatuncas Schultern. Dann ein gerader Blick in Tatuncas Augen. Ein Blick von Mann zu Mann und wie er nur unter solchen Spezies möglich ist oder im Film – unnachahmbar, Großes prophezeiend, vertragsgleich.

»Tatunca – wir haben uns bei dir zu entschuldigen. Besonders Rüdiger.«

Wieder rang er mit unbeholfenen Gesten nach Worten und zauberte eine weitere Pause.

»Da gibt es einhunderttausend Wörter und mehr, dazu noch in vielen Sprachen, und jetzt fallem einem nicht einmal drei zusammenhängende ein.«

Schluck-schluck. Fünfte oder wievielte Pause.

Tatuncas Spannung erreichte den Höhepunkt. ›Was wollen diese beiden Hunde von mir?‹ rätselte er. Aber natürlich schwieg er. Bloß jetzt nichts sagen, das einem nachher leid tat.

»Also, um es kurz zu machen –« Wolfgang gab sich einen Ruck, und ich weigerte mich beharrlich aufzublicken –, »wir haben uns, wie gesagt, bei dir zu entschuldigen.«

Er legte besonders viel Ergriffenheit in seine Stimme.

»Besonders Rüdiger, wie auch schon gesagt.«

»Ja«, meldete ich mich mit gebrochener Stimme. »Ich werde das in jeder nur möglichen Weise wiedergutmachen. Das verspreche ich dir.«

Und während sich im Inneren Tatuncas eine Riesenspannung auflöste, sein Gesicht Erleichterung verriet und sein Geist Oberwasser einlaufen ließ, fuhr Wolfgang fort:

»Du hättest mit uns noch vor vierzehn Tagen wetten können, und wir wären jede Wette mit dir eingegangen, daß es Akahim nicht gibt.«

Tatunca tat das Beste, das er tun konnte. Er hielt die Klappe und wartete ab. Alles hätte er sicher erwartet, aber nicht zwei reuige, zerknirschte Sünder, die mit ihm über Akahim reden wollten.

»Und dann trafen wir die beiden Indianer. Einen hatte eine Schlange gebissen. Er war schon nicht mehr bei Sinnen, sein Bein war dick geschwollen und blutunterlaufen, als Rüdiger ihm das Serum spritzte. Wir kriegten ihn übern Berg, aber er war zu schwach, selbst zu gehen. So boten wir unsere Hilfe an...«

Jetzt wagte ich auch, einen ersten Pieps einzuwerfen.

»Schon beim Verabreichen der Spritze fiel mir auf, daß es

sich bei den beiden nicht um Yanomami handeln konnte. Ihre Haare waren schulterlang, ihre Sprache nicht Yanomami, und der Gesunde von den beiden war ständig damit beschäftigt, seine Spuren zu verwischen. Vor allem waren sie eher Weiße als Rote.«

Kaum konnte ich mein Grinsen unterdrücken. Man mußte Tatunca mit seinen eigenen Waffen schlagen, mit Sprüchen, die ich irgendwann alle bereits aus seinem Munde gehört hatte.

Dann nahm Wolfgang das Gespräch wieder an sich.

»Wir trugen den Verletzten nach Hause und das war – Akahim.«

Die folgende Pause war fühl- und hörbar. Funken sprangen über und es knisterte. Keiner sprach mehr ein einziges Wort. Zerknirschung und Reue auf unserer Seite, absolute Sprachlosigkeit auf Tatuncas. Bestimmt hatte er mit allem gerechnet, mit wirklich allem – aber nicht mit unserer Entdeckung seiner heiligen Stadt. Was mußte jetzt in ihm vorgehen? Immer wieder hatten wir uns diesen Moment vorher, beim Brainstorming, ausgemalt und manchmal so gelacht, daß wir oft dachten, die Story gar nicht mit der nötigen Ernsthaftigkeit durchziehen zu können. Aber nun hatten wir sie doch überzeugend rübergebracht. Mit dieser Nummer hätten wir jede Schauspielprüfung bestanden. Das allgemeine Schweigen bewies das. Wir genossen es. Was sollten wir auch noch sagen? Jetzt war unser Häuptling an der Reihe.

Aber der war und blieb baff und stumm. Aus Überraschung und Vorsicht.

Also fuhr Wolfgang irgendwann fort. Er verstärkte den Druck seiner Hand auf Tatuncas Schulter, schüttelte ihn sanft hin und her und sagte: »Du kannst dir gar nicht vorstellen, was da in uns vorgegangen ist. Wir haben uns fast minütlich bei dir entschuldigt, dir müssen die Ohren geklungen haben.«

Jetzt taute auch ich wieder auf.

»Ja. Das stimmt. Ich habe dich immer wieder zutiefst bewundert. Ich habe gedacht, was hat Tatunca alles auf sich genommen und ertragen, bis hin zu Mordverdächtigungen, um sein Volk zu schützen.« Und dann, nach kurzer Unterbrechung: »Ich werde das wiedergutmachen, Tatunca.«

Wolfgang hatte derweil das Polaroid-Foto mit dem Akahim-Modell aus der Tasche genestelt.

»Im ersten Moment haben wir nur eins gedacht: Wie kriegen wir das gefilmt, wenn die Ugha Mongulala es nicht erlauben? Da hatte Rüdiger auch schon ein Polaroid-Bild gemacht. Aber sehr bald waren wir uns darin einig, daß wir gar nichts filmen würden. Wir sind da mit dir einer Meinung: Wenn das öffentlich bekannt würde, wäre dein Stamm im Handumdrehen vernichtet.«

Und ich ergänzte noch: »Wir werden nicht einmal mehr darüber sprechen. Wir werden so tun, als ob es Akahim gar nicht gäbe. Wir werden es sogar ab heute immer und gegen jeden abstreiten. Das sind wir dir und deinen Leuten schuldig.«

Damit übergab Wolfgang Tatunca das mickrige Foto.

Der starrte es an und überlegte sicherlich fieberhaft, was er von unserer Geschichte halten sollte. Weder konnte er sagen: ›Tatsächlich, ihr habt es auch ohne mich gefunden‹, noch konnte er sagen, daß das Foto eine Fälschung sei. Also schwieg er und spielte den, dessen jahrelang gehütetes Geheimnis entdeckt wurde, der aber das Glück hat, auf wahre Freunde zu stoßen, die ihre Entdeckung nicht mißbrauchen.

Mit dieser Erkenntnis brach er schließlich und endlich sein Schweigen.

»Darf ich das Foto behalten?« fragte er fast andächtig, und Wolfgang beeilte sich zu sagen: »Selbstverständlich. Uns genügt unser Wissen um Akahim. Das Foto würden wir sonst fortwerfen, damit wir nie in die Versuchung kommen, es doch herzuzeigen und alle Welt verrückt zu machen. Wer wüßte es besser als du, Tatunca, was sich dann daraus entwickeln könnte.«

Ein letztes Händeschütteln, ein letzter Blick gegenseitiger Hochachtung – und wir ließen einen perplexen Tatunca zurück.

»Ich bin gespannt«, flüsterte mir Wolfgang im Fortgehen

zu, »wann er das Bild dem ersten Touristen als ›Beleg‹ unter die Nase hält.« Und Mercedes setzte dem noch einen oben auf: »Vielleicht haben wir ihn jetzt auf die Idee gebracht, sich schleunigst solch eine Stadt zu bauen.«

Nachsatz:
Im Sommer 1990 wollte Wolfgang Roldão in seinem Hause aufsuchen. Leider vergeblich. Roldão war zwei Jahre zuvor gestorben.

Tatuncas Versionen vom Verschwinden seiner Fans

Sechs Stunden konzentriertes Filmprotokoll brachte Wolfgang von der Reise mit Mercedes, Maggy und Thomas und mir mit. Dreihundertsechzig Minuten von und mit Tatunca. Geschichten aus seiner angeblichen Indianer-Jugend, Schilderungen seiner Intermezzi in der BRD und seinen vergeblichen Versuchen, Hilfe für sein bedrohtes Volk zu suchen. Für das BKA, dem Wolfgang Kopien des Materials gab, war es sehr aufschlußreich. Erstmals sahen sie den Mann in Bild und Ton, den sie bisher nur von Fotos und von Zeugenaussagen als Phantom kannten. Jetzt konnten sie in seine Augen sehen, wenn er sprach, sie erlebten seine Art der Argumentation, hörten seine widersprüchlichen Aussagen, und lernten seine Strategie der Verteidigung kennen. Besonders interessant und aufschlußreich waren Tatuncas Versionen über das Verschwinden der Opfer.

• Zum Verschwinden des John Reed:

»Den habe ich kaum gekannt. Ich bin mit ihm ganze drei Tage zusammen gewesen. Er tauchte in Barcelos auf und sagte, er sei Geologe. Er wollte nach Bodenschätzen suchen und zahlte mir eintausend Dollar für den Transport. Und erst als wir da oben waren, eröffnete er mir, daß er da oben bleiben wollte. Er schnallte sich plötzlich einen Revolver um, seinen Rucksack und Angelhaken und stellte mich vor vollendete Tatsachen. Erst auf meine eindringlichen Bitten hin hat er mir Entlastungsschreiben für die Bundespolizei mitgegeben und für seine Familie. Darin steht, daß ich ihn ausdrücklich gewarnt habe und er auf eigenes Risiko oben bleiben wollte. Und überhaupt nichts weiß ich, daß irgendwo Reste seiner Leiche aufgetaucht wären. Das höre ich zum ersten Mal.«

• Zum Verschwinden des Herbert Wanner:

»Man sagt, ich wäre zuletzt mit ihm gesehen worden. Das ist Quatsch. Er ist mit mir nach Barcelos zurückgekommen. Ich habe dafür jede Menge Zeugen: meine Frau, die Hotelangestellten, meine Schwiegermutter, die Polizei, der Kommandant des Fährschiffes, der Koch des Fährschiffes und vor allem die Staatsanwältin von Barcelos, Frau Dr. Sandra. Sie war es auch, die ihn mit der Polizei aufs Fährschiff hat bringen lassen, damit er nach Manaus zurück mußte, weil meine Frau immer schon Angst hatte, daß er da oben verschwindet. Das ist alles protokollarisch festgelegt. Ich habe mit diesem Schweizer überhaupt nichts zu tun. Wenn ich jemanden umbrächte, fände man den nie. Ich würde ihn nicht einfach liegen lassen. Ich würde ihn ins Wasser schmeißen.«

• Zum Mordfall Brugger:

»Das war einwandfrei Nehberg. Inzwischen habe ich noch zwei Zeugen. Zwei hatten ja gesehen, wie er von Kolumbien aus verkleidet hier illegal nach Brasilien eingedrungen ist. Und nun habe ich noch zwei weitere, die ausgesagt haben, daß Nehberg zur Tatzeit zwei Häuser vom Tatort entfernt gewohnt hat. Das sind vier Zeugen. Aber für mich war das auch ohne Zeugen klar. Denn Brugger hatte mich angerufen und gesagt, daß er den Nehberg in Hamburg getroffen hatte. Sie haben sich dort ausgesprochen, wegen der Beleidigungen, die Nehberg in seinem Buch ›Yanonámi, Überleben im Urwald‹ geschrieben hatte. Und Nehberg war plötzlich so klein mit Hut. Er hat zu Brugger gesagt, er nimmt das in der Neuauflage raus. Er mußte das tun. Sonst hätte Brugger ihn fertiggemacht. Immerhin hatte Brugger beste Beziehungen zu den Sendern der ARD. Aber kaum war Brugger weg – das ist meine Version –, da hat der Nehberg gedacht, das kann ich doch nicht zurücknehmen, wie stehe ich denn da vor meinen Fans – Nehberg, der große Held, muß was zurücknehmen –, da hat er den Brugger lieber umgebracht.«

- Zum Verschwinden der Christine Heuser (wörtlich):

»Die Heuser war eine Spinnerin. Sie sagte, sie sei meine Frau vom früheren Leben und lauter so'n Schmarrn. Meine Frau hatte gesagt, ›die Frau betritt nie mehr dein Schiff‹. Und dann stand sie in Manaus plötzlich vor mir. Ohne sich anzumelden, ohne zu fragen. Und von wegen, ich hätte sie eingeladen. Lachhaft. Ich kann doch die Frau nicht von Manaus hier... und nach Hause gehen. Dann wäre meine Ehe kaputt. Also nehme ich sie von Manaus mit und erschieße sie hier am Rio Negro? Was soll das? Sie wollte sich am Treibstoff beteiligen. Aber ich kann doch keine Liebesfahrt machen, ich muß Geld verdienen und meine Maschine abzahlen. Da meinte sie, ich sei ein Verräter. Da habe ich sie rausgefeuert. Weiter nichts. Das war alles. Nur ihre Kamera ist zurückgeblieben. Später habe ich ihr geschrieben und mich entschuldigt. Ich hatte an jenem Tage Manaus des Morgens verlassen, und sie hat man noch um sechzehn Uhr gesehen. Da hat sie im Hafen mein Schiff gesucht. Ihr Akahim zeigen zu wollen, habe ich nie versprochen. Keinem habe ich das je versprochen. Nicht einmal meine Frau und die Kinder haben die Stadt je zu sehen bekommen. Die Priester haben es verboten, weil ich sie, Anita, geheiratet habe, statt der Indianerfrau, die man für mich auserwählt hatte. Der einzige, der Akahim je gesehen und sogar fotografiert hat, das war Ferdinand Sch.«

Daß all das so nie und nimmer gewesen war, sollte sich schon sehr bald rausstellen. Wir kehrten zurück nach Manaus, und dort suchten wir als allererstes den US-Konsul James Fish auf. Er wartete mit einer Überraschung auf uns.

Während wir noch auf den Flüssen unterwegs waren, hatte uns Frau Reed aus Kalifornien geschrieben und die Abschiedsbriefe ihres Sohnes beigelegt. Jene Briefe, die Tatunca damals (1981) stolz im Konsulat abgegeben hatte, um zu dokumentieren, welch wackerer, verantwortungsbewußter Fremdenführer er war.

Jetzt mußte man die Briefe in völlig anderem Licht sehen.

Denn inzwischen war ja zweifelsfrei erwiesen, daß Tatunca unter gar keinen Umständen ein Indianer, sondern der Hauck Günther aus Grub am Forst bei Coburg in Bayern ist. Und ist er kein Indianer, so gibt es auch kein Akahim, wo er jemanden hätte absetzen können. Und außerdem waren Leichenteile gefunden worden. Aber Akahim hatte er allen versprochen.

Auszug aus einem Brief des John Reed vom 21. Nov. 1980:

›Gestern abend, als ich mit Tatunca redete (er spricht etwas Englisch), war ich überzeugt, daß seine Geschichte wahr ist. Deshalb gab ich ihm meine Pfeile und Bogen. Seine Aufrichtigkeit und die Berichtigungen der Karl-Brugger-Version dieser Geschichte überzeugten mich. Ich bin begeistert. Er wird mir sein Volk zeigen, das jetzt komplett in Akahim lebt (Venezuela), und das außerirdische Gerät (das noch funktioniert)....

...Morgen treten wir unsere Reise den Rio Negro aufwärts zu seiner Farm an. Zweieinhalb Tage Fahrt auf einem großen Flußboot werden uns zu ihr bringen. Dann, einen Tag später, brechen wir auf nach Akahim...

...Der Hinweg wird zwei Wochen dauern mit einem kleinen Außenborder-Boot. Morgen will Karl (Brugger) entscheiden, ob er mit uns geht oder nicht.‹

29. November 1980

›Tatunca kam soeben herein, um mir seine curarevergifteten Pfeile zu zeigen. Ich gab ihm meine Bogen-Ausrüstung. Karl ist nicht mitgekommen. Er hatte nicht den festen Glauben, der dafür nötig ist. Aber er (Tatunca) sagte, daß ich derjenige bin, der Akahim (und somit Akakor) entdecken sollte.

Die Priester haben Tatunca gesagt, daß sie ihn in Begleitung einer Person mit etwas Geld erwarteten. Tatunca hat gesagt, daß diese Person ICH bin.‹

Vorletzter Brief von John Reed

›8. Dez. 1980

Liebe Familie,

hi! Wie ist das Leben in der Zivilisation? Ich liebe es hier. Ich jage und lebe wie ein Naturmensch. Im Moment sieht es so aus, daß ich wohl bis zum Frühjahr bleiben werde – mindestens.

Einige Fotos werden bei Euch über kurz oder lang eintrudeln. Diesen und ein paar andere Briefe gebe ich Tatunca bei meinem Schritt von der einen in die andere Welt mit.

Einer der Briefe ist für die brasilianischen Behörden, damit sie sich keine Sorgen machen über meinen Aufenthalt, und damit sie Tatunca nicht behelligen. Ich habe darin auch gesagt, warum ich hier bin – um die Natur zu studieren.

Der Lendenschurz, den Sandy mir gemacht hat, gefällt mir sehr gut. Tatunca trägt auch so einen.

Ich war jagen und habe schon alles mögliche gegessen. Vor mir tut sich ein neuer Horizont auf, farbenprächtig und phantastisch, wie ich es immer erhofft habe.

Meine Erwartungen an Tatunca und die Dinge, die ich entdecke, sind nicht ganz exakt so wie ich sie erwartet habe. Aber sie sind noch wahrlich verblüffend.

Ich werde über Euch in neuen Zusammenhängen denken und gespannt sein, wie Eure Leben inzwischen verlaufen.

Laßt auch Frau Barrouis einige Fotos sehen usw.... und sagt ihr die Neuigkeiten.

Ich vertraue Tatunca mehr als irgend jemandem, mit dem ich je bis zur gegenwärtigen Ära meines Lebens verbunden war – außer Euch.

Ich liebe Euch alle.

Johnny

PS: Bitte laßt es nicht zu, daß irgend jemand Tatunca meinetwegen behelligt.‹

Letzter Brief von John Reed. Kein Datum.

›1 oder 2 Tage von Akahim entfernt

Liebe Familie,

hi! Heute bin ich los nach Akahim. Mehr denn je glaube ich

an Tatuncas Ehrbarkeit und seine guten Absichten. Macht ihm bitte keinen Ärger – er ist mein guter Freund! Wahrscheinlich werde ich im Frühjahr zurückkehren. Tatunca sagt, daß er meinetwegen um diese Zeit wieder herkommt.

Karl und ich haben ein Codewort vereinbart, das meinen sicheren Aufenthalt in Akahim beweisen soll.

Hier ist es: ›William Britton‹ = ›Ich bin sicher!‹

John

PS: Ich habe ein paar Fotos gemacht. Ihr werdet sie von Tatunca oder Karl erhalten.‹

● Zitat aus Tatunca Naras Stellungnahme in Wolfgangs Kamera:

»John wollte unbedingt allein weiter, aber nicht nach Akahim. Davon war nie die Rede. Wie käme ich auch dazu? Ich kannte den Mann ja gar nicht. Wie schon gesagt: Er war ein zufällig auftauchender Geologe, der da oben wohl Untersuchungen durchführen wollte. Ich riet zur Umkehr und habe ihn dringend gewarnt, allein weiterzugehen. Als er dennoch darauf beharrte, habe ich ihn gebeten, einen entsprechenden Abschiedsbrief zu schreiben, der mich rehabilitierte.«

Die vorhandenen Briefe sprechen da zweifelsfrei eine eigene und ganz andere Sprache.

Vergeblich suchten wir nach Mitteilungen, wie sie Tatunca in den Briefen gelesen haben wollte. Kein Wort war dort zu entdecken, daß John trotz Tatuncas Warnung allein und auf eigene Verantwortung weitergehen wollte. Vielmehr fanden wir nur die Jubelmeldungen, daß sie beide gemeinsam kurz vor den Toren der Stadt ständen. Vielleicht hatte Tatunca vermutet, die Briefe seien längst verschwunden. Auf jeden Fall hat er sie schlecht gelesen, oder die Mißverständnisse sind auf seine mangelhaften Englischkenntnisse zurückzuführen.

Noch im Jahr des Verschwindens von John schrieb der amerikanische Konsul in Manaus, James Fish, einen Brief an Familie Reed in Kalifornien.

»Ich schreibe Ihnen wegen Ihres Sohnes John. Der Führer (Tatunca Nara) versuchte, ihn zu überzeugen, umzukehren, aber Ihr Sohn war entschlossen, zu bleiben. Der Führer kam inzwischen einige Male in unser Büro und erbot sich, gegen eine Zahlung von eintausendfünfhundert US-Dollar erneut in das Gebiet zu gehen, um zu versuchen, John zu finden...«

Kurz danach, im Dezember 1981, also ein Jahr nach Johns Verschwinden, erreichte die Mutter auch ein Brief von Karl Brugger. Er war am 4. September 1981 geschrieben, aber erst am 5.12.81 abgestempelt.

»Wie versprochen, habe ich Tatunca in Manaus kontaktet. Er hat mir erneut erzählt, daß John jetzt bei seinem Stamm lebt, daß er aber keine neuen Informationen habe.

Leute, die John vor Beginn seiner Expedition in den Dschungel in Manaus getroffen haben, versichern, daß er von Anfang an die Absicht hatte, definitiv bei den Indianern zu leben.

Ich glaube nicht, daß Tatuncas Idee, jetzt nach John zu gucken, sehr gut ist. Im Augenblick ist in Amazonien die Regenzeit. Da ist es sehr schwer, die Verlorene Stadt zu erreichen.

Ich habe die Absicht, Anfang nächsten Jahres eine sehr gut ausgerüstete Expedition zu starten. Selbstverständlich ist es Ihre Entscheidung, Tatunca Geld zu schicken (für dessen Such-Expedition) oder auf meine Expedition zu warten.

Ich verspreche Ihnen, daß ich alles dransetzen werde, Ihren Sohn zu finden, aber bewahren Sie bitte Verschwiegenheit wegen meiner Pläne.«

Wieso Verschwiegenheit? Wollte er etwa nach all den Fehlversuchen mit Tatunca allein auf die Suche nach Akahim gehen? War er mißtrauisch geworden? Oder hatte er diese Reise mit jemand anderem als Führer geplant?

Hatte also Stevenson doch recht, als er Wolfgang sagte, sie beide wollten den Gegenbeweis zu Akahim antreten. Immer wieder hatte er Brugger vor Tatunca gewarnt: ›Glaube mir, Karl, dieses Volk und die Stadt gibt es nicht. Tatunca will nur dein Geld und mit deiner Hilfe sein geheimnisvolles Image ausbauen. An der Sache mit Akahim ist nichts dran.‹

Und so beschloß Brugger, Anfang 1984 mit Roland Stevenson zusammenzuarbeiten: »Auf gar keinen Fall stimmt es, daß Brugger mit Tatunca fahren wollte. Ich war es, mit dem er reisen wollte. Seit Monaten hatten wir diese Tour fest geplant und vorbereitet. Aber wir haben sie auch geheimgehalten, damit Tatunca nichts davon erfahren konnte.«

»Hatte Brugger denn inzwischen Zweifel an Tatuncas Seriosität?«

»Ja. Das ist unbestritten. Er sagte mir: ›Wenn ich dahinterkomme, daß Tatunca mich immer nur belogen und betrogen hat – denn Brugger hatte Wahnsinnssummen in Tatunca gepumpt – dann werde ich mich nicht scheuen oder schämen, das bekanntzumachen.‹ Auch wollten wir nach dem verschwundenen Amerikaner forschen. Ich hatte immer schon meine Zweifel an der Richtigkeit von Tatuncas John-Geschichte. Heute weiß ich – und da bin ich mir ganz sicher – daß Tatunca von Bruggers Zweifeln und Plänen erfahren hat.«

Nach und nach erfuhren wir, daß auch die anderen Verschwundenen viel Geld bei sich gehabt und investiert hatten.

Christine Heusers Mutter, Emma Pranzas aus Kehl am Rhein: »Als sie zu Tatunca startete, hatte ich ihr noch schnell 4000 Mark geschickt und natürlich hatte sie auch eigenes Geld mit.«

Familie Reed: »Natürlich hatte John ausreichende Geldmittel mit. Er wollte sich in Brasilien aber auch noch mit Comic-Zeichnungen für Zeitungen was dazuverdienen.«

Die Wanners in Zofingen, Schweiz: »Herbert war insgesamt dreimal bei Tatunca. Beim zweiten Mal hat er fünfzehntausend Schweizer Franken mitgenommen. Davon hat Tatunca sein Schiff ›Anita II‹ gekauft. Sein altes Schiff, so hatte er Herbert immer gesagt, sei zu schwach für die Reise nach Akahim. Als sie dennoch nicht fuhren, wollte Herbert das

Geld zurückhaben oder die Stadt sehen, da dachte er, jetzt tue ich ihn vernichten, dann habe ich das Geld.«

Zwei Monate nach Wanners Tod tauchten Traveller-Schecks im Wert von 2 000 Dollar auf. Sie trugen alle dasselbe Datum.

Vater Wanner: »Hier können Sie deutlich sehen. Diese hier sind gefälscht. Die Schrift ist vor allem viel dicker. So kräftig hat unser Sohn nie geschrieben.«

Unsere Recherchen führten uns weiter. Wir flogen nach Brasilia.

Im Justizministerium

»Meine Herren, das gibt es gar nicht. Ich will nicht etwa ausschließen, daß so etwas mal vorkommt. Aber es ist die Ausnahme. Ein Fall unter tausend.«

Der Herr im Justizministerium war sich völlig sicher. Wir saßen in bequemen Ledersesseln inmitten der beachtlichen Galerie sämtlicher brasilianischer Justizminister, deren Portraits die Wände des Raumes schmückten.

Es ging um die Frage, warum Brasilien auf das Amtshilfe-Ersuchen des BKA nicht reagiert hatte. Darin ging es um die Bitte, Tatunca Nara, alias Günther Hauck, in Brasilien in deutscher Sprache vernehmen zu dürfen, um den Tod des Schweizers Herbert Wanner klären zu können. Auch die schwedischen und amerikanischen Behörden hatten erfolglose Versuche unternommen.

»Ich darf Ihnen einmal erklären, wie das abläuft. Da kommt also der Brief des BKA nach Brasilien. Automatisch landet er bei uns. Wenn wir dann sehen, um was es sich handelt, leiten wir ihn an die zuständige Stelle weiter. In Ihrem Falle ist das die Polícia Federal, die Bundespolizei. Dort wird der Vorgang in den Computer gegeben.

Deshalb ist es das Beste, Sie gehen gleich dorthin. Ich melde Sie schon mal an. Wenden Sie sich bitte an Dr. Marra.«

Zehn Minuten später saßen wir im Büro des Pressesprechers Dr. Marra, einer gutaussehenden, turbodynamischen Type. Ein Mann, bei dem kein Ganove eine Chance hat, ein Energiebündel, bei dem Recht noch Recht ist, und wo es das auch bleibt. Ordem e progresso, die brasilianische Maxime. So jedenfalls der erste Eindruck.

»Das werden wir sofort haben. Eine Frage von zehn Minuten. Trinken Sie schon bitte einen Cafezinho. Habe ich die Namen hier richtig geschrieben? Günther Hauck, alias Tatunca Nara? Ja, also bis gleich, in zehn Minuten.«

Nach zwanzig Minuten kurze Zwischenmeldung eines

ratlosen und nur schnell um die Ecke schauenden Dr. Marra.

»Irgendwas ist da schiefgelaufen. Nehmen Sie sich noch eine Tasse Kaffee. Ich bin gleich zurück.«

Nach einer Stunde Rückkehr eines inzwischen reichlich geschlauchten Pressesprechers namens Marra.

»Das ist mir ein Rätsel. Da ist nur ein alter Brief des BKA. Sonst nichts. Geben Sie mir bitte bis morgen Zeit. Dann werde ich alles beisammen haben.«

»Kann es sein, daß Tatunca Nara besondere Beziehungen zu irgendeiner ranghohen Stelle oder Person hat, die die Daten löscht?«

»Möglich ist natürlich alles. Aber ich glaube es nicht. Das ist ein technischer Fehler. Wenn es Ihnen nichts ausmacht, werde ich die Angelegenheit bis morgen klären lassen. Könnten Sie um fünfzehn Uhr herkommen?«

Ich will es kurz machen: Weder war anderntags etwas gefunden worden, noch nach einer weiteren Frist von vierzehn Tagen, noch bis heute.

Erst jetzt, zwei Jahre später, gab es zumindest verbale und schriftliche Floskeln. Sie hatten einen Grund.

Als im März 1990 der neue Justizminister Bernardo Cabral sein Amt antrat, schrieb ich ihm im Namen der drei Mütter Reed, Wanner, Pranzas. Sie hätten eins gemeinsam. Sie hätten in Brasilien ein Kind verloren. Alle drei Kinder wären mit demselben Mann zu demselben Ziel aufgebrochen, nach Akahim. Ein Ziel, das es erwiesenermaßen nicht gäbe und mit einem Mann, der sich unter falschen Angaben die brasilianische Staatsbürgerschaft erschlichen habe, einem Mann, der nachweislich Deutscher und niemals Indianer sei. Warum man das BKA nicht zur Vernehmung der Verdächtigen nach Brasilien ließe.

Ich schickte den Brief am 5.6.1990 per Einschreiben mit Rückantwort.

Nur drei Tage später, am 8. Juni, wurde im Ministerium um elf Uhr vier der Empfang bestätigt.

Eine Kopie des Briefes hatte ich an Francisco Adelson im Novo Airão geschickt, einem kleinen Ort am Rio Negro.

Francisco war beim Fund der Leiche Wanners zugegen gewesen. Er war es, der den ersten Verdacht gegen Tatunca geäußert hatte. Wegen des Geschosses. Und deshalb hatte Tatunca ihn bei günstiger Gelegenheit an die Seite genommen und gedroht: »Wenn du das weiterhin behauptest, könnte dir dasselbe passieren.« Francisco hatte das jedoch nicht beunruhigen können: »Ich habe ihm geantwortet: ›Das wäre schade um dich, Tatunca. Ich habe eine sehr große Familie. Vergiß das nie.‹« Und er hatte ihn lachend stehengelassen. Eine große Familie – das ist die beste Lebensversicherung.

Ich hatte Francisco in Manaus kennengelernt. Er kaufte gerade Beschläge für Boote, die auf seiner Werft gebaut wurden. Beiläufig erzählte er mir, Bernardo Cabral, der neue Justizminister, sei sein Onkel und mit dem wolle er den Fall sowieso demnächst bereden. So kam ich auf Cabral.

Und diesmal kamen gleich zwei Reaktionen.

Brasiliens oberster Polizeichef Romeu Tuma verkündete am 11. Oktober 1990 in der ›A Crítica‹ in Manaus: ›Wir haben bereits mit den Ermittlungen begonnen.‹

Und in einem Schreiben an mich, unter dem Zeichen C./MJ/CDDPH/Nr. 227, bestätigte das Ministerium am 29. Oktober 1990 diesen Sachstand. Was immer das heißen mochte.

Denn längst waren wir skeptisch. Auch damals, nach unserer Bootsfahrt mit Tatunca, hatte man uns Kooperationsbereitschaft signalisiert.

Staatsanwalt Dr. João Bosco Valente in Manaus war es, der uns damals ebenso fassungslos erklärte, er könne nicht verstehen, wie die Briefe des BKA verlorengegangen sein könnten, und der uns vorschlug, das BKA zu bitten, einen erneuten Antrag direkt an ihn persönlich zu richten. Doch Kriminalhauptkommissar Hartert vom BKA in Wiesbaden mußte uns enttäuschen.

»So läuft das nicht. Wir müssen uns an die diplomatischen Regeln halten. Unser Ansprechpartner ist nicht Dr. Valente, sondern das Justizministerium in Brasilia.«

Hartert: »Wir haben alles getan, und die Staatsanwaltschaft in Hamburg hat alles getan. Das Rechtshilfeersuchen liegt den brasilianischen Behörden seit über einem Jahr vor. Doch auch auf Nachfragen gibt es keine Reaktion. Vom Schreibtisch aus kann man keine Straftat beweiserheblich aufklären, schon gar nicht ein Tötungsdelikt.«

»Eventuell könnte man ja Staatsanwalt Valente ›anschieben‹. Wir kennen Valente doch bereits persönlich gut«, schlug Wolfgang vor. »Er hat uns sogar dringend um diese Vermittlung gebeten.«

Hartert: »Wenn Sie immer noch glauben, daß die Behörden drüben mitziehen, und die Verschleierung nicht System hat, dann tun Sie, was Sie nicht lassen können.«

Und so trug Wolfgang an Staatsanwalt Valente die Bitte heran, den nachfolgenden Brief an die Staatsanwaltschaft Hamburg zu senden.

An die Staatsanwaltschaft
beim Landgericht Hamburg
2000 Hamburg 36
Postfach 30 52 61
Betreff: Ihr Ermittlungsverfahren, AZ. 170 Js 20/87, gegen Hansi Richard Guenther Hauck, alias »Tatunca Nara«, wegen Verdachts des Mordes.
Sehr geehrter Kollege,
aus diplomatischen Kreisen und durch Presseveröffentlichungen habe ich erfahren, daß Sie gegen Hauck alias »Tatunca Nara« Ermittlungen führen und über umfangreiches Beweismaterial verfügen.

Mir ist weiter bekannt, daß Sie in dieser Angelegenheit auf diplomatischem Weg ein Rechtshilfeersuchen an meine Behörde gerichtet haben, in dem Sie um diverse Maßnahmen und Teilnahme von deutschen Polizeibeamten in Brasilien bitten. Bedauerlicherweise liegt mir Ihr Rechtshilfeersuchen noch nicht vor.

Um weitere Verzögerungen zu vermeiden, darf ich Sie deshalb bitten, mir Ihr Rechtshilfeersuchen in portugiesischer Sprache direkt per Post oder Telefax zu übermitteln.

Sobald mir Ihr Ersuchen vorliegt, werde ich im Einvernehmen mit meinen übergeordneten Stellen eine Entscheidung herbeiführen.

Ich hoffe, daß Sie mit dieser Verfahrensweise einverstanden sind.

Mit vorzüglicher Hochachtung

Bosco Valente, Staatsanwalt, Manaus/Amazonas

Bis heute ist dieser Brief in Hamburg nicht eingetroffen, obwohl wir wissen, daß Valente die Vorlage erhalten hat.

Wurde Valente unter Druck gesetzt? Sollte er verschleiern?

Hat Tatunca womöglich doch Helfer? Sollte es stimmen, daß er für die Spionage gearbeitet hat oder/und ›ein Mann aus höchsten Regierungskreisen sein Freund ist‹, wie sogar Friedel Katz glaubhaft machen möchte?

Uns fiel es schwer, daran zu glauben. Wir hielten es für das typische brasilianische Desinteresse oder für Schlamperei.

Zu plump waren die Tricks, mit denen Tatunca dieses Image des ›Unbesiegbaren mit den Beziehungen‹ aufbaute und pflegte.

Aber ›im Volk‹ waren die Meinungen geteilt.

Die einfachen Einheimischen haben Angst vor ihm, ›weil er wahrsagen kann und Kontakt zu Göttern hat‹. Die Gebildeteren und die Zeugen fürchten seine Rache, und immer wieder klingt der Verdacht an, Tatunca Nara habe beste Drähte zu hohen Militärs. ›Er arbeitet mitunter auch für die Polizei und das Militär‹, schrieb sogar Tatuncas Ehefrau Anita an die Eltern eines der Umgekommenen. Aber sie ist seine Frau und alles andere als objektiv, wie wir bereits wissen. Und Roland Stevenson, dem Kunstmaler aus Manaus, hat er erzählt, er hätte mal für die Spionage gearbeitet. Ursächlich könnte das damit zusammenhängen, daß Tatunca nach eigenen Angaben vor seinem Auftauchen in der Zivilisation die Überlebenden einer abgestürzten Militärmaschine gerettet hat. In Wirklichkeit hatte er, nach meinem Empfinden, Zeitungsnotizen zu seinen Gunsten umfunktioniert und interpretiert. Wie im Fall des abgestürzten Bischofs Grotti und der abgestürzten Goldsucher-Maschine.

Aber solche Gerüchte werten Tatuncas Ansehen deutlich auf. Was nur so dahingesagt wurde oder als Gerücht daherkam, wurde schnell geglaubt und zur Tatsache. Irgendwann wurde es sogar gedruckt, und dann war es quasi ›amtlich‹. Und bei solchen ›Beziehungen‹ mied man lieber den Streit und respektierte den Stärkeren. Da kuschte man vor Tatunca.

Gern untermauerte der große Indianer selbst das Geheimdienstler-Image bei jeder sich bietenden Gelegenheit: ›Ich könnte mal den General fragen‹ oder ›Wenn ich in Manaus bin, muß ich sowieso zum Kommandanten‹ und Leichtgläubige registrieren im Hinterkopf ›Der Junge hat Beziehungen bis ganz nach oben‹.

Mit diesen Floskeln hatte er auch mich zunächst beeindruckt, und zuerst hielt ich die Kontakte grundsätzlich für denkbar, aber sehr schnell fiel mir die Fadenscheinigkeit auf.

Als ich ihn 1982 einmal bat, mir die FUNAI-Kontroll-Posten in die Karte zu zeichnen, und als ich wissen wollte, welche dieser Stationen funktionierenden Funk hätten, sagte er: »Das kann Anita dir leicht herausfinden. Ich weiß nicht, ob du das schon gehört hast: Sie ist hier in Barcelos Staatsanwältin.«

Natürlich war ich leicht zusammengezuckt. Denn wenn sie mich verpfiff, wäre meine Reise beendet gewesen. Erst später rückte sich das dann wieder ins rechte Licht. Ich hatte Schwiegermutter Friedel gefragt, was es mit der ›Frau Staatsanwältin‹ denn auf sich habe.

»Ach so«, bestätigte sie zunächst, »Anita hat ja Medizin studiert und hatte als Wahlfach Jura.« Und nach dem nächsten Nebensatz verlor die Angelegenheit ihren Schrecken endgültig: »Aber nur ein Semester. Deshalb wird sie hier aber manchmal geholt, wenn es etwas Juristisches zu besprechen gibt.«

Ein gewisser Kontakt zur Executive war und ist also definitiv gegeben. Man darf ihn weder überbewerten, noch sollte man ihn unterschätzen. Schon ein abendliches Bierchen im Hotel Oasis verband und verpflichtete einander.

Auf diese oder ähnliche Weise mußte er unter anderem Einsicht in die Briefe des BKA erhalten haben, die als ›vertraulich‹ deklariert waren, denn unerwartet erhielt das BKA von ihm seitenlange Antworten auf Fragen, die ausschließlich für die brasilianische Staatsanwaltschaft bestimmt waren.

Kriminalhauptkommissar Hartert vom BKA: »Nur so kann das sein, denn seine Briefe waren direkt und namentlich an unseren Amtschef Boge gerichtet. Bei unseren Auslandsschreiben steht nämlich immer dessen Unterschrift unter den Briefen, obwohl er mit den Ermittlungen gar nicht befaßt ist. Und dessen Namen konnte er nur kennen, wenn man ihm unser Ersuchen gezeigt hat.«

Tatunca verstand es, Leute so einzuwickeln, daß sie blind für jede Wirklichkeit wurden. Wie Padre Pedro, Chef der Salesianer-Mission in Barcelos.

»Herr Nehberg – ich kenne Ihre Differenzen mit Tatunca Nara und kann verstehen, daß Sie ihm nicht wohlgesonnen sind. Aber im Falle dieser Vorwürfe tun Sie ihm völlig unrecht. Er hat alle Verdachte entkräftet.«

Und dann, nach einer kleinen Pause, die Krönung: »Ich halte Tatunca Nara für einen ordentlichen und außerordentlichen Menschen. Für mich hat er sogar eine Art Vorbildrolle: Er ist der einzige Indianer in meinem Umfeld, der nicht trinkt.«

Das verschlug mir tatsächlich die Sprache, und wenn ich mich recht erinnere, genehmigte ich mir selbst erst einmal einen darauf. Padre Pedro ist ein studierter Mensch aus Süddeutschland. Aber ein paar Jahrzehnte Amazonien – und schon kann man Realität und Phantasie wohl nicht mehr voneinander trennen.

Daß hinter Tatuncas Selbstaufwertungsversuchen System steckte, zeigte auch die Aussage zweier norddeutscher Reiseteilnehmer. Er hatte seine Kunden in Manaus getroffen. Man tätigte die letzten Einkäufe.

»Jetzt muß ich noch die Landkarten besorgen.«

»Können wir mit?«

»Ich weiß nicht so recht.« Tatunca zögerte ein wenig. »Das sind Geheimkarten des Militärs. Die muß ich über meine

Leute besorgen, und da ist es immer besser, keine Zeugen dabei zu haben.«

Großer Eindruck. Bluff-bluff. Baff-baff. Tiefer Respekt. Traurige Gesichter. Aber nur für eine Minute. Denn natürlich durften ihn die beiden Touristen doch begleiten.

»Ich kann's ja mal versuchen.«

Sie fuhren mit dem Taxi über verschlungene Straßen in einen Außenbezirk. Vor einem architektonisch nicht sonderlich, aber zumindest *etwas* auffälligem Gebäude in der Avenida Aleixo hielt man an. In der Mitte das überdachte Portal. Links und rechts ein flacher, steriler und phantasieloser Teich mit Schildkröten, Fischen und ein paar Gräsern, die sich redlich, aber erfolglos um etwas Umweltfreundlichkeit bemühten. Zwei Uniformierte sorgten für Respekt, und das blitzblank polierte Messingschild verriet:

›Departamento Nacional da Produção Mineral‹.

»Wartet hier mal«, wies Tatunca seine Begleiter an. Er ging auf die Posten zu.

»Die begrüßten ihn wie einen alten Bekannten«, erinnerten sich die Touristen später. Und dann schließlich winkte er seine Kunden zu sich heran.

»Ihr könnt mit«, sagte er knapp und wirkungsvoll. »Der Offizier macht eine Ausnahme.« Die Posten erhielten ein freundliches Schulterklopfen und ein Dankeschön. Dann schritten die drei über edle, polierte Parkettfußböden und Treppen, durch Korridore und um Ecken, vorbei an Gemälden, Großfotos und Vitrinen, zum angeblichen ›Geheimraum‹ mit der Aufschrift ›Mapas‹, Karten.

Auch hier Begrüßung und Empfang des Tatunca Nara wie bei einem alten Bekannten. Kurzes Geflüster, prüfender Blick des Angestellten, langsames, aber verständnisvolles Nicken und der erlösende Handschlag.

»Tatuncas Freunde sind auch meine Freunde.«

Dann wurden Schubladen aufgezogen und Blatt um Blatt absolut erstklassiger Generalstabskarten hervorgeholt. Karten als Foto und Karten als Zeichnung. Gewaltige, unbewohnte, weiße Flächen, durchzogen von Strömen, Flüssen und Bächen. Wie stark verzweigte Bäume. Wie Straßen in der Stadt. Wie Adern im Körper. Nur hier und da eine geographische Bezeichnung. Und auf allen Blättern die Überschrift: ›Ministério das Minas e Energia‹. Seitwärts: ›Mosaico Semi-Controlado de Radar‹, unten ›Projeto RADAM. Las sich das schon alles sehr amtlich, so erbrachte der Stempel oben rechts dann den endgültigen Beweis für Tatuncas ›gute Beziehungen‹ zum Militär: ›Reservado‹. Damit man das nun nicht nur mit ›reserviert‹ oder ›mit Vorbehalt‹ übersetzte, deutete er mit kurzer flüchtiger Handbewegung darauf hin und erklärte: »Streng geheim.«

Auch mir wollte er 1982, als er in Barcelos die Karten mit seinen ›pyramidalen‹ Vermutungen vor mir ausbreitete, imponieren. Er blickte mit gekonnt schnellem Seitenblick, der jedem Kameraverschluß alle Ehre gemacht hätte, vorsichtig zu anderen Gästen im Hotel Oasis, wies auf den Stempel und flüsterte: »Das sind streng geheime Militärkarten. Es ist besser, die Typen da drüben sehen sie nicht.«

Ich sagte damals nichts. Aber seine Bemerkung war für mich ein erneuter Beweis seiner Unseriosität, seiner Taktik. Denn er konnte nicht wissen, daß ich Neuling ebenfalls aus genau demselben Departamento meine ›streng geheimen‹ Karten bezogen hatte. Der Kartenraum ist völlig ›öffentlich‹, die Blätter kosten nur wenige Pfennige, und die Wachposten sind simple Torwächter.

Doch dann passierte es, daß uns ein Papier in die Hände geriet, das in Staatsanwalt Dr. Valentes Akten gelegen hatte (und jetzt auch wieder liegt). Der Verfasser möchte unter keinen Umständen genannt werden.

Darin heißt es:

›Neue Fakten über Hansi Richard Günther Hauck – Tatunca Nara.

Der Informant unternahm im Jahre 1972 mit einer Militärpatrouille eine Excursion zum Rio Padauirí und hatte hier erstmals Kontakt mit Tatunca Nara. Bei diesem Anlaß erfuhr der Informant, daß Tatunca Nara Agent des brasilianischen Staatssicherheitsdienstes SNI und des Militärkommandos von Manaus war und guten Kontakt zum damaligen Major Thaumaturgo hatte, der heute General ist.‹

Daß dem so ist, bestätigte Dr. Valente dann sogar in Wolfgangs Kamera: »Es gibt Anzeichen dafür, daß das stimmt. Ohne Zweifel verdient das höchste Aufmerksamkeit, da es sich um einen ganz besonders schwerwiegenden Fall handelt.«

Sandy Reed greift ein

Als Sandy Reed und ihre Mutter Virginia von uns im Jahre 1989 erfuhren, daß man die sterblichen Überreste ihres Bruders und Sohnes gefunden hatte, und daß Tatunca als mutmaßlicher Täter in Frage kam, brach für sie eine Welt zusammen. Wenngleich ihre Hoffnung nach all den Jahren des Wartens nur noch gering war, so war der letzte Funke Hoffnung nie erloschen. Bis zum Januar 1989 hatten sie gehofft, John könne doch noch am Leben sein. Immerhin hatte er in seinen letzten Briefen keinen Zweifel darüber gelassen, daß für ihn eine neue Ära bei den Indianern von Akahim beginnen sollte, und daß das alte Leben abgeschlossen war. Und daß Tatunca über jeden Verdacht erhaben sei, falls ihm, John, im Wald je etwas zustoßen solle.

Dennoch hatten die Reeds bis dato gebetet, daß John eines Tages zurückkehren oder ihnen zumindest ein Lebenszeichen senden würde. Aber nichts dergleichen war geschehen. Wiederholt hatten sie sich brieflich an Konsul Fish und an Tatunca gewandt. Hier ein paar bezeichnende Ausschnitte aus dem Briefwechsel (Fehler unverändert):

- Fish an Familie Reed, 29.9.81: »...Tatunca ist sehr fähig und verantwortungsbewußt...«
- Virginia Reed an Anita Nara, 8.2.83: »...wir möchten nichts weiter als wissen, ob John lebt und gesund ist... John hatte eine sehr hohe Meinung von Tatunca und seiner Familie...«
- Fish an Familie Reed, 22.2.83: »...Als Tatunca das letzte Mal in jenem Gebiet war (April 1981), hat er versucht, eine Spur von John zu entdecken, aber ohne Erfolg. Es kann sein, daß er mit freundlichen Indianern ins Landesinnere gezogen ist...«
- Virginia Reed an Tatunca, 1.9.83: »...wir haben keine Antwort auf unseren Brief vom 8.2.83.«

• Tatunca Nara an Virginia Reed, 5.10.83: »Ich lese Ihre Karde mit Verwunderung... Daß John in diesem unerforschten Gebiet bleiben wollte, erfuhr ich erst, als er mir die vielen Abschiedsbriefe mitgab... und zwischen den Bäumen verschwand... Ich sollte ihn 3–4 Monate später wieder abholen, aber von John keine Spur. Leider bin ich nicht Reich um Wochen hinder einen her zu laufen und noch Benzin zu verfahren.

Ich lebe recht wie schlecht, drei Mal ich war bei den Konsul der USA in Manaus, ich wünsche John zu Suchen und die Unkosten von Benzin sowie eine kleine Unkosten vergütung.

Mister Fish teilte mir mit, daß die Familie von John nicht interessiert sei und in der Annahme lebe das John Tot sei. Somit war es für mich schon peinlich noch einmal bei einen Vertrehter der USA vorzusprechen. Eine Adresse von Ihnen hatte ich nicht!

Nebenbei habe ich folgendes erfahren: John muß Tage in den Bergen umhergeirrt haben bis er zu einen Stamm kam der keinen Kondakt mit Indio und auch keinen mit der Zivilisation hat. Nach Angaben anderer Indios haben diese Indios Angst vor Krankheiten und leben vollkommen Isoliert! Ich war mit Jacques Cousteau in diesem Gebiet und wir zogen uns zurück mit den Hubschrauper noch bevor ein näherer Kontakt zustande kam. Sonst ist mir nicht bekannt. Desto mehr Zeit vergeht, desto leichter ist es ihn, sofern er bei einen Stamm ist Auszureisen! Meine Indios sprechen von einen weisen blonden Mann der in den Gebied gesichtet wurde.

Mit freundlichen Grüßen verbleibe ich in Freundschaft Hochachtungsvoll Tatunca Nara

Nachsatz:

Bitte schreiben Sie an die Adresse von Manaus, denn die Post ins Landesinnere ist den Zufall oder den Glück zu verdanken wenn sie ankommt. Telegramme oder Telefon, soweit kein Gewitter in der Nähe ist kommt an.«

• Virginia Reed an Tatunca, 29.4.86: »...Meine Familie und ich hoffen immer noch, eines Tages zu hören, daß John am Leben ist.

Ich würde 2 000 Dollar zahlen für den Beweis, daß John am Leben ist und 1 000 Dollar extra für eine Nachricht von ihm.

Als Beweis könnte John die Namen seiner Jugendfreunde nennen. Könnte ich doch nur meinen John wissen lassen, daß wir immer noch Hoffnung haben, ihn wiederzusehen. Das ist mein einziger Wunsch. Es ist so traurig zu warten und nicht zu wissen, was man denken und machen könnte.«

- Fish an Reed, 7.4.87: »...Ich habe Tatunca von Ihrer Belohnung für Beweise erzählt, aber seine Reaktion war nicht sehr positiv. Er schüttelte nur seinen Kopf, um anzudeuten, daß solche Beweise nicht leicht zu erhalten seien.

Persönlich, liebe Frau Reed, denke ich, daß es eine gute Chance gibt, daß John lebt. Vielleicht lebt er genau das Abenteuer, das er leben wollte und wenn ihm danach ist, wird er eines Tages den Fluß runterfahren in die Zivilisation...«

- Sandy Reed, Johns Schwester, an Tatunca und Anita, 26.10.88: »...Ich möchte nach Brasilien kommen und mit Ihnen persönlich sprechen.«
- Anita an Sandy Reed, 9.11.88 (8 Seiten): »...wir würden uns glücklich schätzen, Ihren Besuch jederzeit zu empfangen.

...aber kommen Sie nicht mit Träumen und Illusionen.

...Ich habe John dringend gewarnt, aber er hat meine Ratschläge in den Wind geschlagen.

...Tatunca hat alles versucht, John zur Umkehr zu bewegen.

...Deshalb bat Tatunca ihn, die Briefe zu schreiben, worin er erklärte, auf eigenen Wunsch und gegen die Ratschläge seines Führers gegangen zu sein.

...Das Land ist immens groß und unerforscht. Noch 1982 sah Jacques Cousteau eine neue Gruppe und machte 1984 Kontakt.*

...die Indianer stehen in ständigem Krieg miteinander.

...Die Region Ihres Bruders ist nur bei Schönwetter und mit dem Außenborder und Kanu zu erreichen. Von Dezember bis April nicht, weil es zu trocken ist...

* Blödsinn!

Tatunca mußte damals umkehren oder er wäre gezwungen gewesen, 4 Monate dort zu bleiben.

Bevor John von Barcelos aufbrach, hatte er mir versprochen, mit Tatunca zurückzukehren. Nur deshalb habe ich ihnen diesen Trip erlaubt. Dort oben hat er sich dann fürs Gegenteil entschieden.

Tatunca hat damals sofort der Polizei und dem Konsul davon berichtet und die Familie wegen einer Suchexpedition gefragt. Wir sind zu arm für eine solche Suchaktion. Sie antworteten damals, das alles sei ok. weil es Johns Wunsch gewesen sei.

Wir waren dann nur sehr selten in der Region. Es ist zu weit und zu teuer. Ich war mal 1986 bei diesem neuen Stamm, den wir gerade entdeckt hatten.*

Auch Tatuncas Stamm, der zehn Tagesmärsche in Richtung Osten umgesiedelt ist (Rio Aracá), konnte uns keine Informationen geben. Sie befinden sich im Krieg mit den Yanomami...*

Eine schreckliche Malaria-Epedemie hat viele Indianer getötet. Wir haben aber nicht alle Indianer befragt. Sie sind ständig auf Wanderschaft...

So, Sandy, was soll ich Dir noch erzählen? Von hier sieht alles so anders aus als von fern...

Ist John am Leben? Jedenfalls hat uns niemand vom Tod eines Weißen erzählt...

Es gibt hier gewaltige Kommunikationsschwierigkeiten...

Jedenfalls ist John nie zum Startpunkt zurückgekehrt oder zu den Plätzen, wo die Caboclos leben. Hat er gefunden, was er suchte? Wir können es nur hoffen...

Bitte entschuldigen Sie, wenn ich die Dinge für Sie verschlimmert habe. Aber wir möchten nicht lügen, sondern nur Ihre Hoffnung vergrößern und vermeiden, daß Sie unnötig Geld für die Reise ausgeben und Sie enttäuscht sind.

Denken Sie nochmal über alles nach.

Anita.«

Nach diesem haarsträubenden Machwerk der Anita Katz beschlich mich das Gefühl, daß sie bewußt Tatuncas Lügen stützte, daß sie gemeinsame Sache machten.

- Konsul Fish an Virginia Reed, 8.2.89 (nach unserem Gespräch mit ihm): »...es haben sich Neuigkeiten ergeben.
  ...es sind noch mehr Leute mit Tatunca verschwunden.
  ...senden Sie mir Fotokopien von Johns Briefen.«
- Virginia Reed an Konsul Fish, 24.2.89: »...Ich möchte mit den deutschen Untersuchern in Verbindung treten...«
- Fish an Reed, 9.3.89: »...Tatunca scheint ein Deutscher zu sein. Das BKA kann Ihnen Fakten nennen. Die Untersucher sind Rüdiger Nehberg und Wolfgang Brög. Ich habe die US-Botschaft informiert. «
- BKA an Virginia Reed, 14.4.89: »...leider müssen wir Ihnen mitteilen, daß die Informationen, die Rüdiger Nehberg Ihnen gegeben hat, zutreffen...«

Erst im Februar 1989 also erhielten die Reeds die Nachrichten über den Fund der Gebeine und die traurige Gewißheit, daß John tot ist. Ja, viel schlimmer noch – daß er wahrscheinlich ermordet wurde und Tatunca als Täter in Frage kam. Jener ›Ehrenmann‹ Tatunca, dem er, John, vollstes Vertrauen entgegengebracht hatte, dessen raffiniert suggerierte Abschiedsbriefe er in Treu und Glauben geschrieben hatte. Mit John Reed hatte Bruggers Buch das erste Todesopfer gefordert.

Wolfgang und ich versuchten, nach Gesprächen mit Kurt Hartert vom BKA, uns in diese Situation hineinzuversetzen. Denn immerhin erfuhr die Mär um Tatunca, den Indianer, mit dem Verschwinden Johns eine entscheidende Wende. Was bisher noch das amüsante Generalstabsstückchen eines Gauners und Hochstaplers war, das erhielt nun eine ganz andere, eine tragische und hochdramatische Dimension. Hatte man als Nichtbetroffener bisher über diese besonderen Kabinettstückchen bewundernd und ein wenig schadenfroh lächeln oder herzhaft lachen können, so blieben einem jetzt die Lacher im Halse stecken.

Nach unserer Einschätzung war John offenbar der erste Fan, der nicht bereit war, umzukehren, der sich nicht auf die Tricks Tatuncas einließ, wenn dieser Gründe zur Umkehr inszenierte. Er stellt Tatunca damit unbewußt und in gutem Glauben vor eine Entscheidung, deren Folgen er nicht ahnen und abschätzen konnte, weil er Tatunca voll vertraute und davon überzeugt war, daß es Akahim tatsächlich gibt. Unabhängig davon, ob John alleine weitergehen wollte oder sie beide zusammen marschiert wären, für Tatunca gab es in diesem Moment nur eine einzige Möglichkeit: er mußte John gestehen, daß es Akahim gar nicht gab. Das hätte aber für ihn unabsehbare Folgen gehabt. Entweder spielte John dieses Spielchen mit oder er würde es in alle Welt hinausposaunen, daß Tatunca ein Betrüger war. Und da John ihm uneingeschränkt vertraute und ihn geradezu anbetete, war diese Möglichkeit die wahrscheinlichere. Johns tiefe Enttäuschung wäre unberechenbar geworden. Und das wiederum hätte dann zur Folge gehabt, daß Tatunca bis auf die Knochen blamiert wäre, daß er, wie in seiner trostlosen Jugendzeit, wieder der frustierenden Bedeutungslosigkeit preisgegeben wäre und – last not least – daß seine Haupteinnahmequelle damit versiegen würde.

John hatte also, ohne es zu wissen, Tatunca in die Enge getrieben.

Als Sandy Reed im Besitz des BKA-Briefes war, reagierte sie mit ungeahnter Energie.

Sie kündigte ihren Job, verkaufte ihr Auto, hob ihre bescheidenen Ersparnisse vom Konto ab und begann mit eigenen Recherchen. Zu sehr hatte sie ihren Bruder geliebt, zu sehr haßte sie jetzt Tatunca, der sie und ihre Mutter nicht nur neun Jahre hingehalten hatte, sondern auch noch Geld für eine Suchaktion herauszuschinden versucht hatte.

»Wenn ihr John gekannt hättet, würdet ihr mich verstehen. Wenn John ein Draufgänger oder Schläger gewesen wäre, wäre ich bestimmt weniger verbittert. Aber John war in meinen Augen der ehrbarste Mensch, den ich kenne. Er hat nie gelogen. Könnt ihr mir jemanden nennen aus eurem Leben, der nie gelogen hat? Ich kenne jedenfalls nur John. Er war die Zuverlässigkeit in Person, und er war intelligent. Er war kreativ und ein leidenschaftlicher Comic-Zeichner. Wahrscheinlich wäre das mal sein Beruf geworden. Er hatte sogar schon ein eigenes Buch geschrieben, aber der Verleger, dem er es gegeben hatte, ging pleite, und so war das Skript futsch. Allerdings war er auch empfänglich für solche Geschichten wie die des Tatunca.«

Wolfgang unterbrach sie.

»Stimmt es, daß John sich – wie Brugger – die Schildkröte auf die Brust tätowiert hat?«

»Nein, nicht die Schildkröte. Er hat sich in den USA Zeichen von Akakor tätowieren lassen und war schon begierig, sie Tatunca zeigen zu können.«

Sandy war nach Manaus und quer durch Brasilien geflogen. Sie besuchte die Schweiz, das BKA und uns. Wir trafen sie bei Wolfgang Brög in München in der Häberlstraße. Und wir waren beeindruckt von dem, was Sandy nun ihrerseits alles ermittelt hatte. Ihre mehrmonatigen Untersuchungen ließen viele der bisherigen Ergebnisse in noch anderem Licht erscheinen, und uns wurde immer deutlicher klar, warum sich Tatunca noch auf freiem Fuß befand.

Sie kam gerade aus der Schweiz, wo sie sich mit Ferdi nand Sch. getroffen hatte. Ich war überrascht, denn meine wiederholten Versuche, diesen ehemaligen Swissair-Piloten zu einem Gespräch zu bewegen, waren fehlgeschlagen. Selbst bei einem persönlichen Besuch ließ er sich verleugnen, obwohl er hinter der Tür stand. (Der Anruf eines schweizerischen Freundes, gleich nach meinem vergeblichen Besuch, bestätigte diese meine Vermutung.) »Ja«, meinte Sandy, »auf dich kamen wir auch zu sprechen. Dich mag er nicht. Er hatte eigentlich keinen konkreten Grund, aber im Laufe des Gesprächs spürte ich das Motiv heraus. Du hast ihm mit deiner Auffassung über Tatunca einen Haufen Illusionen zerstört. Acht Expeditionen hat er mit ihm gemacht. Er gehört zu den Leuten, die Tatunca bedingungslos geglaubt haben. Genau wie sein Freund Siegfried Sch. aus Freiburg, der bei unserem

Gespräch dabei war. Das Hauptargument der beiden mir gegenüber jedenfalls war: ›Der Nehberg, der will doch nur ein Buch darüber schreiben. Die Sache als solche interessiert ihn gar nicht.‹ Und für so was sind wir uns zu schade.«

»Hast du gesagt Siegfried Sch.?« unterbrach ich sie überrascht.

»Ja, ein Anthropologe oder so was aus Freiburg. Jedenfalls nennt er sich so. Ich glaube, er ist eher ein Pseudo- oder Hobby-Anthropologe.«

Ich mußte lächeln.

»Dann war ja die richtige Clique zusammen.«

Ferdinand und Siegfried – für mich zwei von den vielen Unbelehrbaren. Letzterer hatte mich nach Erscheinen meines Buches ›Yanonámi, Überleben im Urwald« und der Äußerung meines ersten Verdachts gegen Tatunca mehrfach in Hamburg angerufen und einmal nach einem Vortrag im Freiburger Audimax persönlich angesprochen. Seine Fragen waren endlos. Er habe Bruggers Buch gelesen und seitdem Tatunca ›erforscht‹.

Siegfried Sch. gilt als jemand, der ein recht brauchbares Archiv über Tatunca besitzt. Aber trotz aller Sammler- und ›Forscher‹-Leidenschaft war ihm die Wahrheit entgangen. Bitter für jemanden, der nicht nur viel Geld, sondern auch viel Zeit in das Projekt gesteckt hatte, und der seine Arbeit als Forschung betrachtete. Auch Siegfried Sch. gehörte neuerdings zu meinem Kontrahenten. Ich erklärte es den anderen:

»Nachdem ich wußte, daß man Tatunca weit mehr als nur Betrügereien zutrauen durfte, und nachdem die Toten gefunden worden waren, habe ich Siegfried Sch. um einen Gegen-Gefallen gebeten.« Diesmal wollte ich etwas von ihm wissen. Ich brauchte einen alten brasilianischen Illustriertenbericht, in dem über Tatunca berichtet worden war, und ich bat ihn um Ferdinands Adresse. Da ließ er seine Maske fallen. Statt des erhofften Artikels kam ein langer Brief, in dem er sich strikt weigerte, mir die erbetene Gefälligkeit zu erweisen. Hier ein paar Ausschnitte:

»... Waren die Leute bisher darauf aus, aus der phantastischen Geschichte des ›Indianerhäuptlings von Akakor‹ persönliches Kapital zu schlagen, so verleitet die jetzige Situation wiederum einige, aus der »Entlarvung des Schwindlers Günter Hauck« einen persönlichen Vorteil zu ziehen. Tatunca ist kein Jagdwild, und wir sind keine Jäger. Klarheit in den Fall Hauck alias Tatunca zu bringen, ist Aufgabe der deutschen und brasilianischen Polizei. Wir sind keine Hilfspolizisten. Leider hat uns diese jüngste Entwicklung in zwei verschiedene Lager geführt. Sie sammeln alle erreichbaren Informationen, suchen deutsche Verwandte und Kontaktpersonen von Tatunca auf, planen eine Expedition auf den Spuren der verschollenen Christine Heuser und wollen über alles ein Buch veröffentlichen. Ich habe es immer abgelehnt, aus meinem Wissen um die Tatunca-Geschichte Geld zu schlagen und werde auch niemanden unterstützen, der dies vorhat. Egal unter welchem Vorwand und mit welcher Motivation dies geschieht. Ich bedaure diese Entwicklung, denn ich habe Sie bisher sehr geschätzt.

Bei Herrn Ferdinand Sch. habe ich telefonisch wegen der Weitergabe seiner Adresse an Sie nachgefragt, da er mich schon vor Jahren gebeten hat, seine Adresse nicht an andere Personen weiterzugeben. Er hat mir dies bei meinem Anruf strikt verboten und mir erklärt, daß er mit Dritten über die Tatunca-Geschichte nicht sprechen möchte. Dies trifft besonders für Sie zu, da Herr Sch. schon seit längerer Zeit von Ihren Buchplänen weiß.«

»Das ist ja ein richtiger Edelmann«, resümierte Wolfgang.

»Der wahre Grund wird ja wohl eher der sein, daß er bei Aufklärung der Dinge ziemlich blamiert sein wird. Wie hatte es Tatunca einmal zu mir gesagt: ›Ein Anthropologe, der seinen Doktor mit mir bauen wollte‹. Außerdem hat er sicher viel Geld in seine Recherchen gesteckt und verloren.«

»Das ist interessant«, meldete sich Sandy wieder zu Wort, »was du da mit dem Buch sagtest. Ferdinand Sch. und Siegfried Sch. haben mich zehn Stunden ohne Pause bombardiert mit Fragen und Erzählungen. Und dabei hörte ich heraus, daß Siegfried Sch. nun selbst ein Buch schreiben will. Und für Ferdinand bricht ebenfalls eine Welt zusammen, weil er ja nun nicht einmal mehr sagen kann, daß er doch zumindest den Wasserfall am Padauirí entdeckt hat.«

»Glaubt er denn immer noch daran?« wollte ich wissen.

»Ja. Voll und ganz. Das hat er gesagt. Er hat es sogar deutlich in seine Karte eingetragen ›Cachoeira de Fernando Sch.‹. Hier habe ich eine Kopie.«

Ferdi erzählte Sandy natürlich auch die Geschichte vom Fund der sterblichen Überreste ihres Bruders.

Auch wenn Sandy die Geschichte hier in München scheinbar ohne innere Erregung erzählte, innerlich brodelte sie.

»Seit acht Jahren weiß man von Johns Leiche, und niemand hat uns davon erzählt. Daß Tatunca es uns nicht berichtete, ist mir klar, und Ferdinand und Siegfried waren zu einfältig und sind zu feige. Aber daß unser eigener Konsul James R. Fish in Manaus uns so nachlässig informiert hat, finde ich unverantwortlich und unverzeihlich.«

Und so kam sie auf James R. Fish zu sprechen.

»Der Konsul war mein erstes Ziel auf dem Weg der Recherche. Ich war mit ihm fest in Manaus verabredet. Doch als ich mit meinen genau disponierten Ersparnissen vor seinem Haus stand, war er nicht da. ›Er macht Urlaub in Recife‹, verkündete mir die Hausmaid, ›aber in ein paar Wochen kommt er zurück.‹«

Sandy war empört. Sicher zu Recht. Bestimmt hatte Fish gehofft, sie würde umkehren und er hätte fürs nächste Jahr seine Ruhe. »Er brauchte sie dringend, denn er hatte etwas zu verbergen«, empörte sie sich. Sie flog aber kurzentschlossen nach Recife. Dort stellte sich Fish notgedrungen ihren Fragen. Sie durfte sogar das Tonband laufen lassen. Und was sie herausfand, war beachtlich.

»Stellt euch vor: Da sagt dieser Mann, er habe schon immer gewußt, daß Tatunca ein Deutscher sei! Ich fragte ihn, wie er uns dann im Laufe der letzten Jahre mehrfach habe versichern können, Tatunca sei ein Indianer, er sei ehrenhaft und über jeden Zweifel erhaben. Und wieso er bei diesem Sachstand Tatunca auch jetzt noch als vertrauenswürdigen Führer an Touristen empfehle!«

Sandy wurde wütender. Hatten wir sie bis jetzt als humorvolle, geistreiche und charmante Erzählerin kennengelernt, spürte man nun einen Wandel ihrer Gefühle. Sie sah ziellos in Wolfgangs Wohnzimmer umher und holte sich das Gespräch in die Erinnerung.

»Fish tröstete mich dann mit Staatsanwalt Valente. Aber da war ich längst gewesen. Der Mann war genauso dubios. Mitten im Gespräch zeigte der mir auf einmal eine metallene Erkennungsmarke.«

»Kennen Sie die?« wollte Valente wissen.

»Mir genügte ein Blick, und ich sah, daß es Johns *dog tag* war, seine Erkennungsmarke vom Militär.«

»Tjaa«, sagte er gedehnt bis gelangweilt, »die hat mal irgend jemand beim Konsul abgegeben. Und den Paß auch.«

»Und wo ist der Paß jetzt?« fragte ich. Da meinte er, der sei komischerweise nicht mehr da. Vielleicht sei das mit dem Paß auch nur eine falsche Erinnerung. Denn Fish habe keine Aufzeichnungen darüber gemacht. Also auch nicht über die ›Hundemarke‹.

Sandy mußte erst mal einen Schluck Kaffee trinken, so erregte sie die Schlamperei dieser beiden Herren.

»Ich habe Fish das auch klipp und klar gesagt. Und sowohl er als auch Valente sagten übereinstimmend, Tatunca sei ein besonderer Fall, denn – und nun haltet euch fest – er sei 1972 bezahlter Söldner für die Regierung gewesen. Im Bundesstaat Acre habe er Militärpatrouillen *gegen* Indianer geführt!!!«

Jetzt war es ganz still im Raum. Immer mehr verdichtete sich der Verdacht, daß Tatunca doch Beziehungen hatte, und daß er gedeckt wurde, weil sehr Bedeutungsvolles zu verschleiern war. Denn Geld konnte es nicht sein, mit dem er den General schmierte. Geld hatte er nicht.

Blieb die Frage: Was mußte das Sensationelles oder für die Regierung Blamables sein, wenn man ihn dermaßen deckte?

Würden seine Kumpane ihn auch dann noch schützen,

wenn die wahren Zusammenhänge durch Buch und Film bekannt wurden? War das, was offensichtlich verschleiert werden sollte, so gravierend, daß der große Meister des Waldes nun selbst auf der Hut sein mußte, wenn seine wahre Identität offenbar und öffentlich wurde? Würden seine Gönner ihn auch dann noch schützen, wenn brasilianische Medien sich des Falles annahmen? Denn immerhin standen Brasiliens Werbung um Touristen und Tatuncas Tätigkeit als Touristenführer in krassem Kontrast.

So schien es jetzt auch klarer, wer Tatunca die geheimen Briefe des BKA zu lesen gegeben haben könnte, und wer ihm so die empörten Antwortschreiben suggeriert hatte: Valente, der Staatsanwalt.

»Wenn schon Valente nicht reagiert – warum redet Fish denn nicht und hilft ihm, zu verschleiern?« fragten wir Sandy.

»Das kann ich dir sagen«, antwortete sie, »der steht unter Druck. Er ist mit einer Brasilianerin verheiratet und möchte unter allen Umständen in Manaus wohnen bleiben. Das ist sein Schwachpunkt.«

»Dann war auch sein Urlaub in Recife nicht langfristig geplant und ein versehentliches Vergessen der Verabredung mit Sandy, sondern eine spontane Idee zur weiteren Verschleierung? Er hoffte, dich erst einmal abzuschütteln«, folgerte Wolfgang.

»Auf jeden Fall. Als ich dann auch noch erfuhr, daß ihm ein gewisser Zuaso den Mordverdacht an meinem Bruder gemeldet und er uns davon nie in Kenntnis gesetzt hatte, habe ich diesen Vorgang sofort dem Citizens Emergency Center in Washington gemeldet, daß es für ihn Konsequenzen hat. Diese Institution befaßt sich mit Beschwerden von Bürgern, die sich von Staatsdienern unzureichend betreut fühlen.«

Jetzt entschloß sich Sandy, Tatunca persönlich aufzusuchen und zu befragen. Sie hatte es schon oft vorgehabt. Aber immer wieder hatten Freunde ihr davon abgeraten. Auch Staatsanwalt Valente hatte ihr dringend empfohlen (!), nicht zu Tatunca zu gehen. Und allein hätte sie sich nicht nach Barcelos gewagt.

»Der Mann ist völlig in die Enge getrieben«, hatten alle gewarnt, »der kämpft mit dem Rücken zur Wand. Er wird vor nichts zurückschrecken, wenn er eine Entlarvung befürchten muß.«

Doch Wolfgang hatte ihr einen Plan unterbreitet.

»Paß auf, Sandy«, schlug Wolfgang vor, »du besorgst dir einen Journalisten von eurer größten Zeitung. Jemanden, dem du vertrauen kannst. Dann fliegt ihr nach Barcelos und trefft euch mit Tatunca. Ich komme ebenfalls mit. Aber ich werde mich zunächst verstecken. Denn auf mich ist er nicht gut zu sprechen. Er wird inzwischen wissen, daß ich mit Rüdiger zusammenarbeite. Aber ich werde in der Nähe bleiben und auf dem Sprung sein. Mach dir also keine Sorgen. In Gegenwart von Zeugen ist Tatunca feige.«

Es wurde beschlossen, daß ein Freund Wolfgangs die Begegnung filmisch festhalten würde.

»Dafür bezahle ich dir den Flug von Los Angeles nach Manaus«, bot Wolfgang noch an, denn er wußte, daß Sandy knapp bei Kasse war.

Im Juni 1990 war es dann soweit. Sandy flog nach Barcelos. Sie hatte Glück. Tatunca war zu Hause. Eine Voranmeldung war nicht ratsam gewesen. Es sollte ein Überraschungsangriff werden. Und das wurde es.

Das Gespräch dauerte eine Stunde. Tatunca wechselte ständig seine Gesichtsfarbe von blaß auf rot und stolperte vom Englischen ins Deutsche, weil der Kameramann ein Deutscher war. Hier ein paar Ausschnitte.

»Ich bin Sandy Reed.«

»Aah – die Schwester von John Reed?«

»Genau. Du hattest uns ja angeboten, herzukommen, aber Dr. Valente hatte mir dann abgeraten. Er hielt es für zu gefährlich.«

»Ja, ich weiß. Doctor me say, you were in Manaus, Consul America, so, why you no come to Barcelos? Miss Reed, I kill brother? Crazy!«

»Ich bin gekommen, dir diese Frage zu stellen: Was ist mit meinem Bruder geschehen?«

»Dein Bruder? Der kam vor neun oder zehn Jahren hierher. Er wollte Mineralien suchen. ›How much money is this‹, he ask, and I say fivehundred dollar.«

»Wolltet ihr zum Rio Padauirí?«

»Yes. Your brother come three days. I nimm an ouboat from the mission…«

»Hast du ihn in Manaus getroffen und hergebracht?«

»Nein. Dein Bruder ist mit dem Schiff nach Barcelos gekommen.«

»Allein? Nicht mit dir zusammen?«

»Nein. Ich hatte gar keine Zeit damals.«

»Wann habt ihr Barcelos verlassen?«

»Daran kann ich mich nicht erinnern.«

»Du bist also nur drei Tage mit John zusammengewesen?«

»Ich weiß jetzt, daß wir Niedrigwasser hatten. Also konnten es nur die Monate September bis April gewesen sein. Auf jeden Fall waren es nur drei Tage. Three days I go… The river. John give me three, four card, oben in the river he say ›I like to go in the jungle‹. I say: ›What is this? I have family. I not go in the jungle, you crazy‹.«

Aber dann hätte John ihm Geld angeboten.

»›I give you money‹, he say. I say: ›please‹.«

»Wieviel Geld hat er dir gegeben?«

»Eintausend Dollar.«

»War das Johns Geld oder Bruggers?«

»Er sagte mir, Brugger habe ihm das gegeben, damit ich ihn zu meinem Volk führe.«

»Ach so. Du hast ein Volk?«

»Ja, ich habe ein Volk.«

»Wie heißt es?«

»Pachuana.«

»Ich denke Ugha Mongulala?«

»Hier in der Zivilisation nennt man sie Pachuana. Sie kommen aus der Gegend um Acre, bei Peru. Dort an der Grenze bin ich geboren. Es gibt viele Journalisten, die darüber berichtet haben.«

»Ja. Auch die ›Chronik von Akakor‹ erzählt davon.«

Doch da wird Tatunca böse.

»I don't schrift this book. It was Karl Brugger. I distance this book from me.«

»Ist alles in dem Buch Lüge?« bohrte Sandy weiter.

»80 %. I say, please, Mister, I don't say the name John: Set down here and schrift for the police a card para no say I kill you here in the jungle. Set down, one night, he schrift four cards.«

»Hat er dir sonst noch was ausgehändigt? Tickets zum Beispiel, einen Paß...«

»Nein. Nichts. Er hatte einen dreißig Kilo schweren Rucksack. Darin hat er alles mitgenommen.«

»Und er hat dir nicht diese Erkennungsmarke gegeben und den Paß?«

»Er hat alles mitgenommen.«

»Aber wir haben seine Flugtickets vom Konsul bekommen. Du warst es, der sie ihm aushändigte und auch diese Erkennungsmarke.«

»I not verstand. What that?«

Der Kameramann übersetzt: »Konsul Fish hat uns die Tickets damals geschickt und wir haben uns das Geld erstatten lassen.«

Tatunca: »Darin muß Fish irren. Ich habe nur die Briefe abgegeben.«

Sandy: »Ich glaube eher, daß du irrst. Denn Fish hat der US-Botschaft in Brasilia schriftlich bestätigt, diese Sachen von dir erhalten zu haben.«

»John hat mir nur einen Bogen und Pfeile gegeben. Aber das war ein Geschenk. Dafür habe ich ihm ein Gewehr geschenkt. Brugger hatte ihm außerdem einen 32er Revolver geliehen.«

»Das wundert mich. Warum gabst du ihm ein Gewehr, wenn er doch einen Revolver hatte?«

»Weil mit einem Revolver macht man nicht viel im Urwald. I have Jaguar, I have much animals and one man not go, it is crazy, an indio go immer two man, three man, niemals geht ein einziger Mann in den Urwald, immer sind es zur zweit oder zur dritt. Der einzige, der alleine geht, das bin ich.«

Und nach einer Sekunde der Stille: »Ich glaube aber, deine Sorgen sind unnötig. Vor einem Jahr kamen zwei Goldgräber von da oben. Sie meldeten, daß da ein großer blonder Mann unter den Indianern lebe. Er sei dort verheiratet, habe zwei Kinder und spricht ihre Sprache. Er hat die Goldsucher von dort vertrieben. Ich selbst habe ihn noch nicht gesehen. Ich habe deshalb immer noch die Hoffnung, daß es John ist, daß er lebt. Denn er liebte den Dschungel.«

»Ja. Das stimmt. Er liebte aber auch dich. Er hat dir voll vertraut.«

»Ja. He very good fried from me.«

»Du sagst also auch, daß es gelogen ist, daß John dich zweimal besucht hat? Du bleibst dabei, daß du ihn nur drei Tage gesehen hast?«

»Ja. So ist es.«

»Das würde bedeuten, mein Bruder und Brugger haben in all ihren Briefen gelogen?«

»Mein Englisch ist nicht gut...«

»Und wie war das, als du Johns Überreste gefunden hast? Da hast du zu Ferdinand gesagt ›Hier, das ist von John Reed‹.«

»Was soll ich gesagt haben? Das ist ja verrückt! Das ist nicht wahr.«

»Du hast seine persönlichen Sachen wiedererkannt und hast gesagt ›Schau, und dies sind Johns Rippen, weil die anderen Teile hundertprozentig von John sind.‹«

»Ach du liebe Zeit. Damit wollte ich mich wichtig machen vor Ferdi.«

Tatunca lehnte sich zurück und lachte aus vollem Halse. Beifallheischend blickte er in die Runde: zum Reporter der Los Angeles Times, zum Kameramann und dann zu Sandy.

»Weißt du, was das für Knochen waren?«

Er mußte sich erneut unterbrechen, das Lachen erschwerte ihm das Sprechen.

»Das waren Wildschweinknochen und nichts anderes.

Und das kam so: Ich war damals allein unterwegs. Zu meinem Volk. Ich machte Camp und lag in meiner Hängematte. Ich aß vom Wildschwein, das ich mir geschossen hatte. Mitten im Essen höre ich auf einmal Geräusche. Ich denk, das ist ein Überfall. Ich also sofort aus der Matte und weg mit dem Boot. Ich habe mein ganzes Camp im Stich gelassen. Und das Wildschwein habe ich natürlich auch in der Hängematte gelassen.«

»Siegfried Sch. und Ferdinand Sch. hast du ganz was anderes erzählt. Da hast du gesagt, John habe sich an einem indianischen Mädchen vergriffen...«

»Das ist doch alles Quatsch. Die wollen mich doch alle nur fertigmachen. So ganz billig. Aber ist ja klar, so was verkauft sich gut: zweiter Rambo, Mutter Nonne, Vater Indianer, spricht deutsch, ist Brasilianer, hat falsche Papiere... Das verkauft sich wie warmes Brot. Ich wünschte nur, ich könnte dir endlich beweisen, daß dieser verfluchte John da oben noch lebt. Gib mir Geld und ich suche ihn.«

Sandy war mit ihrer Beherrschung am Ende. Tränen stürzten ihr aus den Augen. Sie schüttelte die Fäuste gegen Tatunca. Endlich gewann sie ein wenig von ihrer Fassung zurück: »Ich weiß, daß ihr vereinbart hattet, du würdest ihn zu deinem Stamm führen. Das konntest du nicht, denn den gibt es nicht. Darum mußte er sterben. Vorher hast du ihn aufgefordert, die Briefe zu schreiben. Darin sollte er sagen, er sei dir davongelaufen, damit man dir keine Vorwürfe machen könnte. Nur – das hat er nicht geschrieben.«

Wieder weinte Sandy heftig.

»Du hast das alles geplant, als du merktest, daß er nicht zu denen gehörte, die umkehrten. Du hast zu Brugger gesagt, wenn John da oben bleiben wolle, müsse er dir die Briefe zu deiner Entlastung schreiben, weil Weiße nicht bei Indianern leben dürfen. Und er mußte versprechen, für längere Zeit in Akahim zu bleiben. Ich weiß jetzt, Tatunca, du hast ihn umgebracht! Nicht ein einziges Mal hast du hier die Wahrheit gesagt. Ich schwöre dir: Du wirst für den Tod bezahlen!«

Die abenteuerliche Legende von Dieter Kronzucker und Franz Tartarotti

»Vor einer grünen Wand ist Schluß. Bäume, Sträucher, Blätter, Farne, Lianen – die gesamte Botanik des tropischen Dschungels scheint verwoben und verfilzt zu einer uneinnehmbaren Festungsmauer – versperren uns den Weg. Da hilft keine Machete mehr und auch nicht unser Führer Tatunca Nara.«

Zitat aus Dieter Kronzuckers HÖRZU-Bericht ›Meine Suche nach der Geisterstadt im Dschungel‹ (zu seinem Film ›Wagnis am Rio Negro‹ (14.5.1989), aus der Reihe ›Abenteuer und Legenden‹) und gleichzeitig ein Urwald-Klischee, wie es nur jemand schreiben kann, der entweder nie vor Ort war oder jemand, der durch Übertreibung seine defizitäre persönliche Leistung aufwerten möchte. Denn solche uneinnehmbaren Wände gibt es in ganz Amazonien nicht.

Aber gerade deswegen interessierte mich der Bericht. Denn in dem angekündigten Film ging es immerhin um Tatuncas verflixte, unentdeckbare Stadt Akahim (die in Kronzuckers Berichten fälschlich Akakor genannt wird), und die drei wakkere Männer sowie zwei Filmteams unter Führung der Herren Tatunca Nara, Dieter Kronzucker und Franz Tartarotti dennoch zu finden hofften.

Wäre nur diese verdammte, undurchdringliche grüne Höllenwand nicht gewesen, dann wäre die Welt heute, dank Kronzucker und Tartarotti, um eine Legende ärmer und um eine Sensation reicher. Aber es haperte ja nicht nur an der Filzmauer. Ein Unglück kommt bekanntlich selten allein: Just in diesem Moment ›versagt auch (noch) seine (Tatuncas) indianische Spürnase‹.

Kronzuckers Angaben zufolge war dies schon sein dritter

vergeblicher Versuch, ›Akakor‹ zu finden. Daß die Stadt aber immer nur dann nicht gefunden wurde, wenn Fremde dabei waren, hat die ZDF-Leute nie zum Nachdenken veranlaßt. Obwohl doch Tatunca nicht nur über eine indianische Spürnase verfügte, sondern pro Jahr nicht weniger als ein- bis zweimal ›sein Volk‹ zu besuchen pflegte. Jedenfalls behauptete er das oft und gern. Und dann fand er es stets ohne Mühe und brauchte nie erfolglos umzukehren.

Tatunca zu uns: »Wieso denn nicht? Oder habt ihr schon mal euer Haus in München oder Hamburg nicht wiedergefunden?«

»Das ist uns noch nie passiert, aber dir passiert es doch laufend, achtmal bei Ferdinand, einmal bei Cousteau, dreimal bei Kroni, dreimal bei Brugger, um nur ganz wenige zu nennen. Ach so: und bei Reed, bei Wanner und bei Christine«, konnte ich mir die vorlaute Bemerkung nicht verkneifen.

Da hatte man den großen Edelmann in Bruchteilen von Sekunden von null auf hundert, schneller als das beste High-speed-turbo-quality-Auto.

»Erzähl doch nicht solchen Quatsch. Keinem einzigen von denen habe ich das versprochen, wohl aber reden die ständig davon. Und Kronzucker war überhaupt nur einmal hier und nur für einen einzigen Tag am Wasserfall.«

Weiter im Kronzucker-Bericht, denn so schnell gab das wagnisfitte Team nicht auf. Es erkundigte sich bei den Anrainern. Aber ›Indios wie Weiße sind überzeugt: Reste der alten Festung gibt es wirklich‹. Doch ›als wir den Namen (Akakor) bei den Yanomami erwähnen, werden ihre Gesichter ernst. Nein, übersetzt Tatunca Nara, dorthin würden sie auf keinen Fall gehen, denn das Gebiet sei verzaubert, bringe den Tod‹.

Vielleicht lag das daran, daß man sich immer nach Akakor erkundigt hatte und nicht nach Akahim. Denn so heißt die heilige Stätte der Ugha Mongulala heute und nicht anders. Akakor liegt in Peru, ein paar tausend Kilometer entfernt. Mußte man, ich Nehberg, denn alles selbst machen? Vielleicht war das überhaupt der springende Punkt! Man hatte falsch gefragt. Was ich nur nicht verstehen konnte war, daß selbst das Sprachgenie Tatunca die Vokabeln verwechselt haben sollte.

Des Rätsels Lösung war einfach: Tatunca war bei den Dreharbeiten im Yanomami-Land gar nicht dabei.

Aber da Kronzucker es ein viertes Mal versuchen wird, wie er den HÖRZU-Lesern versprach, wäre das vielleicht der entscheidende Ansatz. Man muß nach ›Akahim‹ fragen. Diesen Tip erteile ich kostenlos.

Nun – so ganz für die Katz war die Expedition denn doch nicht. Nach harten Märschen und ›zwölf Camps‹ stand sie plötzlich vor ›eingestürzten Mauern eines uralten Gebäudes‹. War das Akakor?

Da man sich ›zwei Forschern‹ angeschlossen hatte, nämlich Hans Tropper und Günther Huber, mußten sie einsehen, daß es sich *nicht* um Akakor handelte.

Dennoch zeichneten Kronzucker und Tartarotti in ihrem Buch die Ruinen im Yanomami-Land ein. Es störte sie nicht, daß es sich dabei um die Reste einer alten Fabrik handelte. Und es störte sie erst recht nicht, daß diese Ruine nicht im Yanomami-Land liegt. Sie wurde bewußt falsch dort eingezeichnet, denn in Wirklichkeit befindet sie sich am Rio Negro. Und um das zu ermitteln, hätte es nicht der ›Wissenschaftler‹ bedurft. Es hätte genügt, die Ansiedler zu befragen.

Und abgesehen davon war der Film von Kronzucker und Tartarotti nicht aus einem Guß. Das erfuhr ich von Wolfgang Brög und Ulrich Krafzik. Sie waren es nämlich, die viele jener Filmszenen zwei Jahre zuvor gedreht hatten – aber in ganz anderem Zusammenhang. Mit Tatunca hatte der Dreh absolut null zu tun.

Ich fuhr damals, 1987, mit dem Tretboot über den Atlantik. Von Senegal nach Brasilien. Die Reise war als Demonstration für die Yanomami gedacht. Das Tretboot war mein ›Hingucker‹, der zum Nachdenken und Kritisieren verleiten sollte. Und dabei sollte man erfahren, daß ich mit diesem Spektakel eine Bittschrift ins Gespräch bringen wollte. Sie war von der ›Gesellschaft für bedrohte Völker‹ und auch von

Greenpeace und dem World Wide Fund for Nature unterzeichnet. Gerichtet war sie an den damaligen brasilianischen Staatspräsidenten José Sarney, und sie forderte ihn auf, den Yanomami das ihnen laut Verfassung zustehende Schutzgebiet zu geben.

Um in dem ZDF-Tretbootfilm zu zeigen, wer die Yanomami überhaupt sind, wollten Wolfgang und Ulli während meiner Überfahrt zu ihnen, um sie mit ein paar Filmszenen vorzustellen.

Davon hatte die Kronzucker-Redaktion erfahren und Wolfgang beauftragt, parallel einen Film zu drehen, der ein paar gestandene Männer zeigen sollte, die ihren Urlaub im Urwald verbringen wollten.

Infolge jeglichen fehlenden Konzeptes gab es zwischen Tartarotti, der anfangs noch bei den Dreharbeiten zugegen war, und Brög Differenzen. Resultat: Der Film sei unbrauchbar.

Aber so unbrauchbar war er dann wohl doch nicht. Denn nun, 1989, hatte man die alten Szenen munter unter die mit einem anderen Team nachgedrehte Akakor-Geschichte gemischt.

Wir ahnten das bereits beim Studium des zitierten HÖRZU-Berichts. War da doch im Programmteil ein Foto, das Ulli beim Filmen zeigte. Und beide versicherten übereinstimmend: »Kronzucker haben wir bei diesem Dreh nie gesehen. Er hat sich, nur für sein obligates Statement, eigens mit einem Wasserflugzeug an die Cachoeira da Aliançia einfliegen lassen. Und Tartarotti war nur auf dem ersten Drittel des Rio Paudauirí bei uns. Keiner von beiden war da oben im Yanomami-Gebiet, wo sie dann im Buch die Ruinen eingezeichnet haben.«

Aber immerhin wurde Wolfgang unmittelbar vor Ausstrahlung des Films von der Kronzucker-Redaktion angerufen: »Wir sind gerade beim Gestalten des Nachspanns zum Akakor-Film. Er enthält auch Szenen, die Sie und Herr Krafzik vor zwei Jahren gedreht haben. Wie sollen wir Sie dort aufführen? Als ›Regisseur‹, als ›Co-Regisseur‹ oder was würden Sie lieber sehen?«

Wolfgang mußte nicht lange überlegen.

»Ich habe den HÖRZU-Artikel gelesen, und ich kann mich nicht erinnern, zum Thema Akakor je auch nur einen einzigen Meter gedreht zu haben. Deshalb möchte ich unter gar keinen Umständen erwähnt werden.«

Das hat man respektiert, Wolfgang wurde nicht aufgeführt. Nur Ulli mußte herhalten. Ihn hatte man nicht befragt, seine Tätigkeit war klar: ›Kamera: Ulrich Krafzik‹.

Und hier ein paar Kostproben aus dem Buch. Da war zum Beispiel die Rede von ›bis heute keine zuverlässigen Karten‹ (obwohl gerade Brasilien über phantastisches und leicht käufliches Kartenmaterial verfügt, wie ich an anderer Stelle schon erzählt habe), und infolgedessen finden die unerschrockenen Forscher die Mündung des Rio Paudauirí erst ›nach zwei Tagen mühsamer Suche... denn Kapitän Renaldo und sein Steuermann kannten diesen Nebenfluß bislang überhaupt nicht.‹

Das ist schon ziemlich starker Tobak, wenn man weiß, daß dieser Fluß so breit ist wie die Elbe oberhalb Hamburgs und eine ganz klare Mündung in den Rio Negro besitzt. Und der außerdem seit mehreren hundert Jahren von über fünfhundert Brasilianern bewohnt wird, die ständig zwischen Barcelos und ihren Siedlungen hin- und herfahren.

Zuhauf fand man dann die üblichen Groschenheft-Klischees eingestreut, die das ›Wagnis am Rio Negro‹ erst zu einem echten Wagnis aufpeppten. Allerdings zu Lasten der Tierwelt und zu Lasten der Yanomami-Indianer.

Da bedrohten nicht nur ›Horden von Piranhas‹ die Eindringlinge, oder Jaguare, oder Riesenschlangen, sondern auch ›ein Heer fingergroßer Ameisen, giftige Spinnen, Frösche und Schlangen... Vampire, die blutsaugenden Fledermäuse‹. Alligatoren mußten sie ›verscheuchen, um die Boote gefahrlos über die Hindernisse tragen zu können‹, während Piranhas im klaren Wasser ›ihre Füße und Beine umkreisen‹. Teilnehmer Seppi erwürgt eigenhändig einen Affen, und zum Abendessen gibt es außerdem einen Nasenbären, einen kleinen Alligator und ein Wasserschwein.

Und was wäre ein Besuch bei ›wilden‹ Indianern ohne einen stilvollen Überfall!? Das wäre doch wie ein Piranha ohne Zähne! Also wurde auch die Kronzucker-Gruppe prompt ›von einem Dutzend mit Pfeilen und Speeren bewaffneten Indianern umstellt‹, von denen ›einer sogar mit dem Speer auf sie zugehen will‹. Aber Kronzucker und Tartarotti haben Glück: ›Ein anderer hält ihn zurück.‹

Um die Glaubwürdigkeit dieser Aussage zu festigen, wird Cousteau zitiert. Dessen Reise (1981) erfuhr ›ein jähes Ende: Das im Regenwald vorgeschobene Lager war eines Nachts von wilden, mit Curare-Pfeilen bewaffneten Yanomami-Indianern eingekesselt, und die Forscher mußten im letzten Augenblick mit Hubschraubern ausgeflogen werden.‹ In Cousteaus Film stellte sich mir das jedoch ganz anders dar. Demzufolge kam Tatunca Nara wieder einmal aufgeregt ins Camp gestürzt und berichtete von ›feindlichen Spuren‹. Wie er sie von harmlosen unterschied, blieb eines seiner Geheimnisse. Es verwunderte vor allem dann, wenn man sich in Erinnerung rief, daß der große Häuptling auf der anderen Seite nie in der Lage war, Pyramiden und Geisterstädte wiederzufinden, die er einmal oder hundertmal gesehen hatte. Und obwohl sie doch viel deutlicher als Fußspuren waren.

Cousteau nahm sich Tatuncas Warnung zu Herzen und befahl mit Rücksicht auf seine Leute, umzukehren.

Und dann wird in Kronzuckers Buch fleißig Tatuncas Image als Indianer aufgebaut: ›Die neueren Daten, die Tatunca Nara nannte, ließen sich zweifelsfrei belegen‹ und Einheimische, die den Wald sonst wie ihre Westentasche kennen, hatten zwar noch nie etwas gesehen (wie sollten sie auch) – aber ›sie hatten davon gehört‹. Wenn das kein Beweis war! ›Wer sich dennoch hinwagte, kehrte nicht zurück‹. Die nackte Angst also, als ein weiterer Beweis. Und endlich sagte einer: ›Fragen Sie doch Tatunca, der hat bei denen gelebt. Er genießt bei ihnen größten Respekt.‹ Und an anderer Stelle: ›Seine Hautfarbe gleicht der indianischen. Er spricht deutsch, doch mit vielen Fehlern.‹ Daß Tatunca fließend deutsch spricht, versetzt mit allen modernen Modeslogans (Darauf fahr ich voll ab, darauf hab ich null Bock, mach mich nicht an...), wurde wohlweislich ignoriert, obwohl die Kronzucker-Redaktion schon lange vor Ausstrahlung des Films vom BKA (Kurt Hartert) in Kenntnis gesetzt worden war, daß Tatunca Nara nicht der Mann ist, für den sie ihn halten, sondern ein Bayer.

Das hätten sie aber auch leicht selbst erfahren können, denn viele namhafte Großzeitschriften/-zeitungen (Stern, Bunte, Bild, Welt am Sonntag) hatten bereits ausreichendes und stimmiges Archivmaterial über den ›Indianer aus Nürnberg‹ (Bild).

Genug der Zyne. Film und Buch sprachen für sich. Dennoch war ich beruhigt, als ich las, daß auch andere Zuschauer und sogar ohne unser Insider-Wissen, den Kronzucker-Film so empfunden hatten wie wir.

Zum Beispiel Oswald Iten, in der ›Neue Züricher Zeitung‹ (28./29. Mai 1989). Überschrift: ›Das ZDF am Rio Negro – peinlich und skandalös‹.

Zitate:

- Doch dann artete der Beitrag zu einer perversen Peinlichkeit aus...
- Wenn der Besuch wirklich isolierten Indianern galt, wie Kronzucker ausführte, so leistete sich das ZDF, auch ohne die Waffen zu gebrauchen (Anmerkung Nehberg: Die die Teilnehmer gern und sichtbar trugen), eine Schweinerei.
- Nicht einmal seiner publizistischen Pflicht kam das Fernsehteam nach, uns vom schier hoffnungslosen Überlebenskampf der Yanomami zu berichten...
- Und davon, daß die ›Indianerschutzbehörde‹ FUNAI mit den Goldsuchern unter einer Decke steckt (Anmerkung Nehberg: Statt dessen lobte Kronzucker die FUNAI).
- Bleibt ein Rätsel, daß im aufgeklärten ZDF niemand den Mut aufbrachte, den Starreporter Kronzucker an den Strand zu schicken – und ihn vor einem Tiefpunkt seiner Karriere zu bewahren. Sein ›Wagnis am Rio Negro‹ geriet zu einem Skandal.

Immerhin ließ Kronzucker, nun gewarnt, zum Schluß seines Buchkapitels über Tatunca einen Absatz anfügen, der wohl vorbeugen sollte: ›Nach unserer Rückkehr werden wir in Deutschland erfahren, daß Tatunca Nara möglicherweise ein Deutscher namens Günther Hauck ist... und als Führer der Indios gegen weiße Siedler, Baumfäller und Goldsucher gekämpft haben soll...‹

Aber nicht einmal dieses letzten Fünkchen Hoffnung können wir den Illusionisten lassen. Tatunca Nara ist nicht ›möglicherweise‹ ein Deutscher, sondern erwiesenermaßen, und Tatunca Nara hat nie für Indianer gekämpft. Eher war das Gegenteil der Fall.

Fairerweise hatte Wolfgang seinen Recherche-Film (den Film zu diesem Buch) zuerst der Redaktion Kronzucker angeboten, zur Rehabilitation. Man lehnte dankend ab, und so wurde der Film vom WDR im Frühjahr 1991 gesendet.

Vielleicht wird dann Leuten wie Kronzucker klar, daß sie mit ihren phantastischen und erlogenen Geschichten in unverantwortlicher Weise weitere Gläubige in Tatuncas Arme treiben. So wie es Brugger mit seinem Buch tat – im Falle Reed, im Falle Wanner und im Falle Heuser. Und womöglich ist er dann selbst das Opfer seiner Phantastereien geworden.

Inzwischen ist Dieter Kronzucker vom ZDF zu SAT 1 gewechselt. Laut ›Bunte‹ vom 13.6.1990 weinte ihm beim ZDF niemand eine Träne nach. Dafür wurde er bei SAT 1 von Chefredakteur Michael Rutz wohl mit Tränen begrüßt. Natürlich mit Tränen der Freude: »Kronzucker ist kompetent, beliebt, seriös.« Das mag Ansichtssache sein. Aber man darf Rutz zustimmen, wenn er fortfährt: »Es gibt nur wenige von seiner Sorte.«

Und man darf auch der ›Bunten‹ zustimmen, wenn sie schreibt: ›Einer von den wirklich Netten. Dem man glaubt, bevor er die Nachricht bringt.‹

Sofern die Betonung auf ›bevor‹ liegt.

Tatunca auf dem Kriegspfad

Tatuncas Fans sterben nicht aus. Berichte wie die krongezukkerten sorgen für Nachschub und bringen Tatunca und seine Fans auf Trabtarotti.

So war der ›Neuen Revue‹ nach Wolfgangs Filmreise zu entnehmen: ›Rätselhafte Morde im Dschungel. Abenteurer Nehberg jagt den Amazonas-Killer: Maggy Nehberg (47): ›Mir gegenüber hat er zugegeben, daß er die drei umgebracht hat.‹

Natürlich hatten weder Tatunca noch infolgedessen Maggy derartiges gesagt.

Auf Maggys telefonische Reklamation bei der ›Neuen Revue‹, beschied ihr der betreffende Schreiber, so habe er das eben verstanden und damit basta. Über den tatsächlichen Sachverhalt informierte ich daraufhin sofort Kurt Hartert vom BKA und vor allem die Mutter der Christine Heuser, die immer noch einen Funken Hoffnung besaß, ihre Tochter könne leben.

Aber auch seriöse Journalisten wurden aktiv und entwickelten Phantasie.

Da war die ›Bunte‹, namentlich ihr Berichterstatter Manfred Hart und der Fotograf Erwin Decker. Sie tauchten eines Tages, deklariert als Urlauber, mit Tatuncas Ehefrau Nr. 1, Christa Hauck (51), in Barcelos auf.

Erst während eines kleinen touristischen Ausflugs in die Umgebung von Barcelos gab man sich zu erkennen.

Zitate ›Bunte‹:

Tatunca... warnt vor Krokodilen: »Bitte nicht mit den Händen ins Wasser fassen!« Er reicht Christa Hauck die Hand, um sie über die glitschigen Planken zu führen.

»Du brauchst mir nicht zu helfen«, zischte sie ihn an. »Du bist auch kein Indianer.«

»Sie hier?«

»Ja«, sagt sie.

»Wie geht's den Kindern?«

»Gut. Es sind brave Kinder«, sagt sie.

»Gut«, sagt er. »Sag ihnen, ich werde ihnen schreiben.«

Soweit die ›Bunte‹ wörtlich.

Es folgen ihre Vorwürfe wegen des Im-Stich-Lassens. Aber da hatte sich Tatunca längst gefangen, und gekonnt hielt er ihr vor:

»Ich habe dir von Anfang an erzählt, daß ich Indianer bin. Du wußtest doch, daß ich mir in Nürnberg den Paß von einem besorgt hatte, der zur Fremdenlegion ging. Das war der Günther Hauck. Ich war immer Indianer.«

Der Bericht zeigte mir, daß Tatunca sich seine Vergangenheit für eventuelle Verhöre schon gut zurechtgelegt hatte.

Die Leute der ›Bunten‹ hatten Tatunca natürlich auch den Artikel aus der ›Neuen Revue‹ präsentiert. Sie erhofften sich eine spontane Reaktion, ein Geständnis. Natürlich nichts dergleichen. Doch so wurde Tatunca auf dem laufenden gehalten. So war er stets gut informiert. Und er schoß zurück. Datiert vom 28. August 1989 erreichte mich die Unterlassungsaufforderung einer Hamburger Rechtsanwaltskanzlei: Maggy und ich dürften bei Androhung von 10000,– DM Strafe nicht mehr behaupten, Tatunca habe die drei Morde gestanden.

Ich unterzeichnete das nicht, weil ich diese Behauptung nie ausgesprochen hatte.

In Gang gesetzt hatte diesen Antrag ein gewisser Wolfgang Gallus aus Großholbach.

In einem Brief informierte er Tatunca, mit besten Grüßen auch von seinem Freund Lothar Leder, er habe schon viel für ihn, Tatunca, erreicht.

»Der Dreh bei der Sache ist folgender: Sollte Nehberg nach Erhalt des Schreibens sagen, ich habe nicht gesagt, Tatunca Nara hätte Leute ermordet, dann muß die Presse die Behauptungen zurücknehmen.«

Und dann kam die Offenbarung, weshalb der gutmeinende Schreiber sich überhaupt so engagierte.

»Bist Du mittlerweile bei deinem Volk gewesen und hast

ein Beweisstück mitgebracht? Wenn ja, laß uns das wissen, damit wir die nötigen Vorbereitungen für einen Besuch bei Dir treffen können. Wenn nicht, teile uns bitte mit, wann Du einen Besuch bei deinem Volk geplant hast.«

Gallus fuhr fort:

»Du weißt, das ist der Hauptbeweis für Deine Rehabilitierung... Wir nehmen an, daß wir in Deinem Sinne alles positiv erledigen konnten und würden uns freuen, wenn Du, auch im Sinne Deiner Familie und Deines Volkes, uns nun die Gelegenheit gibst, Dein Volk kennenzulernen.«

Na dann freut euch mal schön, dachte ich.

Tatunca fuhr natürlich mehrgleisig. Auch andere Fans konnte er aktivieren. So schrieb Werner Römer aus Gunzenhausen am 12.8.1989 einen Brief an die Hamburgische Staatsanwaltschaft. Er stellte sich als ein politisch ›arrangierter‹ Bürger vor, der wisse, wovon er spreche. Es sei schon ein Skandal, ›wie leichtfertig in unserem Rechtsstaat mit dem Leumund eines Menschen umgegangen‹ werde. ›Reporter haben absolute Narrenfreiheit. Die Hauptsache, man kann aus einer Mücke einen Elefanten machen.‹

Er habe Tatunca als vertrauenswürdigen Führer kennengelernt. Bei seiner dreimonatigen Reise hätten weder seine Frau noch Bekannte je das Gefühl gehabt, einem Mörder gegenüberzusitzen.

»Da kommt dann ein Herr Nehberg, dessen einzige Heldentat es ist, in der Öffentlichkeit einige Regenwürmer zu fressen oder unter Einsatz seines Lebens mit einer toten Schlange zu kämpfen und behauptet, am Amazonas einen Touristenmörder entlarvt zu haben. Rache dafür, daß Senhor Nara nie bereit war, ihn auch nur einen Meter in den Urwald zu führen? Oder was meines Erachtens naheliegt, sich mal wieder in der Öffentlichkeit zu produzieren und wirtschaftlichen Profit zu machen? Dazu ist ihm dann jedes Mittel recht. Besonders erschütternd ist es für mich, daß damit mal wieder ein oder mehrere Deutsche skrupellos eine jüdische Familie ins Unglück und wirtschaftlichen Ruin stürzen (Frau Nara ist deutschstämmige Jüdin...)«

Der Brief wimmelt von weiteren Polemiken und endet mit dem Satz: »Lieber Indianer am Rio Negro als Deutscher in Deutschland.«

Den letzten Pfiff erhielt sein Brief aber auch erst durch einen persönlichen Gruß, den er unter die Kopie an Tatunca gesetzt hatte.

»Halloo, Häuptling grüß Dich, lieber Freund...«

Der nächste gutgläubige Kunde.

Aber was wollte man auch von Leuten erwarten, die ihm als Touristen begegneten? Wie sollten sie seinen Erzählkünsten gewachsen sein? Wie sollten sie merken können, daß in Tatuncas Brust zwei Seelen wohnen, wenn nicht mal seine Kinder aus erster Ehe wußten, woran sie wirklich waren?

Da war sein Sohn Werner. Als ihn die Gerüchte um seinen Vater erreichten, wurde er neugierig. Er konnte es sich nicht vorstellen, daß es jemanden gab, der seine Mutter so schmählich im Stich gelassen hatte, und der nun drüben in Brasilien unter anderen Verhältnissen den treusorgenden Ehemann spielte, den liebenden Vater. Immerhin war es sein leiblicher Vater, und Werner wollte ihn zumindest einmal gesehen haben.

»Was ich dann mit ihm mache, weiß ich noch nicht«, sagte er mir bei einem Gespräch in einer Eisdiele in Nürnberg. Und voller Stolz berichtete er von seinem ersten Erfolg.

Er hatte ihn von Deutschland aus angerufen und im Hotel Rio Mar tatsächlich an den Apparat gekriegt. Anschluß: 0055 92 2347409. Hier der ungefähre Wortlaut dieser Episode:

»Vater, hier ist Werner.«

»Was für'n Werner?«

»Dein Sohn aus Nürnberg.«

»Da müssen Sie sich irren. Ich habe keinen Sohn. Sie sind falsch verbunden.«

»Wenn du auflegst, Vater, werde ich Gott und die Welt alarmieren. Also bleib dran am Apparat.«

Und Tatunca blieb dran. Zu unvorhersehbar war das, was sich sonst daraus ergeben würde. Erst mal hinhören, den Anrufer seinen Überdruck verzischen und dann selbst den Verständnisvollen raushängen lassen, vertrösten und Zeit schinden. Wie in ähnlichen Fällen hundert Mal erprobt und bewährt.

Die beiden kamen ins Gespräch, und Tatunca machte Werner klar, daß das mit der Vaterschaft eine Lüge seiner Mutter Christa sei.

»Ich habe diese Frau nie gesehen. Aber wenn es dich beruhigt, komm gerne nach Brasilien. Dann werde ich dir das beweisen.«

Tatuncas übliche Masche also. Erst mal den Mann mit dem reinen Gewissen spielen, der Anschuldigungen standhält.

»Werner – das Problem ist nur, daß ich im Moment total ausgebucht bin. Und wenn du schon kommst, will ich ja auch Zeit für dich haben. Wie sieht es denn bei dir im späten Frühjahr 1989 aus?«

Nun – das schien doch immerhin ein ehrliches Angebot zu sein. Werner kam sich vor wie ein Gläubiger, dem der Schuldner unerwartet eröffnet, die noch ausstehenden 5 000 Mark zu zahlen. Allerdings immer nur Zehn-Mark-weise. Tatuncas Spezialität.

»Okay. Einverstanden. Sagen wir im April/Mai.«

»In Ordnung. Das ist auch klimamäßig besser.«

April, Mai – bis dahin war ja noch viel Zeit, und so schrieb Werner schon mal einen Brief. Vom Sohn zum Vater.

Was er damit erreichen wollte, weiß ich nicht, wohl aber, was er damit erreicht hat. Nämlich lange Diskussionen bei den Katz' und den Naras.

Seine Anita von der ›Lüge‹ des Werner zu überzeugen, fiel Tatunca nicht schwer. »Er ist nicht mein Sohn.«

»Da will sich jemand mit meinem Namen berühmt machen«, äußerte er gegenüber Wolfgang und Team, die damals gerade zeitgleich mit dem Brief in Barcelos eintrafen. Und um zu ›belegen‹, wie lächerlich das ganze sei, ließ er jeden, der des Lesens kundig war, darin herumstöbern. Später sandte er sogar eine Kopie an Staatsanwalt Valente. Getreu seinem Motto: »Ich habe nichts zu verbergen.«

Aber dann stand Werner im Sommer 1990 plötzlich doch auf der Matte des Hotels Oasis, das zu diesem Zeitpunkt bereits Tatunca gehörte.

Nach drei Wochen der Gastfreundschaft, des Beisammenseins und der damit verbundenen Gehirnwäsche, war auch Werner jetzt völlig irritiert.

Kaum zurück in Deutschland, traf er sich mit Wolfgang Brög und verlangte empört, die Beschuldigungen gegen seinen Vater entweder einzustellen oder aber endlich Beweise auf den Tisch zu legen.

»Man tut ihm unrecht. Er hat mir klipp und klar gesagt, daß er nicht mein Vater ist, daß ich nicht sein Sohn bin.« Doch dann hielt er kurz inne und lenkte sanft ein. »Eines war allerdings komisch. Da Familie Nara sehr beengt wohnt, mußte ich im selben Zimmer wie Angelique schlafen. Kurz bevor ich ins Bett ging, nahm er mich beiseite und warnte mich eindringlich: ›Denk dran, Werner – das Mädchen ist deine Schwester.‹«

Infolgedessen mischten sich inzwischen auch bei den übrigen Haucks Wahrheit und Dichtung.

Mutter Hauck vertraute Tochter Dagmar an, immer gewußt zu haben, wo ihr Vater Günther sich aufgehalten habe. Das mag sein oder auch nicht. Dem BKA gegenüber hatte Christa Hauck immer bestritten, es gewußt zu haben. Auch als ihre Ehe am 30. November 1966 geschieden wurde, war im Urteil zu lesen ›in Abwesenheit Günther Haucks‹ und ›unbekannten Aufenthalts‹.

Einmal muß sie also geschwindelt haben.

Dann erreichte die Staatsanwaltschaft auch vom Indianer-Chef persönlich ein Brief. Datiert vom 26.9.89 schrieb Tatunca: Er sei der Meinung, ›die Verbrechen, so überhaupt meiner Meinung vorliegen‹, würden die deutsche Staatsanwaltschaft gar nichts angehen. Und er schilderte auch in diesem Brief, was er schon Sandy Reed gesagt hatte: Goldsucher (diesmal allerdings drei) hätten da oben einen großen, blonden Mann gesehen. ›Meiner Meinung nach kann es sich nur um den Amerikaner John handeln. So er es ist, haben Sie aber den ersten Toten zurück.‹

Eine Seite weiter dann: »Glauben Sie wirklich, ich würde Leute umbringen für eintausend Dollar? Welches Motiv sollte ich haben? Ich bin kein Heiliger, bin es nie gewesen. Ich habe schon Männer getötet. Aber im Kampf und in Notwehr!«

»Die in der Zeitung ›Bunte‹ veröffentlichte Reportage mit Christa Hauck... das einzig Zutreffende und Wahre daran sind die Bilder... Das eine von der Hochzeit jedoch sei eine Fotomontage. Das könne ja selbst ein Blinder sehen«, erklärte er anderen gegenüber.

»Schau mal hier, das sieht man genau, wo die Schweine die Bildhälften zusammengeklebt haben.«

Er hatte recht. Sie waren zusammengefügt. Und ich war es, der es ihm gezeigt hatte, als ich ihm das Foto erstmals unter die Nase hielt.

»Erinnerst du dich an das Foto?« hatte ich ihn gefragt. »Deine Frau hatte es schon zerrissen und weggeworfen. Aber dann fand sie es wieder, und das BKA hat es zusammengesetzt.«

Nun nutzte er den Riß gekonnt zu seinen Gunsten aus.

»Tod fürchte ich nicht, doch wem wäre damit gedient?... Mit Kartoffelpflanzen ist meiner Familie nicht geholfen... Aber lassen Sie nicht unschuldige Kinder leiden, die in der Zeitung lesen müssen, der Vater sei ein Mörder. Nehberg schreibt, er glaubt beweisen zu können, was heißt glauben? Kann er oder kann er nicht?

Bei allen Göttern meiner Väter, wäre Nehberg hier, ich würde ihn töten!«

Aktueller Stand

Kriminalhauptkommissar Kurt Hartert in Wolfgangs Film ›Das Geheimnis des Tatunca Nara‹ (WDR I, 20.1.1991): »Das BKA ermittelt gegen den neunundvierzigjährigen deutschen Staatsangehörigen Günther Hauck, der unter falscher Identität in Brasilien lebt und sich dort im Amazonasgebiet als Urwaldführer betätigt. Unsere bisherigen Ermittlungen begründen den Verdacht, daß Hauck, alias Tatunca Nara, verantwortlich ist, für die Tötung des dreiundzwanzigjährigen Schweizers Herbert Wanner im Jahre 1984, und auch verantwortlich ist für das spurlose Verschwinden des siebenundzwanzigjährigen Amerikaners John Reed und der siebenundvierzigjährigen schwedischen Staatsangehörigen Christine Heuser im brasilianischen Regenwald. Wir haben weiterhin in die Ermittlung einbezogen den Mord an einem deutschen Journalisten am Neujahrstag 1984 in Rio de Janeiro. Alle Fälle stehen in einem engen Zusammenhang mit der Legende um Tatunca Nara. Es gibt *keinen* Zweifel, daß Günther Hauck und Tatunca Nara eine und dieselbe Person sind. Wir haben sein Leben von der Geburt in einem kleinen bayerischen Ort bis in den brasilianischen Regenwald mit allen familiären und beruflichen Stationen beweiserheblich nachvollzogen. In Deutschland lebende Zeugen, die ihn aus seiner Jugendzeit kennen, haben ihn anhand von vorgelegten Fotos zweifelsfrei identifiziert. Darüber hinaus haben wir ein Identifizierungsgutachten herbeigeführt, das diese Personengleichheit anhand von Fingerabdrücken und Fotos beweist, die ihn im Alter von vierzehn, sechzehn, einundzwanzig und fünfundzwanzig Jahren zeigen.

Wir haben in Zusammenarbeit mit den schweizerischen, amerikanischen und auch den schwedischen Behörden bereits alle Ermittlungsmöglichkeiten ausgeschöpft.

Wie bereits gesagt, sind wir für die weitere Ermittlungstätigkeit dringend angewiesen auf die Zusammenarbeit mit den brasilianischen Behörden vor Ort.«

Hansi Richard Günther Hauck fährt und führt indessen unbehelligt weiter Touristen durch Amazonien. Als Tatunca Nara.

Boa viagem!

Rüdiger Nehberg

Juni 1991

which, incedently is the home of the Amazon..
The trip will take two weeks — one way in a small outboard moter boat. Tomorrow Karl will decied whether to go with us or not.
Im So happy now! And Excited. —— and amazed!
Tatunca likes my tattoo, etc!

Well now I have to phone you to Say Im off —
So forgive me if I sound overtaken and fanatic —
I hope to see you all again Someway.
Love Johny

Aus einem Brief von John Reed an seine Familie, mit einer Karikatur von Tatunca und sich selbst.

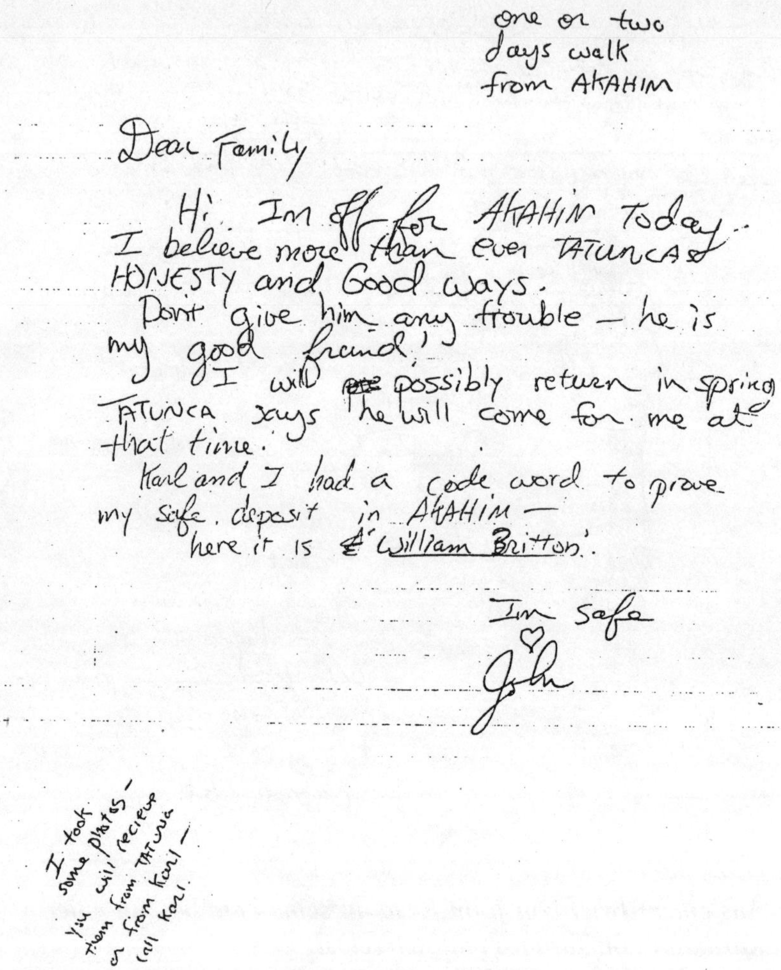

one or two
days walk
from AKAHIM

Dear Family

Hi. Im off for AKAHIM Today.
I believe more than ever TATUNCAs
HONESTY and Good ways.
Dont give him any trouble – he is
my good friend!
I will ~~pe~~ possibly return in spring
TATUNCA says he will come for me at
that time.
Karl and I had a code word to prove
my safe deposit in AKAHIM –
here it is 'William Britton'.

Im safe
♡
John

I took
some plates –
you will recieve
them from TATUNCA
or from Karl –
call Karl.

Der letzte Brief John Reeds, bevor er umkam. (»Ein oder zwei Tagesmärsche von Akahim entfernt.«)

Expeditionsboot ANITA II.
Amazonas Expedition, Heinz H. Riedel, Germany
Postal: Hotel Oasis, BR 69 700 Barcelos, Rio Negro
Estrada Barcelos/Nazare s/n, Amazonien, Brasil.
Telefon 0010 - LD - 010 (Fernvermittl. aus BRD)

Rio Negro den 22. 9. 1987

An Gun - britt

Betreff: Cristina

Text: Bitte entschultigen Sie die lange Wartezeit meines
Andwortschreibens! War gestern bei der Federal Polizei um
in Schweden anzufragen ob alles nicht nur ein schlechter
Scherz von Cristine ist! Ich glaube es ist doch was passiert
denn ich fühle Cristine würde sich einen solchen Scherz
nicht erlauben!
Criste und ich waren eine Nacht hier in Manaus
zusammen haben über vieles gesprochen und da mein Schiff
an einer Münchener Firma Ludwigshäherstr 39
D-8000 München 71 vermiedet
ist unser gemeinsame Reise auf nächstes Jahr verschoben.
ob Criste jetzt das Boot nacht Peru genommen hat weis
ich nicht. Sie war sehr sauer und böse auf mir und
nungira wir haben uns schon wieder verstanden nur
mit ihren Dickschädel ist sie eben abgehaut!
Deshalb habe ich auch den Brief geschrieben und
mich entschultigt. Sie kannsleben nicht verstehen
das ich Rücksicht auf meiner Familie auch nehmen
muß. Ich hoffe inbrünstig das Sie mittlerweile zurück
gekommen ist und das Sie mich verständigen sowie
sage ihr warde ich auf nachricht. Herzlich grüßt Sie

Tatunca Nara

Name

Heimatanschrift

Brief von Tatunca an »Gun-britt«, eine Freundin von Christine Heuser, nach deren Verschwinden.

Lieber Indianer am Amazo
als Ehemann in Nürnberg

TRÊS HOMICIDIOS
Polícia da Alemanha procura Tatunka Nara

Tvinga

Assassinato do alemão está ligado a Tatunk

Hamburgs Staatsanwaltschaft ermittelt im brasilianischen Regenwald
Seemann, Indianer und Vermißte

47-årig g
FÖRSV
I AMA

Turistas desaparecem em excursões pira

Privatdetektiv ska lösa gåtan

Suposto índio acusado de ser alemão matador

Sueca continua sumida na selva do Amazonas

SUMIÇO DA SUECA
Tatunka aparece para rebater as acusações

Amâncio não conhece a tribo de Tatunka Nara

DIETER KRONZUCKER
Meine Suche nach der Geisterstadt im Dschungel

Nach 23 Jahren traf eine Putzfrau in Brasilien den Mann, der sie sitze
Ein Amazonas-Indian
Ich bin Sohn eines Königs und einer geraubten deut

ZUAZO GARANTE:
Tatunka Nara enganou também Jacques Custeau

Hat „Tatunca" drei Morde auf dem Gewissen?
Forscher von Däniken: „Er ist ein Halunke"

ADO CONFIRMA:
cano desapareceu
erras de Tatunka
Estórias fantásticas
sobre o Tatunka Nara
Här slutar spåren ef
Christine Heuser från Göteborg har alltid varit fascinerad av Amazonas indianer. Hon har själv varit
Contradições de Tatunka
Rätselhafte Morde im Dschungel
Abenteurer Nehberg jagt den Amazonas-Killer
s hon fly i djungeln?
Tragisches Ende eines jungen Mannes aus der Region
Am Rio Araca ermordet
3 Morde im Regenwald:
War's der Indianer
Nehberg?
Roland Stevenson não crê em Tatunka Nara
índio
urótico
oth am Forst
auptet der Maurer alias Tatunca Nara
Tribo Akakor é fantasia
MEÇA A MORRER O MITO
ÍNDIO TATUNKA NARA
SON INSISTE
a Nara envolvido
rte do jornalista
Tatunka é acusado de assassinar uma criança
Dialog im Dschungel. Er: „Was, Sie hier?" Sie: „Ja, ich bin's"
(die ersten Worte des Ehepaars Hauck nach 23 Jahren)

Schlagzeilen der internationalen Presse.